总策划：王保利

Report on the Development of Industrial Brands in Shaanxi Province

陕西省工业品牌发展报告

张千军 岳英 蔡俊亚 燕圣强／著

经济管理出版社

图书在版编目（CIP）数据

陕西省工业品牌发展报告/张千军等著.—北京：经济管理出版社，2023.8
ISBN 978-7-5096-9187-8

Ⅰ.①陕… Ⅱ.①张… Ⅲ.①地方工业－工业发展－品牌战略－研究报告－陕西
Ⅳ.①F427.41

中国国家版本馆 CIP 数据核字（2023）第 167535 号

组稿编辑：杨国强
责任编辑：杨国强
责任印制：黄章平
责任校对：蔡晓臻

出版发行：经济管理出版社
　　　　　（北京市海淀区北蜂窝 8 号中雅大厦 A 座 11 层 100038）
网　　址：www.E-mp.com.cn
电　　话：（010）51915602
印　　刷：唐山玺诚印务有限公司
经　　销：新华书店
开　　本：710 mm×1000 mm/16
印　　张：21.25
字　　数：307 千字
版　　次：2023 年 8 月第 1 版　2023 年 8 月第 1 次印刷
书　　号：ISBN 978-7-5096-9187-8
定　　价：98.00

·版权所有 翻印必究·
凡购本社图书，如有印装错误，由本社发行部负责调换。
联系地址：北京市海淀区北蜂窝 8 号中雅大厦 11 层
电话：（010）68022974　邮编：100038

目 录

第一章 概述 … 1

第一节 背景分析 … 1
第二节 相关理论 … 3
一、概念界定 … 3
二、理论基础 … 15
第三节 陕西工业及工业品牌发展总况 … 21
一、工业发展条件分析 … 21
二、工业经济发展现状 … 26
三、工业品牌企业发展现状 … 29

第二章 陕西省优势（支柱）产业品牌发展现状 … 38

第一节 能源化工产业 … 38
一、产业基本情况 … 38
二、品牌发展现状 … 43
第二节 汽车制造产业 … 75
一、产业基本情况 … 75
二、品牌发展现状 … 79
第三节 装备制造业 … 99
一、产业基本情况 … 99
二、品牌发展现状 … 103

第四节　新一代信息技术产业 …………………………… 142
　　一、产业基本情况 …………………………………… 142
　　二、品牌发展现状 …………………………………… 147
第五节　医药产业 ………………………………………… 180
　　一、产业基本情况 …………………………………… 180
　　二、品牌发展现状 …………………………………… 184
第六节　原材料产业 ……………………………………… 211
　　一、产业基本情况 …………………………………… 211
　　二、品牌发展现状 …………………………………… 215
第七节　小结 ……………………………………………… 245

第三章　陕西省其他产业品牌发展现状 …………………… 247

第一节　食品加工产业 …………………………………… 247
　　一、产业基本情况 …………………………………… 247
　　二、品牌发展现状 …………………………………… 252
第二节　建筑建材业 ……………………………………… 273
　　一、产业基本情况 …………………………………… 273
　　二、品牌发展现状 …………………………………… 276
第三节　纺织和轻工产业 ………………………………… 291
　　一、产业基本情况 …………………………………… 291
　　二、品牌发展现状 …………………………………… 295

第四章　陕西工业品牌发展存在的问题及对策和建议 …… 307

第一节　品牌发展存在的问题 …………………………… 307
　　一、共性问题 ………………………………………… 307
　　二、特性问题 ………………………………………… 309
第二节　品牌发展提升策略 ……………………………… 320
　　一、宏观策略 ………………………………………… 320
　　二、微观策略 ………………………………………… 323

第一章 概　述

第一节　背景分析

随着全球产业格局重塑、西方国家实施"再工业化"战略和新兴发展中国家市场争夺加剧，我国经济发展面临的外部环境日趋错综复杂。原有的粗放型、劳动密集型、产业链低端高速发展模式已不再适合新时代发展要求，经济由高速增长转向高质量发展是我国在新时代新背景下做出的重要部署。在此背景下，国与国之间、地区与地区之间的竞争不仅是单个企业、产业之间的竞争，而且是整个品牌生态系统间的竞争，谁能占据产业链最前端，拥有产业链最顶端的品牌，谁就拥有产业发展控制权。

改革开放以来，我国经济取得了举世瞩目的成就，从 1978 年国内生产总值的 3679 亿元到 2019 年的 101.6 万亿元，经济总量增加了 275 倍，目前稳居全球第二位。虽然，我国已成为名副其实的经济大国，但还不是一个经济强国。由于缺乏自主品牌、知名品牌，我国产品大多处于全球价值链中低端，产品附加值与发达国家相去甚远。党和国家领导人历来十分重视品牌发展。早在 20 世纪 90 年代初，邓小平就提出"我们应该有自己的拳头产品，创出我们中国自己的名牌，否则就要受人欺负"。从那时起，名牌强国、名牌强省、名牌兴市战略在全国各地推行开来。2016 年，国务院办公厅发布

《关于发挥品牌引领作用推动供需结构升级的意见》，从国家层面提出设立"中国品牌日"的倡议，并要求凝聚品牌发展社会共识，营造品牌发展良好氛围，搭建品牌发展交流平台，提高自主品牌影响力和认知度。

设立中国品牌日，是党中央、国务院综合研判全球经济发展格局变化，面向我国经济社会长远发展，着眼构筑中国特色品牌发展道路的一项举措，对深化供给侧结构性改革、推动经济高质量发展、促进形成强大国内市场、满足人民美好生活需要等具有重要意义。加强品牌建设，是顺应消费升级、释放国内市场巨大潜力、推进高质量发展的重要举措。发挥品牌引领作用、推动供给结构和需求结构升级是深入贯彻落实新发展理念的必然要求。

在国家高度重视品牌引领作用、积极打造"中国制造金字品牌"的同时，陕西也加快开展了品牌建设工作，先后在《〈中国制造 2025〉陕西实施意见》《陕西省"十三五"质量发展规划（2016—2020 年）》等文件中提出，要着力实施工业品牌建设任务，努力形成一批拥有核心竞争力的陕西品牌和国内外知名品牌，树立"陕西制造"新形象。《工业和信息化部办公厅关于做好 2016 年工业质量品牌建设工作的通知》（工信厅科函〔2016〕104 号）要求，加强对质量和品牌建设工作的策划部署，制定地区、行业的质量品牌规划（行动计划），或在相关规划（行动计划）中，把提升质量和培育品牌作为重要内容，确定工作目标和内容。随后各省工信厅陆续发布了本省关于做好工业质量品牌建设工作的通知。陕西省工信厅于 2018 年根据《中共中央、国务院关于开展质量提升行动的指导意见》及《工业和信息化部办公厅关于做好 2018 年工业质量品牌建设工作的通知》，开展了首次工业质量品牌建设有关工作，并将其作为年度重点工作持续抓好落实。

陕西把品牌建设作为工业高质量发展的重要举措，培育和支持了陕汽、陕鼓、陕煤、延长石油等一大批具有市场竞争力的企业品牌。但总体来看，我们也要清醒地认识到与东部经济强省相比，陕西省品牌培育起步晚、经验少，品牌培育能力弱成为制约陕西省企业品牌建设的短板。此外，陕西企业更热衷于通过大批量生产与批发式销售商业模式实现企业财富积累，凭借增加要素投入和加强成本控制获得成功，从而忽视了通过产品、服务和自身形象的品牌化塑造来提升企业价值。因此，与制造能力相比，陕西工业品牌建设滞后，国内及国际知名的企业品牌相对较少，工业品牌影响力、市场占有率仍然较低，与江浙等经济发达省份相比还有较大提升空间。

因此，如何借助品牌战略推动陕西工业产业结构优化升级、发展格局更加平衡、动力更可持续、模式更加开放的工业产业，从而支撑陕西经济高质量发展是目前亟待解决的问题。

第二节 相关理论

一、概念界定

（一）自主品牌概念

自主品牌指由企业自主开发，拥有自主知识产权的品牌。企业自主品牌首先应强调自主，也就是说产权强调自我拥有、自我控制和自我决策，同时对品牌所产生的经济利益进行自主支配和决策。

结合国家品牌日对自主品牌的定义（该企业最初在中国设立并成长，商标首先在中国注册，实际控制人是中国国籍，且为消费者广泛认可的品牌），在研究陕西工业品牌建设现状时，主要将企业注册地在陕西省内，并且产权属于陕西企业控制、品牌产生的经济效益流入省内的企业及其产品品牌作为研究对象进行分析。

（二）工业产业

1. 工业产业分类

工业产业分为支柱产业和其他产业。其中，支柱产业指产业规模在经济中占有较大比重，并且拥有规模效应的一类产业或产业群，这类产业的发展能带动整个上下游产业。支柱产业具有以下特点：生产发展速度较快，对经济起引导和推动作用；具有较强的连锁效应，能诱导新产业崛起；对为其提供生产资料的各部门、所处地区的经济结构和发展，具有深刻而广泛的影响。

《中华人民共和国国民经济和社会发展第十四个五年规划和2035年远景目标纲要》中指出，要构筑产业体系新支柱，聚焦新一代信息技术、生物技术、新能源、新材料、高端装备、新能源汽车、绿色环保以及航空航天、海洋装备等战略性新兴产业，加快关键核心技术创新应用，增强要素保障能力，培育壮大产业发展新动能。推动生物技术和信息技术融合创新，加快发展生物医药、生物育种、生物材料、生物能源等产业，做大做强生物经济。陕西省人民政府办公厅印发的《陕西省"十四五"制造业高质量发展规划》中，提出要推动高端装备、电子信息、节能与新能源汽车、现代化工、新材料、生物医药六大支柱产业高质量发展。2017年，陕西以《〈中国制造2025〉陕西实施意见》为引领，以产业链为抓手，加快培育现代化工、汽车、航空航天与高端装备制造、新一代信息技术、现代医药、新材料六大新支柱产业，以六大新支柱产业为代表的先进制造业实现产值占全省工业总产值的比重由2016年的33%提升到38%，树立"造飞机、产汽车、制芯片、做手机、出好药、强新材"的陕西工业新格局。

本书以上述政策文件为依据，结合国民经济行业分类，将能源化工、汽车制造、装备制造（除汽车制造外）、新一代信息技术、医药、原材料六个产业定义为陕西工业的支柱（优势）产业。将国民经济行业分类中涉及其他工业产业的，如食品加工、建筑建材和纺织轻工定义为其他产业。

2. 工业产业与国民经济行业分类的对应关系

国民经济行业分类采用经济活动的同质性原则进行划分，即每一个行业类别按照同一种经济活动的性质划分，而不是依据编制、会计制度或部门管理等划分。本书基于支柱行业和其他产业的划分，将国民经济行业分类中的行业与之相对应，具体分类细则如表1-1所示。

表1-1 行业分类细则

产业	行业分类	国民经济行业分类
支柱产业	能源化工产业	煤炭开采和洗选业，石油和天然气开采业，石油加工、炼焦和核燃料加工业，化学原料和化学制品制造业，电力、热力生产和供应业，燃气生产和供应业
	汽车制造产业	汽车制造业
	装备制造产业	通用设备制造业，专用设备制造业，铁路、船舶、航空航天和其他运输设备制造业，电气机械和器材制造业，仪器仪表制造业，其他制造业
	新一代信息技术产业	计算机、通信和其他电子设备制造业
	医药产业	医药制造业
	原材料产业	有色金属矿采选业，黑色金属矿采选业，橡胶和塑料制品业，黑色金属冶炼及压延加工业，有色金属冶炼及压延加工业，金属制品业
非支柱产业	食品加工产业	农副食品加工业，食品制造业，酒、饮料和精制茶制造业
	纺织和轻工业产业	纺织业，纺织服装、服饰业，皮革、毛皮、羽毛及其制品和制鞋业，化学纤维制造业，家具制造业，造纸及纸制品业，印刷和记录媒介复制业，文教、工美、体育和娱乐用品制造业
	建筑建材产业	非金属矿物制品业，房屋建筑业，土木工程建筑业，建筑装饰和其他建筑业

（三）"专精特新"中小企业

1. 专精特新概念的提出

中小企业是国民经济和社会发展的主力军，是扩大就业、改善民生、促进创业创新的重要力量，在稳增长、促改革、调结构、惠民生、防风险中发挥着重要作用。中小企业富有活力、善于创新、经营灵活、反应敏捷，具有很多大企业无法比拟的竞争优势。

党中央、国务院高度重视中小企业发展，鼓励中小企业走"专精特新"道路。国务院发布的《国务院关于进一步支持小型微型企业健康发展的意见》（国发〔2012〕14号），首次提出"鼓励小型微型企业发展现代服务业、战略性新兴产业、现代农业和文化产业，走'专精特新'和与大企业协作配套发展的道路，加快从要素驱动向创新驱动的转变"。中共中央办公厅、国务院办公厅印发的《关于促进中小企业健康发展的指导意见》，提出"支持推动中小企业转型升级，聚焦主业，增强核心竞争力，不断提高发展质量和水平，走专精特新发展道路"。2021年，国家政治局会议首次将"发展专精特新中小企业"上升至国家战略。近年来的相关政策如表1-2所示。

表1-2 专精特新相关政策汇总

时间	部门	政策文件	主要内容
2011年9月3日	工业和信息化部	《"十二五"中小企业成长规划》	将"专精特新"发展方向作为中小企业转型升级、转变方式的重要途径
2012年4月19日	国务院	《关于进一步支持小型微型企业健康发展的意见》	首次提出鼓励小型微型企业走"专精特新"和与大企业协作配套发展的道路
2013年7月16日	工业和信息化部	《关于促进中小企业"专精特新"发展的指导意见》	从总体思路、重点任务、推进措施等角度对促进中小企业"专精特新"发展工作提出意见，要求加强对"专精特新"中小企业的培育和支持

续表

时间	部门	政策文件	主要内容
2018年11月26日	工业和信息化部	《关于开展专精特新"小巨人"企业培育工作的通知》	提出在各省级中小企业主管部门认定的"专精特新"中小企业及产品基础上,培育一批专精特新"小巨人"企业
2019年6月13日	工业和信息化部	《关于公布第一批专精特新"小巨人"企业名单的通告》	公布了第一批专精特新"小巨人"企业名单(共248家)
2020年7月8日	工业和信息化部	《关于开展第二批专精特新"小巨人"企业培育工作的通告》	组织开展第二批专精特新"小巨人"企业培育工作
2020年11月13日	工业和信息化部	《关于第二批专精特新"小巨人"企业名单的公示》	公布了第二批专精特新"小巨人"企业名单(共1744家企业)
2021年1月23日	财政部、工业和信息化部	《关于支持"专精特新"中小企业高质量发展的通知》	明确"十四五"期间中央财政将累计安排100亿元以上奖补资金,重点支持1000余家国家级专精特新"小巨人"企业
2021年4月9日	银保监会	《关于2021年进一步推动小微企业金融服务高质量发展的通知》	提出对掌握产业专精特新技术的小微企业要量身定做金融服务方案,及时给予资金支持
2021年4月21日	工业和信息化部	《关于开展第三批专精特新"小巨人"企业培育工作的通知》	组织开展第三批专精特新"小巨人"企业培育工作
2021年4月25日	中共中央	"十四五"规划	提出推动中小企业提升专业化优势,培育专精特新"小巨人"企业和制造业单项冠军

续表

时间	部门	政策文件	主要内容
2021年7月19日	工业和信息化部	《关于第三批专精特新"小巨人"企业名单的公示》	公布了第三批专精特新"小巨人"企业名单（共2930家企业）
2021年7月30日	中共中央	年中政治局会议	提出强化科技创新和产业链供应链韧性，加强基础研究，推动应用研究，开展补链强链专项行动，加快解决"卡脖子"难题，发展专精特新中小企业

资料来源：国务院、工业和信息化部、财政部、银保监会、新华社。

2."专精特新"中小企业的概念及特征

2016年，工业和信息化部正式发布《促进中小企业发展规划（2016—2020年）》，提出"专精特新中小企业培育工程，鼓励专业化发展、鼓励精细化发展、支持特色化发展、支持新颖化发展"。专精特新定义为"专业化、精细化、特色化、新颖化"。《陕西省培育"专精特新"中小企业试行办法》（陕中企技发〔2014〕71号）中，将"专精特新"中小企业界定为具有"发展战略专一化、管理及生产精细化、产品或服务特色化、技术或经营模式创新化"等鲜明特征，能够在产品、技术、业态和经营方式上代表细分行业发展方向，科技含量和管理水平较高，成长性好，发展潜力大的中小企业。其特征为：

"专"即专业化，指采用专项技术或工艺通过专业化生产制造的专用性强、专业特点明显、市场专业性强的产品，其主要特征是产品用途的专门性、生产工艺的专业性、技术的专有性和产品在细分市场中具有专业化发展优势。

"精"即精细化，指采用先进适用技术或工艺，按照精益求精的理念，建立精细高效的管理制度和流程，通过精细化管理，精心设计生产的精良产品，其主要特征是产品的精致性、工艺技术的精深性和企业的精细化管理。

"特"即特色化，指采用独特的工艺、技术、配方或特殊原料研制生产的，具有地域特点或具有特殊功能的产品，主要特征是产品或服务的特色化。

"新"即新颖化，指依靠自主创新、转化科技成果、联合创新或引进消化吸收再创新方式研制生产的，具有自主知识产权的高新技术产品，其主要特征是产品（技术）的创新性、先进性，具有较高的技术含量，较高的附加值和显著的经济、社会效益。

3."专精特新"中小企业培育路径

具有专业化、精细化、特色化、新颖化特征且企业规模符合国家《中小企业划型标准规定》（工信部联企业〔2011〕300号）规定的企业为"专精特新"中小企业，而根据《工业和信息化部办公厅关于开展专精特新"小巨人"企业培育工作的通知》（工信厅企业函〔2018〕381号），专精特新"小巨人"企业指专精特新中小企业中的佼佼者，是专注于细分市场、创新能力强、市场占有率高、掌握关键核心技术、质量效益优的排头兵企业。

专精特精"小巨人"企业主要由工业和信息化部进行评选，参评企业的主导产品应符合《工业"四基"发展目录》所列重点领域，从事细分产品市场属于制造业核心基础零部件、先进基础工艺和关键基础材料；或符合制造强国明确的十大重点产业领域，属于重点领域技术路线图中有关产品；或属于国家和省份重点扶持发展的支柱和优势产业。同时，经认定的"专精特新"中小企业实行动态跟踪管理，有效期3年，每3年复核1次，经复核不再符合条件的企业取消其"专精特新"中小企业称号。具体如表1-3所示。

表 1-3 "专精特新"企业申报条件

分类	申报条件
专精特新"小巨人"	满足以下 1 项分类条件，且满足所有必备指标的可申报专精特新"小巨人"企业 分类条件： ①上年度营业收入 1 亿元及以上，且近 2 年研发经费支出占营业收入比重不低于 3% ②上年度营业收入 5000 万元（含）至 1 亿元（不含），且近 2 年研发经费支出占营业收入比重不低于 6% ③上年度营业收入不足 5000 万元，同时满足近 2 年新增股权融资额（实缴）8000 万元（含）以上且研发投入经费 3000 万元以上，研发人员占企业职工总数比例 50% 以上 必备指标 ①主营业务收入占营业收入 70% 以上 ②企业主导产品细分市场占有率位于全省前 3 位，且在国内细分行业中享有较高知名度和影响力；资产负债率不高于 70% ③拥有有效发明专利 2 项或实用新型、外观设计专利、软件著作权 5 项及以上 ④3 年内未发生过重大安全、质量、环境污染事故等违法记录
陕西"专精特新"	满足以下全部基本条件和 1 项以上专项条件，且无限制条件情形的均可申报陕西省"专精特新"中小企业 基本条件： ①在陕西省工商注册登记、连续经营 3 年（含）以上并具有独立法人资格 ②坚持专业化发展战略，长期专注并深耕于产业链中某个环节或某个产品，能为大企业、大项目提供关键零部件、元器件和配套产品，以及专业生产的成套产品。企业主导产品在国内或本市细分行业中拥有较高的市场份额 ③具有持续创新能力，在研发设计、生产制造、市场营销、内部管理等方面不断创新并取得比较显著的效益，具有一定的示范推广价值

续表

分类	申报条件
陕西"专精特新"	④经济效益。企业上年营业收入不低于1500万元，近2年主营业务收入或净利润的平均增长率达到5%以上，企业资产负债率不高于60% 专项条件： ①专业化程度。企业从事特定细分市场时间达到3年（含）以上，其主营业务收入占本企业营业收入的70%以上 ②创新能力。近2年来企业研发经费支出占营业收入比重不低于5%；企业设立研发机构并具备相应的环境场所，从事研发和相关技术创新活动的科技人员占企业职工总数的比例不低于10%；至少获得5项（含）以上发明专利或实用新型专利、外观设计专利、软件著作权或其他能够证明企业科技创新能力的文件材料 ③经营管理。企业有完整的精细化管理方案，取得相关质量管理体系认证，采用先进的企业管理方式，如5S管理、卓越绩效管理、ERP、CRM、SCM等。企业实施系统化品牌培育战略并取得良好绩效，拥有自主品牌 限制条件： ①提供虚假申报信息的 ②近3年来发生过安全、质量、环境污染事故或环保不达标的 ③近3年来有偷漏税和其他违法违规、失信行为被行政处罚的 ④近3年来存在故意拖欠职工工资等侵犯职工合法权益的 ⑤有其他违法、违规行为或不宜认定情形的

资料来源：工业和信息化部和陕西工信厅。

国民经济发展至现阶段，引导中小企业走"专精特新"发展道路是中小企业实现转型升级和可持续发展的重要途径，是解决我国技术创新"卡脖子"难题的重要举措，也有助于实施大中小企业融通发展，增强产业链的稳健性。

（四）瞪羚企业

环顾全球经济与产业变革，产业创新力正成为经济高质量发展的新引擎，成为塑造区域经济新格局的新动能。"瞪羚企业"作为创新发展的典型代表，正引领着传统产业颠覆式变革和原创新兴产业蓬勃发展，是地区经济发展的风向标和发动机，能够加速带动区域经济高质量发展。

1. 瞪羚企业的内涵

瞪羚企业（Gazella Company）概念诞生于20世纪90年代，最初由美国麻省理工学院教授David Birch提出。围绕新兴领域，瞪羚企业从产业价值链高端切入，借助原创技术、打破传统产业的旧规则和模式，建立起符合市场需求和创新规律的新规则及新模式，不断扩大市场份额，挑战原有行业格局，逐步改变行业规则和模式，最终引领整个行业发生颠覆式变革。其本质在于立足国家战略和市场需求，专注细分领域，实现从"0"到"1"的创新发展、创造蓝海。2019年7月，李克强主持召开经济形势专家和企业家座谈会时指出，"创造有利条件，催生更多'独角兽企业''瞪羚企业'、新领军者企业，加快新动能培育和新旧动能转换"，进一步明确了培育瞪羚企业的重要意义。

"瞪羚企业"指成功跨越创业死亡谷后，商业模式得到认可，进入快速增长阶段的创新型企业，也被称为"高成长企业"。瞪羚企业凭借新兴领域技术创新、采用全新商业模式、拥有相当数量的行业领军人才、凸显先入为主效应等优势，具有成长速度快、创新能力强、专业领域新、发展潜力大、人才密集、技术密集等典型特征。瞪羚企业所处的企业生命周期如图1-1所示。

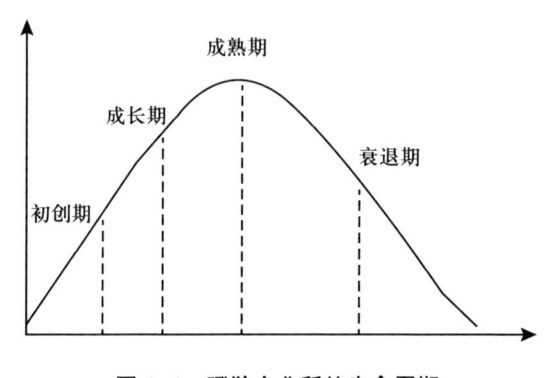

图1-1 瞪羚企业所处生命周期

2. 瞪羚企业的特征

成长速度快：瞪羚企业在跨越"死亡谷"后会高速成长，在短时间内实现几倍、几十倍甚至成百上千倍的业绩增长，实现企业快速壮大。

创新能力强：新经济的瞪羚企业来源于创新创业，无论在技术、商业模式，还是在产业组织方面，都具有强大的创新能力。这些创新活跃的瞪羚企业不断创造出新产品、新技术、新服务和新市场。

专业领域新：瞪羚企业是新业态形成的主力军，瞪羚企业主要集中在新兴领域中。

发展潜力大：瞪羚企业凭借长板优势实现井喷式、裂变式增长。通过研发原创性技术、采用全新的商业模式，并把握细分产业领域，从价值链高端切入，最终发展成为掌握战略制高点的"小巨人"或隐形冠军。

3. 国家高新区瞪羚企业认定标准

国家高新区瞪羚企业由科技部评定，国家高新区瞪羚企业认定标准包括三个方面：定量提取指标、定性筛查指标及创新门槛指标。企业同时满足三方面指标要求方可入选国家高新区瞪羚企业。评定标准是随时间推移动态变化的。具体如表1-4所示。

表1-4 国家高新区瞪羚企业认定标准

指标类型		认定标准内容
三个维度	定量提取指标（满足1项即可）	①企业存续时间不超过15年，近2年每年总收入不少于1000万元且复合增长率不低于20%，且上一年度正增长 ②企业存续时间不超过15年，近4年雇员总数不少于100人且年复合增长率不低于30%，且上一年度正增长 ③企业存续时间不超过5年，且上一年度收入不低于5亿元，且近3年收入无大幅度下降（下降比例不超过10%） ④企业存续时间不超过10年，且上一年度收入不低于10亿元，且近3年收入无大幅度下降（下降比例不超过10%）

续表

指标类型		认定标准内容
三个维度	定性筛查指标	行业性质：非烟草、铁路、矿产资源、公共服务等垄断性行业企业，以及房地产、基础建设、银行等行业 企业性质：非大型央企、外企生产基地、分公司、销售公司、贸易公司
	创新门槛指标	4年平均科技活动投入强度（即科技活动投入经费占营业收入的比例）不低于2.5%

资料来源：《国家高新区瞪羚企业发展报告2020》。

4. 瞪羚企业与独角兽企业的区别

瞪羚企业往往占据产业链中的某一环节以提供生产性服务，专注于细分领域，其发展方向是"专精特新"，是未来新兴产业的领跑者、转型升级的示范者和大企业大集团的种子企业，这些企业不仅年增长速度能轻易超越一倍、十倍、百倍、千倍以上，还能迅速实现IPO，即在资本市场上通过发行股票募集资本。瞪羚企业的成长路径一般从创新企业开始，成长到瞪羚企业，再发展成为估值超过10亿美元的独角兽企业，其数量与质量已成为衡量一个地区创新活力和发展速度的标志之一。

"独角兽企业"（Unicorn Company），顾名思义，独角兽是神话传说中的一种生物，稀有而且高贵。成立10年以内、估值超过10亿美元、获得过私募投资且尚未上市的企业，具有行业朝阳、跨界融合、颠覆式创新、自成长等特征。其拥有独有核心技术或颠覆性商业模式；有天使投资经历，也有多轮创投投资经历；是某一个行业细分领域的龙头，其中部分公司最终成为某一新兴领域的霸主。多个独角兽企业的发展将推动城市技术创新产业发展和传统产业转型升级，吸引行业创新人才集聚和流动，实现科研成果产业化等积极效果。

二、理论基础

（一）企业生命周期理论

1. 定义

企业生命周期理论认为，企业组织的成长就像有机体一样具有成长曲线和生长周期，会经历初创、成长、成熟及衰退等阶段，各阶段间彼此相互联系，这个过程即是企业的生命周期。

2. 企业生命周期的阶段划分

初创期：是企业创立和诞生的时期，相当于生物体的生长发育期。该时期企业的主要目标是探索创建一个可行的、有竞争能力的可销售产品或服务，以便在市场中生存下来。本阶段企业具有活力，充满创新、冒险、创业精神，企业凝聚力较强，创业者能够团结一致，同心协力，但生存能力比较弱。

成长期：是企业开始由小到大、由弱到强的时期。这一阶段的企业可能在规模上得到扩张或实力大大增强，创业者们看到了希望和机会，因而企业的组织活力、创造性和凝聚性不减，创业者们也愿意为企业的未来发展冒一定的风险。

成熟期：企业度过了成长期，就会进入成长速度趋缓但利润率激增的收获时期，即成熟期。成熟期的企业往往有几种重点产品成功占据市场甚至获取了优势地位，这时的企业形象良好，生产规模扩大，市场占有率较高，市场竞争地位较强，盈利水平达到高峰。

衰退期：在这一阶段，企业虽有一定的资本但资本负债率高，生产规模虽大但包袱沉重，产品品种虽全但可能无利可图甚至亏损严重，规章制度虽多但组织矛盾突出，企业形象犹在但已名存实亡。如图1-2所示。

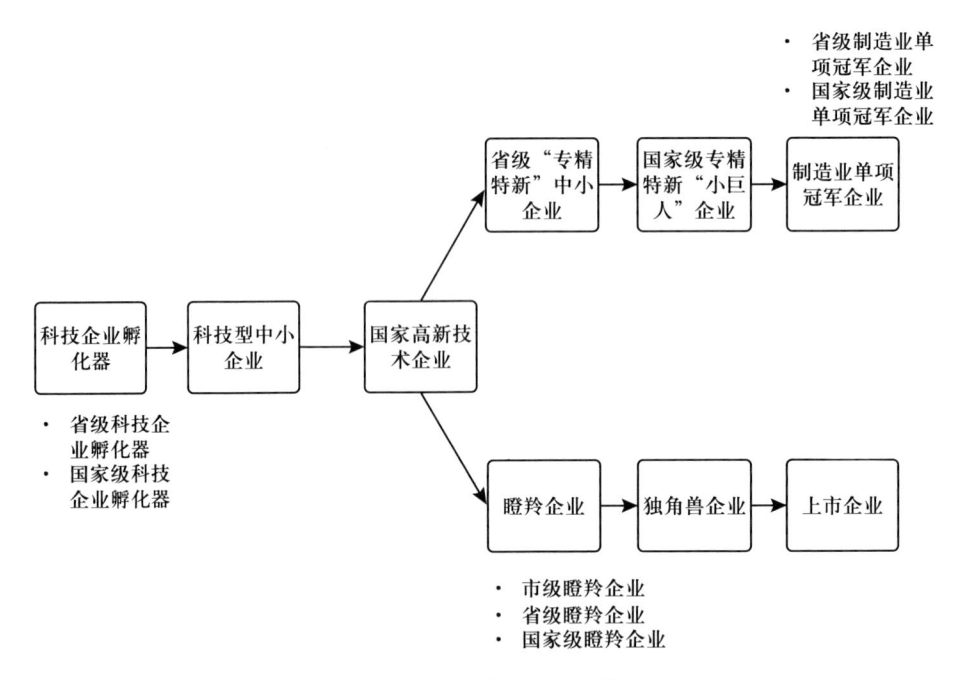

图1-2　企业生命周期一般模型

在实践中，能够进入成熟期的企业并不多，很多企业在成长期就被市场无情地淘汰了，因而进入成熟期的企业都是具有一定规模和实力的，在全省乃至全国已经具有较强的品牌知名度和影响力。

本书以陕西各工业产业中处于成熟期和成长期的企业作为研究对象，从中评选出具有品牌竞争力和发展潜力的优势品牌及成长品牌企业，而这些企业也是政府应该大力扶持的龙头和潜力企业。

（二）科技企业培育路径

科技企业作为陕西技术创新能力较高的企业群体，在实施创新驱动发展战略、推动产业结构调整和转型升级、促进经济高质量发展、提高社会生产力等方面发挥着重要作用。"十三五"期间，陕西多措并举，加大对科技型中小企业的支持，对其进行分层孵化、梯次培育。目前主要从两条路径出发，而按照"'专精特新'中小企业—专精特新'小巨人'企业—制造业单项冠军"和"瞪羚企业—独角兽企业—上市企业"的分层孵化体系,进一步对高新技术企业进行培育。具体如图 1-3 所示。

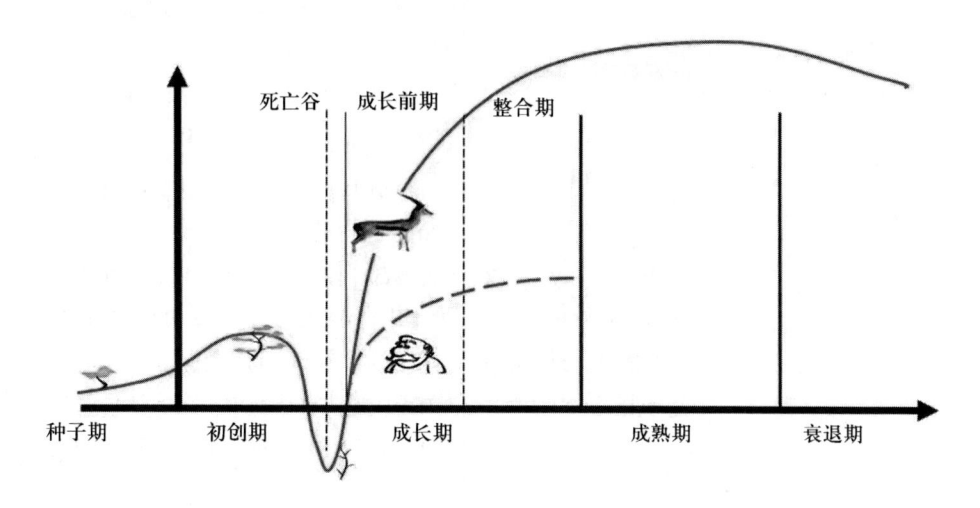

图 1-3 科技型企业培育路径

科技企业孵化器是培育高新技术中小企业的服务机构,帮助和扶持科技型中小企业成长与发展。通过科技企业孵化器将一批初创企业培育为科技型中小企业,并进一步发展为高新技术企业,推动我国高科技产业高质量发展。"专精特新"和瞪羚企业是在高新技术企业的基础上按照不同标准评选产生,这两类企业在产业链中具有不可替代的地位,在创新方面具备良好的发展潜力,是科技企业培育路径中的关键环节。

在企业培育的不同阶段,不同责任部门出台了一系列培育科技企业的有关政策。相关负责部门及政策文件汇总如表 1-5 所示。

表 1-5 科技企业培育负责部门及政策文件汇总

一级名称	二级名称	主要责任部门	政策文件
科技企业孵化器	省级科技企业孵化器	陕西省科学技术厅	《陕西省科技企业孵化器认定和管理办法》陕科高发〔2017〕204 号

续表

一级名称	二级名称	主要责任部门	政策文件
科技企业孵化器	国家级科技企业孵化器	科技部火炬中心	《科技企业孵化器认定和管理办法》国科发高〔2010〕680号 《国家科技企业孵化器"十三五"发展规划》国科办高〔2017〕55号
科技型中小企业	无	企业自主评价、省级科技管理部门组织实施、科技部服务监督	《科技型中小企业评价办法》国科发政〔2017〕115号 《科技部、国家税务总局关于做好科技型中小企业评价工作有关事项的通知》国科发火〔2018〕11号 《关于印发〈科技型中小企业评价服务工作指引〉的通知》国科火字〔2022〕67号
国家高新技术企业	无	由科技部、财政部、税务总局组成的全国高新技术企业认定管理工作领导小组	《高新技术企业认定管理办法》国科发火〔2016〕32号
省级"专精特新"中小企业	无	陕西省工业和信息化厅	《陕西省工业和信息化厅关于印发〈陕西省"专精特新"中小企业认定管理办法〉的通知》陕工信发〔2020〕139号
国家级专精特新"小巨人"企业	无	国家工业和信息化部	《工业和信息化部关于促进中小企业"专精特新"发展的指导意见》工信部企业〔2013〕264号 《工业和信息化部办公厅关于开展专精特新"小巨人"企业培育工作的通知》工信厅企业函〔2018〕381号
制造业单项冠军	省级制造业单项冠军	陕西省工业和信息化厅	《陕西省制造业单项冠军企业培育认定管理办法》陕工信发〔2020〕254号

续表

一级名称	二级名称	主要责任部门	政策文件
制造业单项冠军	国家级制造业单项冠军	国家工业和信息化部	《关于印发〈制造业单项冠军企业培育提升专项行动实施方案〉的通知》工信部产业〔2016〕105号 《关于组织推荐第五批制造业单项冠军和复核第二批制造业单项冠军的通知》工信厅联政法函〔2020〕84号
瞪羚企业	市级瞪羚企业	各地市科技局	《西安市瞪羚企业认定管理办法》市科发〔2020〕8号 《宝鸡市瞪羚企业培育认定操作办法》宝市科发〔2019〕67号
瞪羚企业	省级瞪羚企业	陕西省科学技术厅	《关于加快培育瞪羚企业的通知》陕科高发〔2016〕174号 《陕西省科学技术厅关于开展2021年瞪羚企业培育认定工作的通知》陕科函〔2021〕214号
瞪羚企业	国家级瞪羚企业	科学技术部火炬高技术产业开发中心	《国家高新区瞪羚企业发展报告（2017）》 《国家高新区瞪羚企业发展报告（2018）》 《国家高新区瞪羚企业发展报告（2019）》

因此，本书基于企业生命周期理论和科技企业培育路径，筛选陕西工业产业中具有发展潜力的成长品牌，主要从工业和信息化部认定的专精特新"小巨人"企业和科技部认定的国家高新区瞪羚企业中产生。

（三）品牌企业筛选标准

本书结合国民经济行业分类，将能源化工、汽车制造、装备制造（汽车制造除外）、新一代信息技术、医药、原材料六个产业定义为陕西工业的支柱（优势）产业。将国民经济行业分类中涉及其他工业产业的，如食品加工、建筑建材和纺织轻工等，定义为其他产业。将不同产业的企业品牌建设现状分别进行分析，主要依据企业生命周期理论。该理论认为，企业组织的成长就像有机体一样具有成长曲线和生长周期，会经历初创、成长、成熟及衰退等阶段，处于成长期和成熟期的企业是政府应该大力扶持的龙头和潜力企业。

在具体产业品牌发展现状分析时，主要从成熟期企业品牌竞争力、成长期企业品牌竞争力等方面展开。其中，成熟期企业品牌竞争力评价主要从经济效益、技术创新和品牌价值等维度进行分析，遴选出陕西的优势企业品牌和发展有待提高的企业。成长期企业品牌遴选主要依据科技企业培育路径的不同阶段展开。科技企业作为陕西技术创新能力较高的企业群体，在实施创新驱动发展战略、推动产业结构调整和转型升级、促进经济高质量发展、提高社会生产力等方面发挥着重要作用。目前主要按照分层孵化体系，通过对培育梯队及特征不同，对科技企业品牌竞争力进行分析，遴选出陕西发展潜力巨大和成长有待提高的企业。具体评选标准如下：

1. 成熟期（优势）企业品牌竞争力的评选标准

本书主要从经济效益、技术创新和品牌价值3个维度对各产业成熟企业的品牌竞争力进行评价，将同时在不同维度出现2个和2个以上的企业定义为该行业内的优势企业，将仅在1个维度出现的企业定义为综合发展有待提高的企业。

经济效益维度将营业收入、利润总额、增长率等经营指标和财务指标作为评选依据。经济效益指标是企业实现经营成果的重要保证，是企业经营活动的主要来源，也是客户对企业的经营活动认可的最终结果，该指标反映了企业在市场竞争中的地位。

技术创新维度将陕西省科技厅对企业创新综合能力的评定以及工业和信息化部和陕西省工信厅认定的国家级、省级企业技术中心及技术创新示范企业作为评选依据，认为符合条件的企业在技术创新方面具有较大优势。

品牌价值维度将品牌价值排行榜单以及国家工业和信息化部和陕西省工信厅认定的国家级、省级工业品牌培育示范企业作为评选依据，筛选出在品牌价值方面处于领先地位的企业。品牌是国家竞争力的综合体现，也是参与全球竞争的重要资源。面对当前日趋激烈的全球贸易竞争形势，品牌建设越发重要。

2.成长期企业品牌的评选标准

成长期企业创新能力强、细分市场占有率高，并且极具发展潜力与成长性，在未来有望成为相关领域国际领先的企业。本书基于企业生命周期理论和科技型企业培育路径，将国家工业和信息化部认定的国家级专精特新"小巨人"企业和科技部认定的国家高新区瞪羚企业作为评选依据，将同时在两个方面被认定的企业，被工业和信息化部评定为制造业单项冠军的企业，被称为"独角兽"或"上市企业"的三类企业定义为该行业内发展潜力巨大的成长企业，将仅在一个方面被认定的企业定义为成长有待提高的企业。

第三节　陕西工业及工业品牌发展总况

一、工业发展条件分析

（一）资源优势

能源资源优势：陕西是国家重要的能源化工、西煤东运、西电东送、西气东输基地，是能源丝绸之路上的重要纽带和支点。陕西能源资源丰富，目前探明的能源保有储量均位居全国前列。煤炭资源主要分布在榆林、延安、铜川、咸阳、渭南、宝鸡6市，预测煤炭资源量达3800亿吨，居全国第4位。石油和天然气资源主要分布在延安和榆林地区，石油预测资源总量约40亿吨，累计探明地质储量19亿吨，居全国第5位。天然气预测资源量11.7万亿立方米，累计探明地质储量1.2万亿立方米，居全国第3位。新能源主要分布在陕北和陕南，其中水电主要分布在陕南地区，主要是各类水电站；

太阳能发电和风力发电主要分布在陕北地区。

矿产资源优势：矿产资源分布区域特色鲜明，陕北和渭北以优质煤、石油、天然气、水泥灰岩、黏土类及盐类矿产为主；关中以金、钼、建材矿产和地下热水、矿泉水为主；陕南秦岭巴山地区以黑色金属、有色金属、贵金属及各类非金属矿产为主。目前陕西已查明矿产资源储量潜在总价值47万亿元，约占全国的1/3，居全国之首。

水源资源优势：陕西是南水北调中线工程核心水源地，汉、丹江流域在陕西境内流域面积为6.24万平方千米，涵盖汉中、安康和商洛3市28个县（区），为中线工程提供了70%的水量。

（二）科教优势

目前，陕西共有100多所高等学校，1000多所科研机构，100多万科技人员，是名副其实的科教大省，也是我国重要的国防科技工业基地，主要科技指标都保持在全国前列。2015年习近平总书记来陕西视察并发表重要讲话："陕西是科教大省，是我国重要的国防科技工业基地，科教资源富集，创新综合实力雄厚。要把这些资源充分挖掘好、利用好、滋养好，推动科技和经济紧密结合，创新成果和产业发展紧密对接，努力在创新驱动发展方面走在前列。"通过高等院校、科研院所、企业协同攻关"卡脖子"技术，实现创新链和产业链动态联动、互为支撑，为产业和产品迈向价值链中高端赋能。2021年3月，作为陕西最大的孵化器和科技成果转化"特区"，"秦创原"创新驱动平台将依托陕西科教资源优势和高端装备制造、能源化工、汽车、电子信息、新材料等重点产业优势，充分调动高校、科研院所、企业等各类主体和人才的积极性，让一批"大院""大所""大企"有了融合发展的"撬动点"。

（三）消费优势

陕西是国内外循环的重要平台，通过积极融入"一带一路"大格局，拓展多元化国际市场。陕西加快建设"一带一路"商贸物流枢纽，以中欧班列"长安号"为核心,加快西安国际港务区商贸物流基础设施建设,完善境内外商贸物流枢纽体系,提升多式联运效率,构建亚欧陆海贸易大通道,加快建设"一带一路"交通商贸物流中心,打造效率高、成本低、服务优的国际贸易通道。

除了积极融入国际外循环,陕西在国内大循环中发挥着重要作用,陕西作为西部大省,经济总量、人口数量、居民收入较强,具有良好的经济基础。同时,陕西拥有国际消费中心城市,形成了消费引力场,吸引全国消费创新资源进入省内,并将陕西品牌推向全国乃至全球。

(四)区位优势

陕西地处国家地理版图中心,在国家西部大开发战略中居于"首要位置"。是实施"一带一路"倡议的重要节点,是沟通内陆与亚欧大陆桥和海上丝绸之路的重要交通枢纽,是丝绸之路经济带上的最大物流中转基地。陕西与丝绸之路经济带沿线国家,特别是中亚地区,在工业、资金和技术合作等方面具有很强的互补性。随着与丝绸之路经济带沿线国家在基础设施建设、能源与国际产能合作方面项目的推进,将为陕西工业发展拓展新的增长空间。

陕西的区位条件正在持续提升,陕西具备大规模聚集新发展要素资源和承接国内外产业转移的基础。在新一轮国际国内产业转移浪潮中,陕西既可以承接东部沿海地区部分劳动密集型产业转移,也可以继续承接国外中高端产业转移,从而带动全省工业实现跨越式发展。

(五)发展规划

陕西依托于丰富的资源,工业总体上形成"一轴两翼"的空间布局:"一轴"即关中核心发展轴(见图1-4),重点打造先进制造业基地;"两翼"分别为北翼—陕北高端能源化工产业基地、南翼—陕南循环绿色先进制造业基地。

关中核心发展轴:以西安为工业发展核心,辐射范围涵盖咸阳、西咸新区、宝鸡、渭南等城市,坚持创新驱动、高端引领、融合发展、绿色环保的理念,加快本地区工业转型升级。加快推进"西咸一体化"进程与西咸新区建设，最终形成以西安、咸阳为中心区域，向西至宝鸡，向东至渭南的"关中城市群"，且在西部地区具有一定竞争优势的产业群、技术研发带及发展重点城市群。发展重点为电子信息制造、航空航天、高端装备制造、生物医药、新材料等战略性新兴产业以及软件和信息服务、现代物流等生产性服务业。着重在装备制造业、消费品工业（食品、医药、纺织）和电子产品制造业等领域开展国际合作，促进相关产业与产品"走出去"。

图 1-4 关中地区重点产业布局

两翼地区：北翼—陕北高端能源化工基地，坚持科学开发、集约开发、绿色开发的原则，推进资源深度转化和循环发展。依托榆林、延安两地丰富的煤、油、气等资源，重点发展绿色化、规模化能源化工产业以及相关配套装备制造业，并积极与其他国家或地区在能源化工产业方面开展合作；南翼—陕南循环绿色先进制造业基地，依托丰富的矿产资源和生物资源，坚持绿色、循环发展理念，推进规模化开采以及废弃物综合利用，重点发展有色冶金、非金属材料、绿色食品、生物制药等产业，建设西部重要的循环绿色产业基地，如图 1-5、图 1-6 所示。

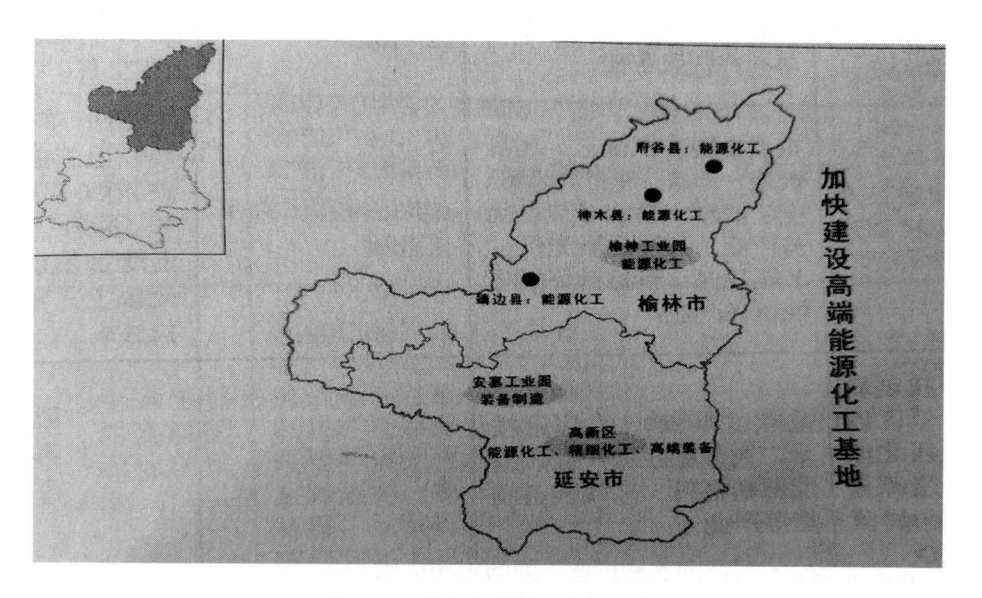

图 1-5　陕北地区重点产业布局

图 1-6　陕南地区重点产业布局

二、工业经济发展现状

(一)与全国其他省份相比陕西工业发展状况

通过比较陕西与全国其他省份 GDP 总量、工业总产值以及工业总产值在 GDP 中的占比情况,具体分析陕西工业在全国范围内的发展态势。

从国家统计局数据可知,2020 年陕西 GDP 总值为 2.62 万亿元,在全国各省份中排名第 14,处于中等地位,与广东、江苏等经济强省相比,总量差距较大,仅为两者的 1/4。在工业产值方面,2020 年陕西工业总产值为 1.14 万亿元,在全国各省份中排名第 132 位,仅为广东、江苏的 1/4。

虽然陕西工业总产值、GDP 总量在全国各省排名中处于中间位置,但陕西工业总产值在 GDP 中的比重为 43.51%,排名第 4,表明陕西工业化率较高,工业是全省经济的支柱产业。如图 1-7 所示。

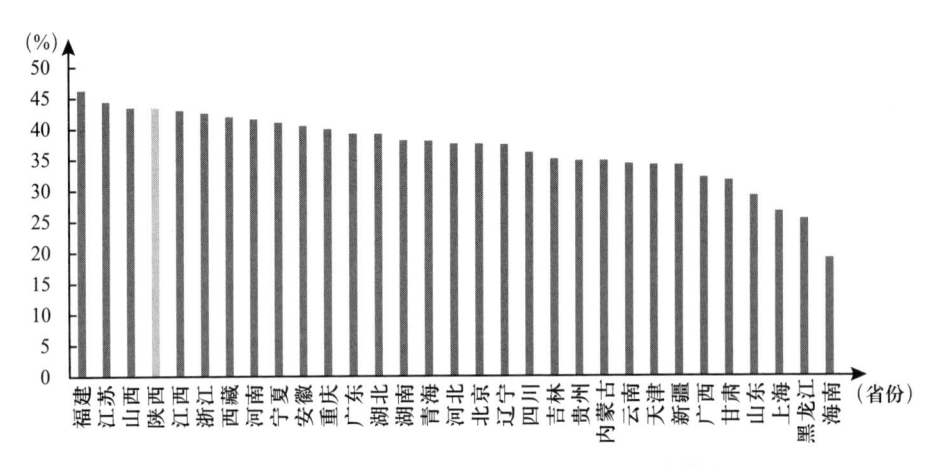

图 1-7 2020 年全国各省工业总产值在 GDP 中的占比

资料来源:国家统计局。

(二)陕西省历年工业总产值在 GDP 中占比情况

2015 年以来,国内外形势错综复杂,中央经济工作会议确定了着力推进供给侧结构性改革任务,主动适应经济新常态,全国经济呈现出稳中有进的发展态势。陕西工业经济在承受内外压力的情况下，经济增速企稳回升，工业结构不断优化，企业效益稳步向好，为全省经济保持平稳运行奠定了基础。陕西2016~2020年来工业总产值及全省GDP的发展趋势如图1-8所示。

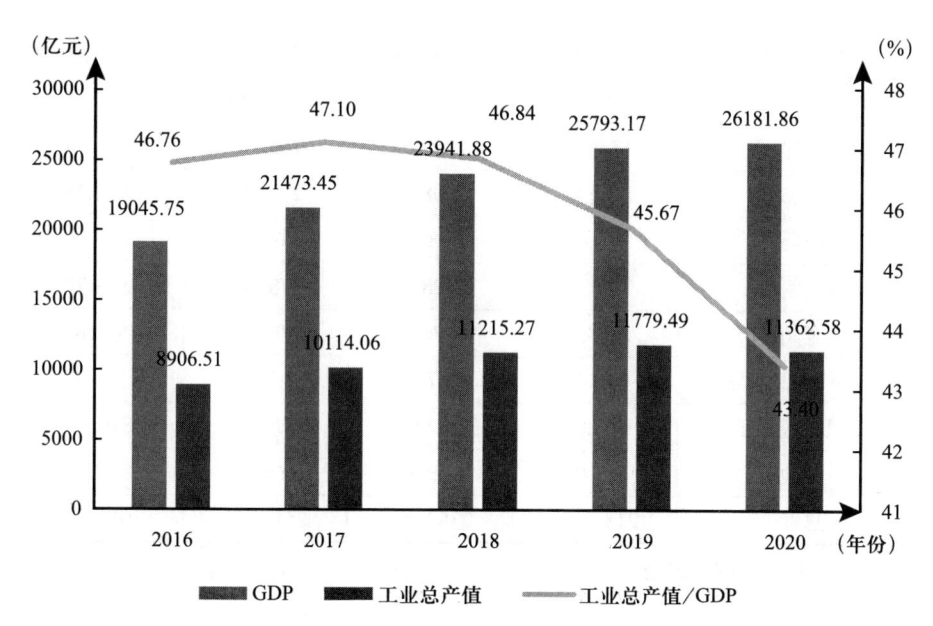

图1-8　陕西工业总产值及GDP占比（2016~2020年）

资料来源：陕西省统计局。

2016~2020年，陕西GDP总值和工业总产值都呈稳步上升的趋势，而工业总产值在GDP中的占比却呈下降趋势。需要说明的是，2020年，虽然受新冠疫情影响，但工业总产值增长变化不大。

（三）不同产业的产值比较

陕西省统计局对规模以上工业企业按照行业进行划分，并统计出不同行业工业的总产值。本书根据以上数据，按照支柱产业的界定标准，将规模以上企业划分为能源化工、装备制造、原材料、食品加工、医药、汽车制造、新一代信息技术、建筑建材、纺织和轻工业等产业，并分别计算不同产业在陕西省工业总产值中的占比。其中，建筑建材产业仅包括工业中建材产值，建筑业产值不统计在内，如表1-6、图1-9所示。

表1-6 陕西规模以上企业不同行业工业总产值（2016~2019年）单位：亿元

年份 行业	2016	2017	2018	2019
能源化工	7428.81	9141.01	9839.00	9904.78
原材料	3996.80	3488.73	3417.20	3452.65
建筑建材	1378.09	1259.19	1452.76	1660.04
食品加工	2465.80	2608.92	2725.52	2852.15
医药	660.47	738.12	769.60	785.38
装备制造	2651.82	2798.84	2785.12	2959.76
汽车制造	1168.44	1576.38	1762.34	1919.80
新一代信息技术	738.36	837.79	887.15	1385.97
纺织和轻工业	802.00	832.61	879.49	879.77
其他	547.02	543.36	669.56	822.81
总计	21837.61	23824.95	25187.74	26623.11

资料来源：陕西省统计局。

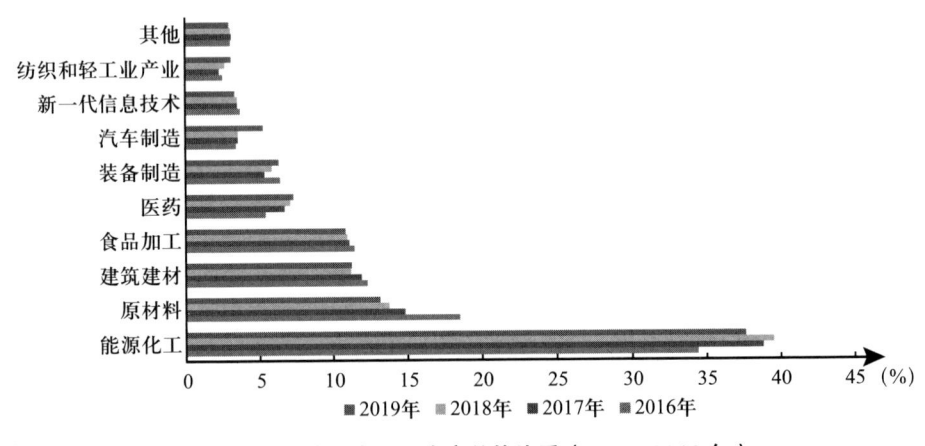

图1-9 各产业占工业生产总值比重（2016~2019年）

资料来源：陕西省统计局。

从以上数据不难发现，近年来，能源化工产业在陕西工业总产值中占比较大，紧随其后的为原材料产业，而食品加工业和装备制造业，医药、新一代信息技术等创新能力要求较高的产业占比较小。因此，陕西目前的工业发展状况仍是以能源化工及原材料等能源型和资源型产业为主，新兴产业仍有较大的发展空间。

三、工业品牌企业发展现状

（一）规模以上工业企业发展现状

规模以上工业企业（以下简称"规上工业企业"）指年主营业务收入在2000万元及以上的工业企业，其数量反映了各地工业竞争力水平。

1. 地区分布

截至2020年，我国规上工业企业总数为399375家。其中，我国工业实力排名前10的省份为：广东（58483家）、江苏（50168家）、浙江（47956家）、山东（29628家）、河南（19803家）、福建（18845家）、安徽（18447家）、湖南（18239家）、湖北（15708家）和四川（15280家）。

从全国分布看，陕西规上企业总数为7145家，占总数的1.79%，在全国排名第15。与排名前3的广东、江苏和浙江相比，陕西仅占其15%~20%，数量差距较大。与西北其他省份相比，陕西作为唯一上榜全国规上工业企业数量排名前20的省份，规上工业企业数量远远高于西北其他省份，具体如图1-10所示。

从陕西省内分布看，关中地区企业数量最多，为3895家，占全省总数的54.51%。其次是陕南地区，共1762家，占比24.66%；陕北地区共1483家，占比20.83%。

从陕西各地市分布数量来看，西安规上工业企业共1634家，占比22.87%，排名第1；榆林共1011家，占比14.15%，排名第2；宝鸡共884

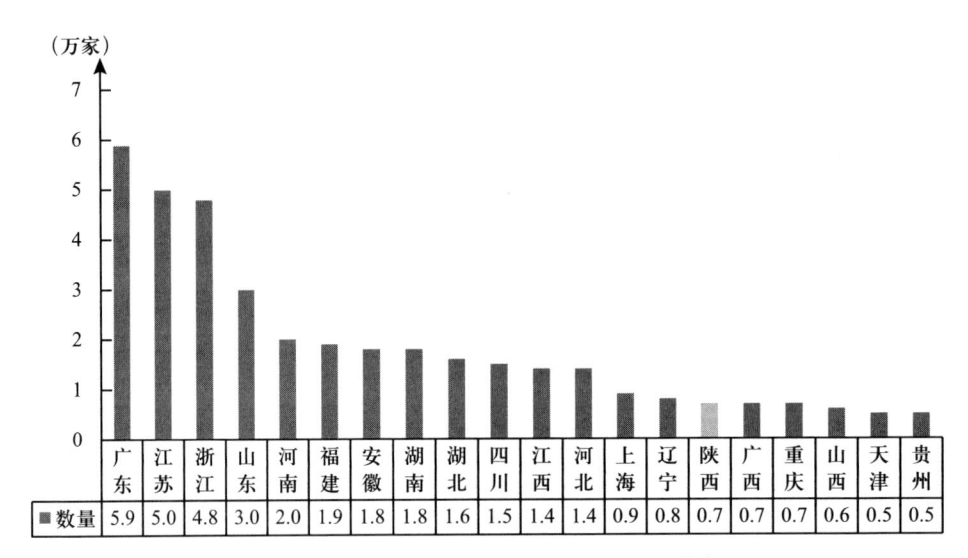

（万家）																				
	广东	江苏	浙江	山东	河南	福建	安徽	湖南	湖北	四川	江西	河北	上海	辽宁	陕西	广西	重庆	山西	天津	贵州
数量	5.9	5.0	4.8	3.0	2.0	1.9	1.8	1.8	1.6	1.5	1.4	1.4	0.9	0.8	0.7	0.7	0.7	0.6	0.5	0.5

图 1-10 全国规上工业企业数量排名前 20 的省份

资料来源：国家统计局。

家，占比 12.37%，排名第 3。以上 3 市规上工业企业总数占全省总数的 49.39%，如图 1-11 所示。

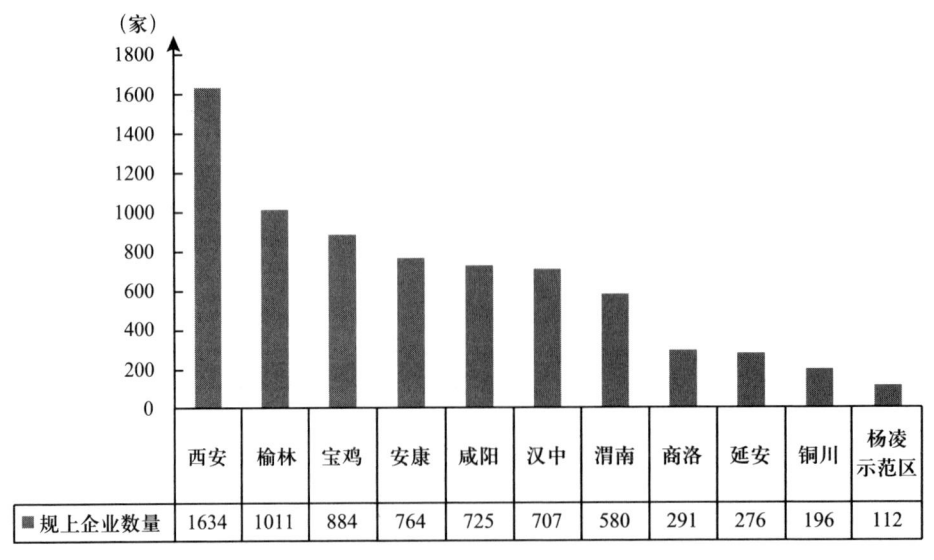

（家）											
	西安	榆林	宝鸡	安康	咸阳	汉中	渭南	商洛	延安	铜川	杨凌示范区
规上企业数量	1634	1011	884	764	725	707	580	291	276	196	112

图 1-11 陕西省规上工业企业地区分布情况

资料来源：陕西省统计局。

2. 行业分布

2020年，全国规上工业企业按照行业分布为装备制造（86554家）、原材料（63113家）、能源化工（43793家）、食品加工（35678家）、新一代信息技术（20867家）、汽车制造（16018家）、医药（8170家）、建筑建材（39675家）、其他（16396家）。"其他"类别包括开采辅助活动、废弃资源综合利用业等。

陕西规上工业企业按照行业分布为能源化工（1478家）、食品加工（1225家）、装备制造（1131家）、建筑建材（942家）、原材料（858家）、其他（340家）、医药（243家）、新一代信息技术（231家）、汽车制造（183家）。与全国相比，陕西规上工业企业在能源化工和食品加工2个行业的规上工业企业数量高于全国均值。其他几个行业均低于全国平均水平。如图1-12所示。

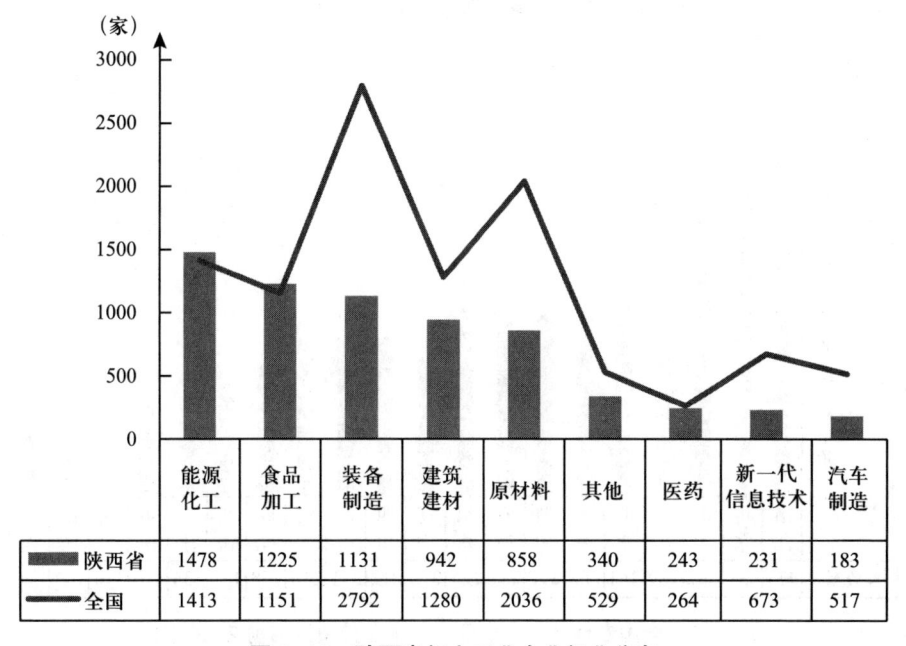

	能源化工	食品加工	装备制造	建筑建材	原材料	其他	医药	新一代信息技术	汽车制造
陕西省	1478	1225	1131	942	858	340	243	231	183
全国	1413	1151	2792	1280	2036	529	264	673	517

图1-12 陕西省规上工业企业行业分布

资料来源：陕西省统计局。

（二）专精特新"小巨人"企业发展现状

1. 地区分布

自2018年工业和信息化部首次开展专精特新"小巨人"企业培育工作以来，截至2021年，工业和信息化部共公布了3批专精特新"小巨人"企业名单（4922家）。其中，入选企业排名靠前的省份为：浙江（475家）、广东（433家）、山东（367家）、江苏（289家）、北京（264家）、上海（262家），前述6省约占全国总量的42.46%。

从全国分布看，陕西入选专精特新"小巨人"企业114家，占全国总量的2.32%，排名第18位，与浙江、广东相比数量较少、差距较大，仅为两者的1/4。如图1-13所示。

虽然陕西专精特新"小巨人"企业总数不多，但陕西专精特新"小巨人"企业从第一批的9家、第二批的45家到第三批的60家，入选企业数量呈逐年增长态势，表明其发展速度较快、势头较好。

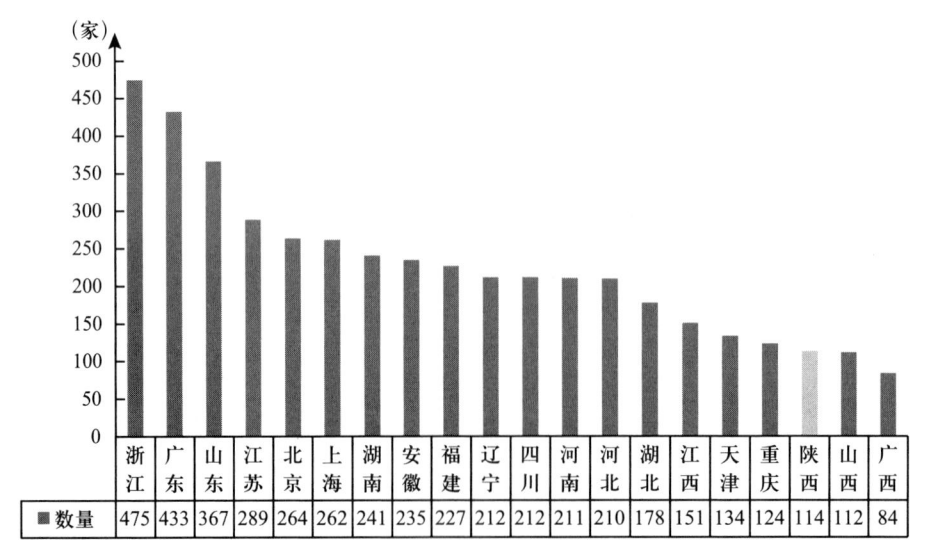

省份	浙江	广东	山东	江苏	北京	上海	湖南	安徽	福建	辽宁	四川	河南	河北	湖北	江西	天津	重庆	陕西	山西	广西
数量	475	433	367	289	264	262	241	235	227	212	212	211	210	178	151	134	124	114	112	84

图1-13　全国专精特新"小巨人"企业数量排名前20的省份

资料来源：工业和信息化部。

从省内分布看（见图1-14），陕西专精特新"小巨人"企业主要集中在关中地区，共107家，占总数的93.86%。其中，西安73家，占比高达64.04%，具有绝对优势；咸阳12家（含杨凌示范区2家），宝鸡17家，渭南5家。陕北地区共3家，占总量的2.63%。其中，榆林1家，铜川2家。陕南仅汉中有4家，占总量的3.51%。

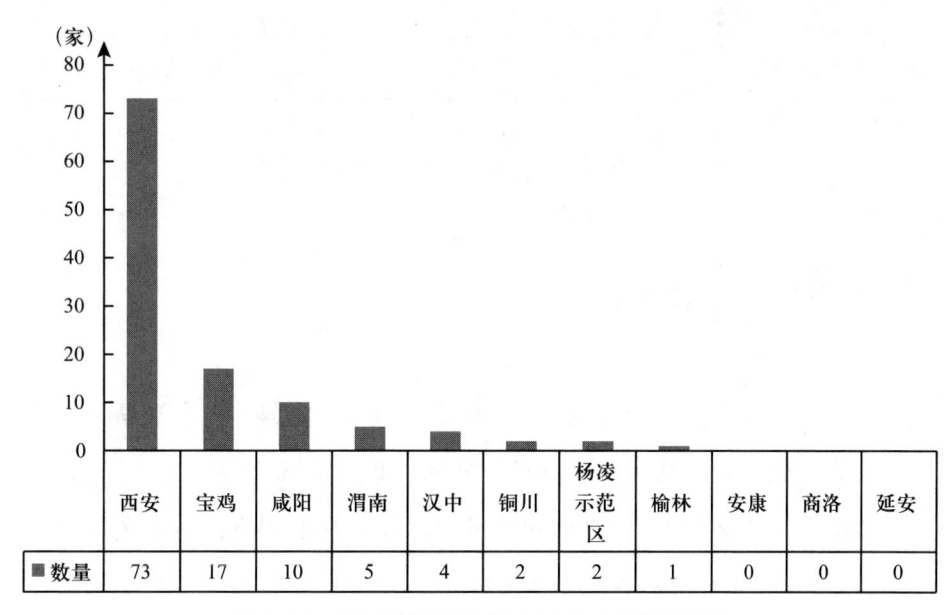

	西安	宝鸡	咸阳	渭南	汉中	铜川	杨凌示范区	榆林	安康	商洛	延安
数量	73	17	10	5	4	2	2	1	0	0	0

图1-14 陕西专精特新"小巨人"企业地区分布

资料来源：工业和信息化部。

2. 行业分布

按照行业分布看，陕西专精特新"小巨人"企业主要分布如下：装备制造（40家）、新一代信息技术（28家）、原材料（19家）、能源化工（12家）、医药（6家）、汽车制造（4家）、其他（3家）、建筑建材（1家）、纺织与轻工（1家）。其中"其他"类别包括技术服务业等。

需要指出的是，陕西在装备制造、新一代信息技术、原材料3个行业的专精特新"小巨人"企业数量达87家，占全省总数的76.32%，如图1-15所示。

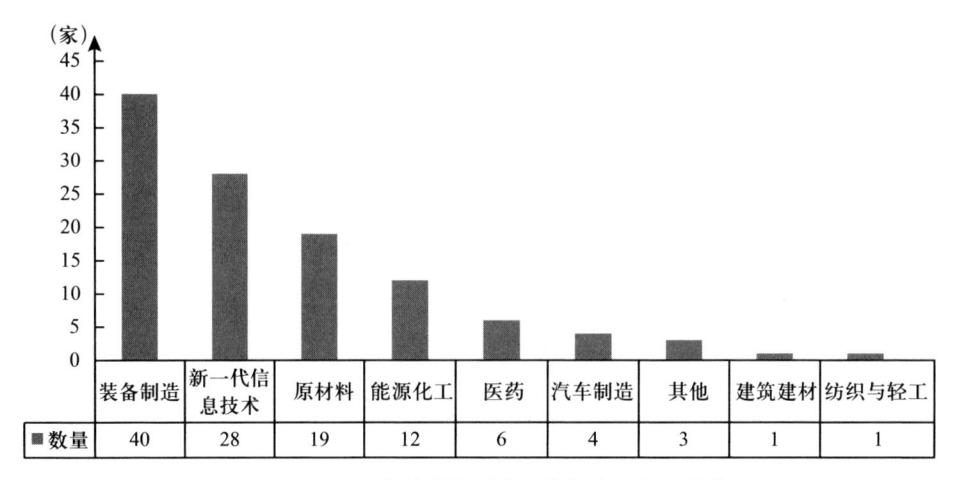

行业	装备制造	新一代信息技术	原材料	能源化工	医药	汽车制造	其他	建筑建材	纺织与轻工
数量	40	28	19	12	6	4	3	1	1

图1-15 陕西专精特新"小巨人"企业行业分布

资料来源：国家工业和信息化部。

（三）国家高新区瞪羚企业分布

1. 地区分布

目前，全国已认定瞪羚企业26345家，分布在全国162个高新区。其中，入选企业数量排在前3位的省份分别为北京（13302家）、广东（1688家）和山东（1538家），且北京的数量远远高于其他省份，约占全国总数的50.5%。排在4~6位的省份分别为湖北（1385家）、江苏（780家）、浙江（740家），排名前6位的省份入选企业数约占全国总量的73.76%。

陕西拥有国家高新区瞪羚企业共241家，占全国总量的0.91%，在全国企业数量排名前20的省份中排第11位，数量在全国处于中等（见图1-16）。但是，相比排名前10的地区，差距仍然较大。

从省内地区分布看，全省绝大部分国家高新区瞪羚企业都集中在关中地区，共240家，占总数的99.59%。其中，西安数量最多，共205家，占比85.06%；咸阳8家（含杨凌示范区3家）、宝鸡18家、渭南9家。陕北、陕南地区数量最少，陕南地区仅安康有5家，陕北地区仅榆林有2家，如图1-17所示。

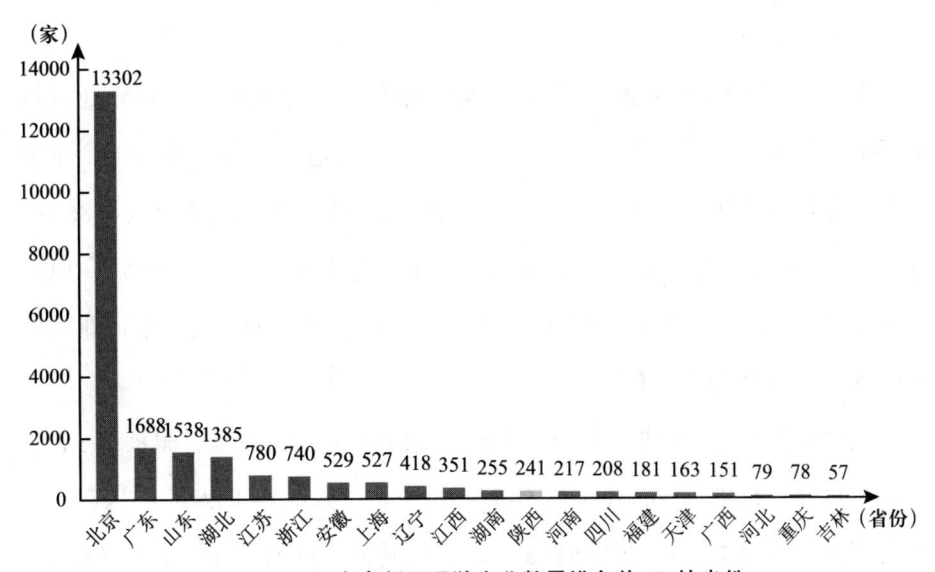

图 1-16　国家高新区瞪羚企业数量排名前 20 的省份

资料来源：瞪羚云。

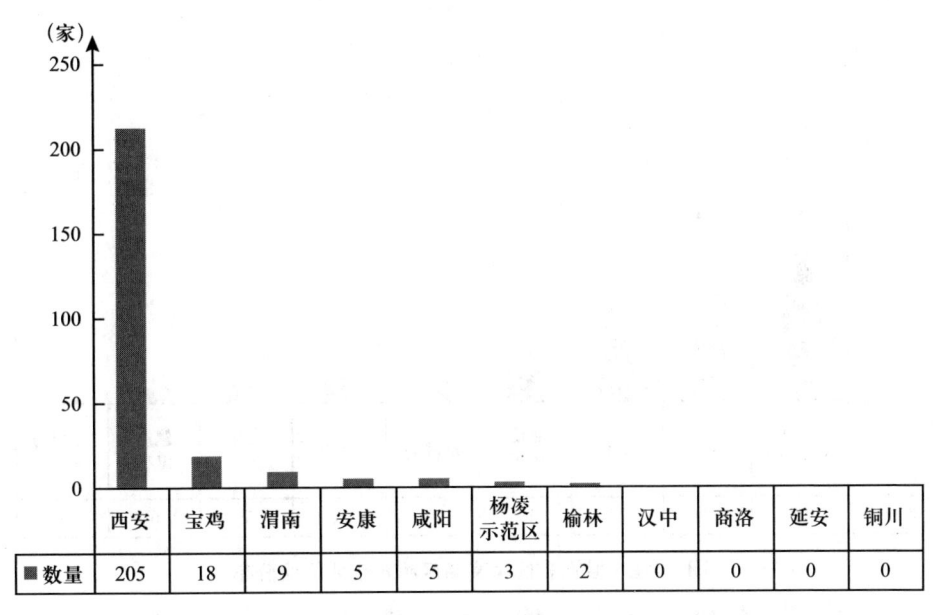

	西安	宝鸡	渭南	安康	咸阳	杨凌示范区	榆林	汉中	商洛	延安	铜川
■ 数量	205	18	9	5	5	3	2	0	0	0	0

图 1-17　陕西省国家高新区瞪羚企业地区分布

资料来源：瞪羚云。

2. 行业分布

全国已认定瞪羚企业26345家，按照瞪羚云网站统计的瞪羚企业领域分布看，仅有11879家企业属于工业产业，而其他的分属于服务业、金融业和文化体育业等。且工业企业主要集中分布在新一代信息技术（6686家，56.28%）、装备制造（1239家，10.4%）、能源化工（633家，5.33%）、原材料（451家）和汽车制造（451家）等中高端制造业领域，前5个行业共计9460家，占总数的79.64%。

陕西瞪羚企业，按照行业分布为新一代信息技术（108家，44.8%）、装备制造（43家，17.8%）、能源化工（19家，7.9%）、原材料（13家）、医药（12家）、汽车制造（7家）、纺织与轻工（2家）、其他（29家）、建筑建材（6家）、食品加工（2家），"其他"类别为技术服务业等。陕西装备制造、新一代信息技术和能源化工3个行业总计170家，占全省总数的70.54%，如图1-18所示。

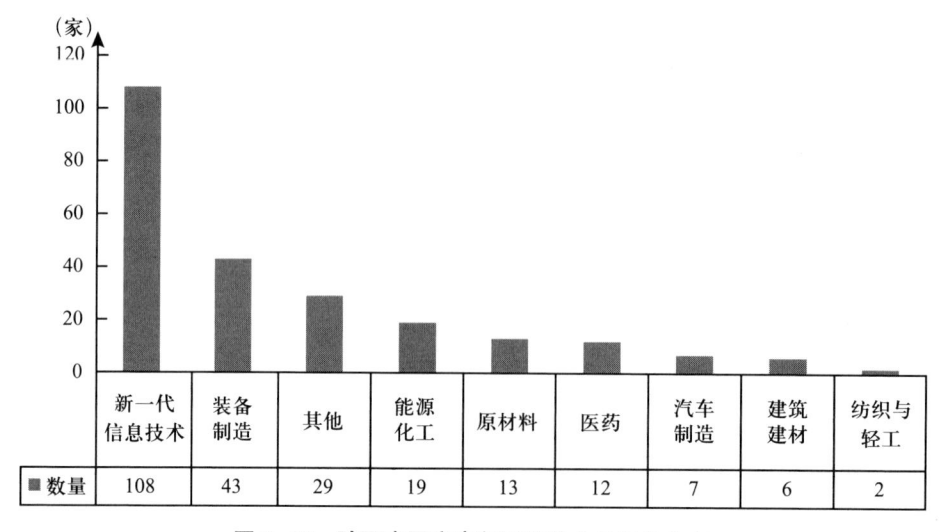

行业	新一代信息技术	装备制造	其他	能源化工	原材料	医药	汽车制造	建筑建材	纺织与轻工
数量	108	43	29	19	13	12	7	6	2

图1-18 陕西省国家高新区瞪羚企业行业分布

资料来源：瞪羚云。

（四）小结

从全国分布看，陕西规上工业企业、专精特新"小巨人"企业及国家高新区瞪羚企业在全国范围内不占据优势,与广东、山东、浙江等省份差距较大。陕西规上工业企业总数为7145家,占总数的1.79%,数量在全国排名第15位。入选的专精特新"小巨人"企业仅为114家,占全国总量的2.32%,排名第18位,仅为浙江、广东两省份的1/4。国家高新区瞪羚企业有241家,占全国总量的0.91%,在全国企业数量排名前20省市中排名第11,数量在全国属于中等。

从行业分布看,新能源、现代化工、新材料、新一代信息技术及高端制造产业不仅是陕西的支柱产业,还是陕西重点发展的战略性新兴产业。从上述分析不难发现,陕西规模以上企业主要集中在原材料、能源化工、食品加工以及装备制造领域。专精特新"小巨人"企业和国家高新区瞪羚企业主要集中在新一代信息技术、装备制造、能源化工及原材料领域。近年来,陕西大力推动战略性新兴产业发展,"十三五"规划中提出,为培育经济新的增长点,持续优化产业结构,推动发展方式转变,促进产业迈向中高端水平,积极推动战略性新兴产业发展。另外,陕西丰富的农产品资源也使得食品加工业在陕西省内得到快速发展。因此,陕西规上工业企业及专精特新"小巨人"企业和国家高新区瞪羚企业大多分布在这些领域。

从地区分布看,规上工业企业、专精特新"小巨人"企业、国家高新区瞪羚企业在省内分布不均衡,主要集中在关中地区,陕北、陕南地区分布较少。关中地区资源优势显著,产业密集、高新技术先进,这里聚集了全省80%的教育资源和科技力量,以大西安建设为"龙头",关中地区逐步发展成为全省经济社会发展最活跃的地区。陕北地区能源资源丰富,能源企业较多;陕南地区主要发展绿色农业。陕南、陕北则依托当地特色产业发展,科技创新能力相比关中地区存在一定差距。由于陕西三大区域资源禀赋的显著差异,目前已形成以关中先进制造业、陕北能源化工、陕南绿色生态资源业为主导的区域产业格局。

第二章 陕西省优势（支柱）产业品牌发展现状

第一节 能源化工产业

一、产业基本情况

（一）定义及作用

从行业分类来说，能源化工产业主要包括能源与化工产业。其中，能源产业包括煤炭开采与洗选业、燃气生产和供应业、电力、热力生产和供应业与新能源及其装备利用（强调对新能源的开发与相关硬件的配置，将光伏产品等新能源装备制造业归于此）；化工产业包括煤化工产业、精细化工产业、化肥和农药产业、基本化学品产业。

能源化工产业是陕西工业经济发展的基础，是陕西省国民经济的支柱产业，也是陕西工业经济转型升级和高质量发展的最强动力之一。能源化工产业链的构成，从能源资源的加工、生产到最终消费，一般分为3个部分。具体如图2-1所示。

（二）资源禀赋

陕西集煤、油、气等多种资源于一体，具有发展能源化工的得天独厚优势，拥有丰富的能源资源。煤炭资源主要分布在榆林、延安、铜川、咸阳、渭南、宝鸡6市，预测煤炭资源量3800亿吨，居全国第4位。石油和天然气

第二章 陕西省优势（支柱）产业品牌发展现状

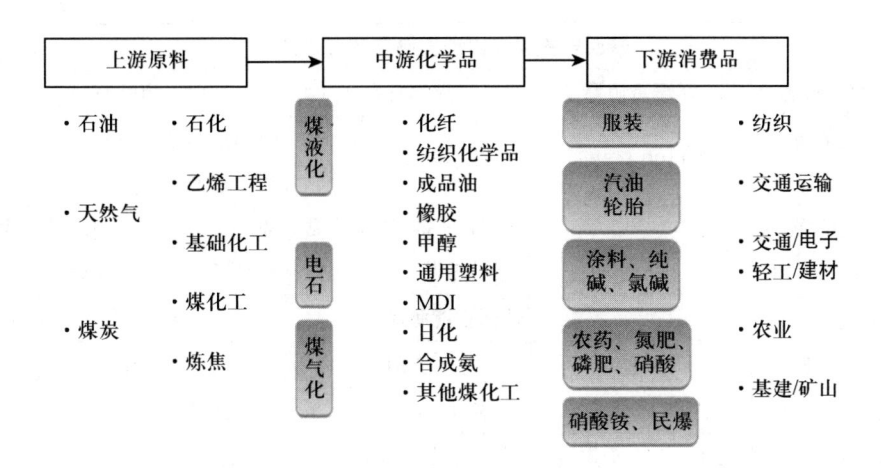

```
上游原料 → 中游化学品 → 下游消费品

·石油    ·石化      煤液化    ·化纤          服装       ·纺织
         ·乙烯工程            ·纺织化学品
·天然气                       ·成品油        汽油       ·交通运输
         ·基础化工   电石      ·橡胶          轮胎
                              ·甲醇                     ·交通/电子
         ·煤化工              ·通用塑料      涂料、纯
·煤炭                         ·MDI           碱、氯碱    ·轻工/建材
         ·炼焦      煤气化    ·日化          农药、氮肥、
                              ·合成氨        磷肥、硝酸   ·农业
                              ·其他煤化工
                                             硝酸铵、民爆 ·基建/矿山
```

图 2-1 能源化工产业链结构

资源主要分布在延安和榆林地区，石油预测资源总量约 40 亿吨，累计探明地质储量 19 亿吨，居全国第 5 位。天然气预测资源量 11.7 万亿立方米，累计探明地质储量 1.2 万亿立方米，居全国第 3 位。陕西全省含煤面积 4.77 万平方千米，占全省面积的 23%。此外，陕西还拥有富集的风能、太阳能、地热能等清洁能源。陕西各能源产量及分布如表 2-1 所示。

表 2-1 陕西省能源产量及分布

陕西省主要煤田地质储量及资源分布			
煤田分类	煤炭资源量	煤类分布	产煤特征
陕北侏罗纪煤田	储量 2216 亿吨	长焰煤、不黏煤	低灰、低硫、低磷、高—特高热值，是优质的低温干馏、工业气化和动力用煤
陕北三叠纪煤田	储量 18.1 亿吨	气煤	低中灰、特低硫、低磷、中高发热量特点，是良好的化工用煤及炼焦配煤
黄陇侏罗纪煤田	储量 230.5 亿吨	长焰煤、弱黏煤	良好的动力用煤和气化用煤

续表

陕西省主要煤田地质储量及资源分布

煤田分类	煤炭资源量	煤类分布	产煤特征
陕北石炭—二叠纪煤田	储量1190亿吨	气煤、焦煤	煤田地质结构较复杂，勘探程度较低
渭北石炭—二叠纪煤田	储量489亿吨	瘦煤、贫瘦煤、贫煤、焦煤	原煤水分含量普遍较低，主要是动力用煤、炼焦用煤

陕西省能源储量

类别	储量	类别	储量
石油	40亿吨	天然气	11.7万亿立方米
地热能	1.50×10^{15} 千焦/℃	太阳能光伏电池产量	857.16万千瓦
风能	2808万千瓦		

资料来源：《西部煤炭资源清洁高效利用发展战略研究》《西部清洁能源发展战略研究》。

（三）产业集群

由于大多数能源化工企业集中在陕北地区，"十三五"期间，陕北重点打造能源化工全产业链，一批大型煤化工尤其是现代煤化工项目相继建成，榆林成为国内最大的兰炭、甲醇生产基地，煤制烯烃产能全国第1，煤制油技术多样、产品丰富，具备了雄厚的原材料基础条件，基本形成了石油和化学工业产业链。目前，关中也在进一步加紧能源接续区建设，加速聚集能源配套产业。

陕西榆林共有2个高端能源化工基地。其中，榆横工业基地、榆神工业基地作为国家级化工基地，领跑陕西能源化工产业新方向。陕西具体能源化工基地如表2-2所示。

表2-2 陕西省能源化工基地和园区

基地、园区名称	重点领域	所在地	等级
榆横工业基地	现代煤化工、综合	榆林榆阳区	国家级
榆神工业基地	现代煤化工、综合	榆林神木市	国家级
渭南高新技术产业开发区	煤化工、化肥、精细化工	渭南高新区	国家级

续表

基地、园区名称	重点领域	所在地	等级
咸阳高新技术产业开发区	石油化工、精细化工	咸阳高新区	国家级
杨凌农业高新技术产业示范区	精细化工	杨凌区	国家级
西安泾河工业园	精细化工	西安高陵区	省级
延安能源化工园区	精细化工、新材料	延安富县	省级
商丹循环工业经济园区	氟化工、新材料	商洛商州区	省级
靖边能源综合利用园区	现代煤化工综合利用	榆林靖边县	市级
蒲城渭北煤化工工业园	现代煤化工、精细化工	渭南蒲城县	市级
华州工业园	煤化工、化肥、精细化工	渭南华州区	市级
兴平化工产业园	化肥、基本化工	咸阳兴平市	市级
宝鸡凤翔长青工业园	基本化工、精细化工	宝鸡凤翔县	市级
彬长煤化工产业园	现代煤化工、新材料	咸阳彬州市长武	市级
韩城材料化工产业园	煤化工、化工新材料	韩城市	市级

资料来源：陕西省"十三五"规划。

（四）经济现状

1. 产量

从产量上看，陕西能源产量在全国范围内具有优势地位，原煤、原油、天然气在全国总产量中占比较大，如表2-3所示。

表2-3 2020年陕西能源产量在全国的占比

种类	陕西省	全国	比例（%）
原煤（万吨）	67942.6	390000	17.42
原油（万吨）	2693.7	19476.9	13.83
天然气（亿立方米）	527.38	1925	27.40
发电量（亿千瓦时）	2293.8	74170.4	3.09

资料来源：陕西省统计局。

经过近些年的发展，陕西发电、原煤、天然气产量呈稳步上升趋势，但原油产量从2016年开始逐渐回落，且在2020年产量降至2693.7万吨，如

表 2-4 所示。

表 2-4 2015~2020 年陕西能源资源产量

项目 年份	原煤（万吨）	原油（万吨）	天然气（亿立方米）	发电量（亿千瓦时）
2015	52224.2	3736.7	415.9	1594.1
2016	51151.4	3502.4	411.9	1734.8
2017	56959.9	3489.8	419.4	1781.4
2018	62324.5	3519.5	444.5	1782.2
2019	63412.4	3543.2	473.4	2118.6
2020	67942.6	2693.7	527.4	2293.8

资料来源：陕西省统计局。

2. 产值

能源化工产业是陕西工业经济发展的基础，2019 年，陕西能源化工产业总产值近 1 万亿元，约占全省 GDP 的 38.4%，如图 2-2 所示。

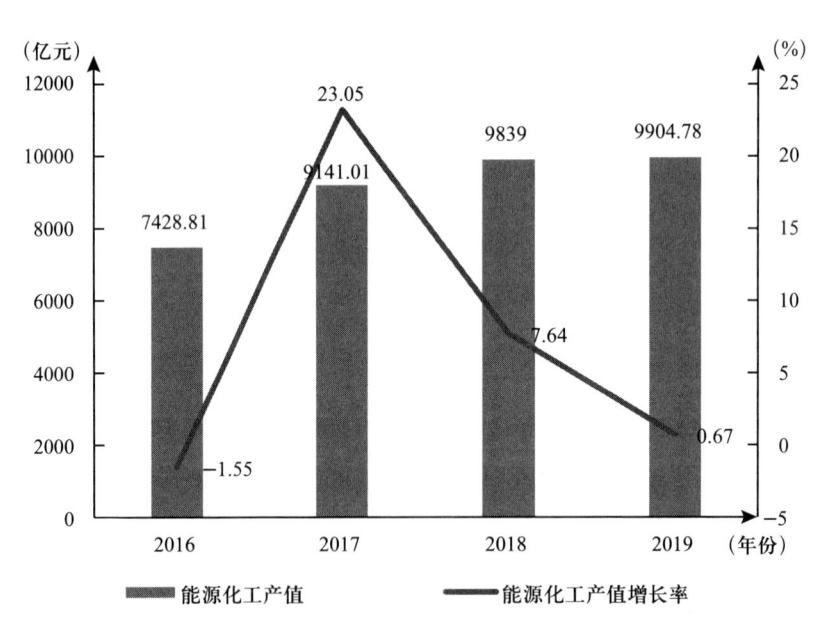

图 2-2 2016~2019 年陕西省能源化工产业产值及增长率

资料来源：陕西省统计局。

因此，能源化工产业作为陕西国民经济支柱产业之一。煤炭、石油、天然气等能源产业为陕西经济长期稳定发展做出了巨大贡献，2020年能源产值占全省工业总产值的20%以上，但多年的能源大开发也给全省节能降耗和实现"双碳"目标造成一定的困难。

（五）发展现状及规划

转型升级是陕北能源化工基地高质量发展的核心。推动能化产业从高能耗、高污染、低附加值向低能耗、低污染、高附加值升级，加快构建创新驱动、多元支撑的现代化产业新体系，推动能源化工从煤炭开采等行业初级阶段向高端精细化工转变，加强煤、油、气、盐化工横向耦合，积极推动煤化工向合成纤维、合成树脂、合成橡胶等下游高端产品延伸，助力形成综合化、集群化的能源产业。且从陕西省"十四五"规划中可以看出（见图2-3），能源基地大多分布在陕北地区，能源类装备制造研发及相关产业在关中地区，清洁能源分布在陕南地区，这种布局与陕北具有丰富的矿产资源，关中拥有的技术集中区，陕南丰富的绿化条件等优势紧密耦合。

二、品牌发展现状

（一）品牌发展概况

随着经济发展进入新常态，从高速增长转向中高速增长，传统产业向产业形态更丰富、分工更优化、结构更合理的阶段演化，能源革命也在不断深化。随着行业的不断发展，各大能源化工品牌企业为陕西能源化工行业的发展与转型提供了不可或缺的力量，本书对陕西省具有一定市场品牌影响力的在陕能源化工央企与陕西本土品牌企业主营业务所处行业进行划分，如表2-5所示。

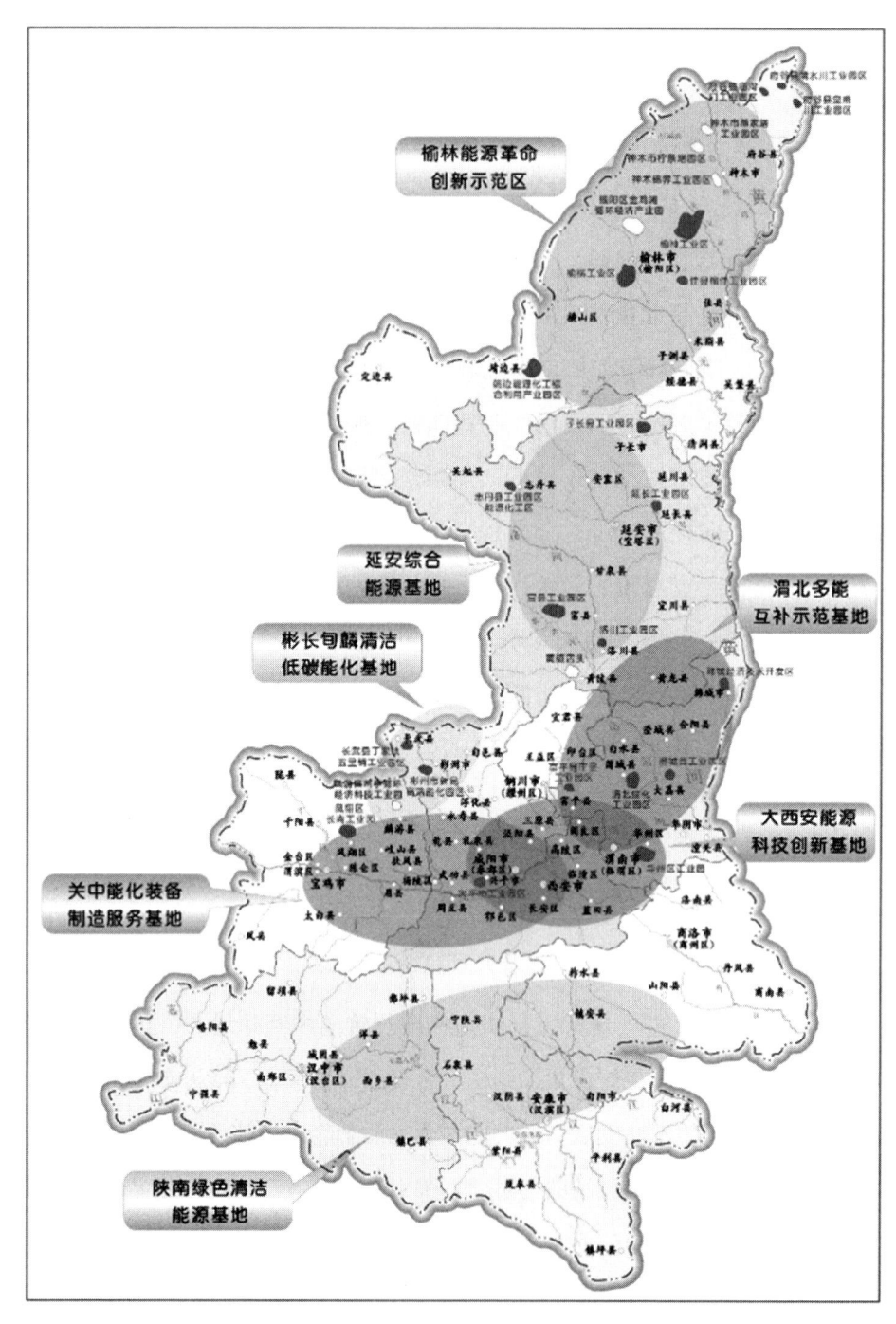

图 2-3　陕西省"十四五"能源化工产业发展规划布局

表 2-5　在陕能源化工央企与陕西本土品牌企业主营业务所处行业

一级行业	二级行业	企业名称
中央在陕能源化工品牌企业		
能源产业（5家）	煤炭开采、洗选及销售业（3家）	国能榆林能源有限责任公司 中国石油天然气股份有限公司长庆油田分公司 中国神华能源股份有限公司神东煤炭分公司
	电力、热力生产和供应业（2家）	大唐陕西发电有限公司 华能陕西发电有限公司
化工产业（2家）	煤化工产业（1家）	西安北方惠安化学工业有限公司
	精细化工产业（1家）	西安西诺农化有限责任公司
陕西本土能源化工品牌企业		
能源产业（11家）	煤炭开采、洗选及销售业（7家）	陕西煤业化工集团有限责任公司（以下简称"陕煤集团"） 陕西投资集团有限公司 陕西郭家河煤业有限责任公司 彬县煤炭有限责任公司 陕西延长石油（集团）有限责任公司（以下简称"延长石油"） 陕西海燕新能源（集团）有限公司 陕西陕煤韩城矿业有限公司（陕煤集团子公司） 中煤科工西安研究院（集团）有限公司
	电力、热力生产和供应业（1家）	西安热工研究院有限公司
	燃气生产和供应业（2家）	陕西省天然气股份有限公司 西安秦华天然气有限公司
	新能源及其装备利用（1家）	隆基绿能科技股份有限公司

续表

一级行业	二级行业	企业名称
化工产业（16家）	煤化工产业（10家）	韩城黑猫炭黑有限责任公司
		陕西陕焦化工有限公司（陕煤集团子公司）
		陕西东鑫垣化工有限责任公司（陕煤集团子公司）
		陕西煤业化工集团神木天元化工有限公司（陕煤集团子公司）
		陕西延长石油延安能源化工有限责任公司（延长石油子公司）
		陕西黑猫焦化股份责任公司
		陕西陕焦化工有限公司（陕煤集团子公司）
		陕西延长石油榆神能源化工有限责任公司（延长石油子公司）
		陕西长青能源化工有限公司
		中煤陕西榆林能源化工有限公司
	精细化工产业（1家）	陕西未来能源化工有限公司
	化肥和农药产业（4家）	陕西渭河煤化工集团有限责任公司（渭化集团）（陕煤集团子公司）
		陕西陕化煤化工集团有限公司（陕煤集团子公司）
		陕西金泰氯碱化工有限公司
		陕西北元化工集团股份有限公司
	基本化学品产业（2家）	陕西兴化化学股份有限公司
		陕西榆林天然气化工有限责任公司（榆天化）

陕西能源化工产业品牌企业的发展在其各大细分领域取得了一定的成果，逐渐形成了一批自有能源化工企业品牌，如陕西煤业、延长石油、榆林

能源、黑猫焦化、龙门煤化等企业,其所属品牌商标、所在地、主营项目、创牌成就如表2-6所示。

表2-6 陕西能源化工主要企业品牌创建

企业名称	地区	主导产业	品牌	创牌成就	品牌LOGO
非陕西自主品牌					
国能榆林能源有限责任公司	榆林（央企）	煤炭生产、销售，电力、热力生产和供应，煤制油及煤化工等	榆林能源	国能榆林能源有限责任公司（以下简称"榆林能源"）是以煤炭生产、加工、销售为主要业务的综合能源企业	榆林能源
中国石油天然气股份有限公司长庆油田分公司	西安（央企）	陆上石油、天然气勘察、生产、销售；石油、天然气伴生品生产、销售；石油化工、化工产品的生产、销售	中石油长庆石油	油气年产当量连续以百万吨规模攀升，净增长居中国石油前列，油气产量位居中国石油第二、全国第三	中国石油
中国神华能源股份有限公司神东煤炭分公司	榆林（央企）	组织煤炭开采、洗选及其加工；煤炭运输、销售；开展煤炭经营的配套服务	神东	2001年度世界煤炭采掘业500强中国入选企业第一名、2002年1月全国煤炭系统文明煤矿、2008年12月国家科学技术进步奖二等奖	国家能源集团 神东煤炭

续表

企业名称	地区	主导产业	品牌	创牌成就	品牌LOGO
大唐陕西发电有限公司	西安（国企）	以火电、水电、风电、太阳能清洁能源及其相关产业为主；同时有煤矿、煤化工、氧化铝等业务	大唐	按照大唐集团公司三级责任主体管理体制和运行模式，陕西公司作为二级责任主体，负责管理陕西境内8个地市共计24家基层企业，3家专业公司。2019年全国电力行业党建品牌影响力企业	大唐陕西发电有限公司
华能陕西发电公司	西安（央企）	电力（热力）的开发、投资建设、生产、销售、经营和管理；煤炭、交通运输相关产业的开发、投资（限以自有资金投资）、建设和管理	华能陕西电力	公司先后荣获"改革开放35周年企业文化竞争力优秀单位"；多次获得集团公司业绩考核"A级企业""先进企业"表彰，所属铜川煤电公司荣获陕西省"'五一'劳动奖状""文明单位""百强企业""清洁生产先进企业""水效领跑者"	中国华能集团有限公司

第二章 陕西省优势（支柱）产业品牌发展现状

续表

企业名称	地区	主导产业	品牌	创牌成就	品牌LOGO
国家能源集团陕西电力有限公司	西安（央企）	一般项目：电源、热源、热网、水资源、新能源的开发、投资、建设、经营和管理；组织电力（热力）、电厂废弃物及其综合利用产品的生产和销售	国电陕西电力	曾获国家优质工程金奖	国家能源集团 CHN ENERGY
国家电投集团陕西新能源有限公司	西安（央企）	新能源、电源、电力、热力的开发、建设、经营、生产及管理；电能设备的成套、配套、监造、运行及检修；电能及配套设备的销售	国家电投陕西分公司		国家电投 SPIC
西安西诺农化有限责任公司	西安	化学原料和化学制品制造业	航天西诺、啶杀特、毒蝎子、天富	形成了以"航天西诺"（HTSINO），"毒蝎子""啶杀特""天富""航天甲托""展膜油剂"为代表的品牌产品，在市场具有较强的竞争力	航天西诺 HTSINO

49

续表

企业名称	地区	主导产业	品牌	创牌成就	品牌LOGO
西安北方惠安化学工业有限公司	西安（国有）	烟用丝束、二醋酸纤维素及精制醋酐、CMC、甲基纤维素、药用辅助产品、涂料、树脂、人防工程防化滤毒设备与净化设备等		是兵器工业集团公司生产现场管理五星级达标企业、国防科技工业重点企业技术中心、陕西省高新技术企业、陕西省文明单位标兵。被国务院国资委、人力资源和社会保障部评为"中央企业先进集体"，2009年荣获全国"五一劳动奖状"，2017年荣获"全国文明单位"	
陕西自主品牌					
隆基绿能科技股份有限公司	西安	单晶硅棒、硅片、电池和组件的研发、生产和销售，为光伏集中式地面电站和分布式屋顶开发提供产品和系统解决方案	隆基	唯一获评PV-Tech"可融资性"AAA等级光伏组件制造商、获评BNEF 100%"可融资性"组件品牌	LONGi
陕西华秦新能源科技有限责任公司	西安	节能技术开发；节能产品的研制、销售；合同能源管理；节能服务；氢能设备的开发、生产、销售、技术转让、咨询、服务	华秦新能源	入选2021年国家级专精特新"小巨人"名单；入选2019年国家级瞪羚企业名单	华秦新能源 HUA QIN NEW ENERGY

第二章 陕西省优势（支柱）产业品牌发展现状

续表

企业名称	地区	主导产业	品牌	创牌成就	品牌LOGO
西安热工研究院有限公司	西安	热能动力工程装置、工业过程自动控制系统、化学与材料工程、热工计量测试、环保及节能与节水、新能源发电领域的技术研究与开发、技术转让、技术咨询与服务	西安热工研究院		
中煤科工西安研究院(集团)有限公司	西安	地质勘探与煤炭安全开采领域的科学研究、技术咨询、技术服务、技术开发、技术转让；煤田地质与勘探工程	中煤科工	曾获"陕西百强企业""中国勘察设计百强企业""全国优秀勘察设计企业""国家重点高新技术企业""全国煤炭工业先进集体奖牌"	
中煤陕西榆林能源化工有限公司	西安	一般项目：煤炭洗选；煤炭及制品销售；化工产品生产；化工产品销售；合成材料制造	中煤陕西榆林能源	公司先后荣获"中国石化行业质量标杆企业""中国煤炭工业协会煤炭工业两化深度融合示范项目""水利部黄河流域大型项目水保治理先进单位""全国企业管理创新成果一等奖"等	

51

续表

企业名称	地区	主导产业	品牌	创牌成就	品牌LOGO
陕西中煤新能源有限公司	西安	新能源（地热能、太阳能、生物能）开发、应用	中煤		
陕西省天然气股份有限公司	西安	天然气输送、天然气相关产品开发、天然气综合利用、天然气发电	陕西燃气	多次受到中华全国总工会、应急管理部、国家体育总局等国家部委的表彰以及陕西省政府通令嘉奖，先后荣获"全国文明单位"、"全国设备管理优秀单位"、中国上市公司"金圆桌奖"、"陕西省先进单位"等称号	
西安秦华燃气集团有限公司	西安	城市管道天然气、液化石油气的供应和相关服务；燃气设施的生产、经营、维护、维修、质量控制、技术服务、科研开发、管网测绘、物资贸易以及燃气项目的设计和燃气表等	秦华燃气	15年来集团先后荣膺全国"安康杯"竞赛优胜单位、"陕西省安全生产单位""西安市先进集体""西安市安全生产单位""西安市天然气保供先进单位""西安市消防工作先进单位"等称号	

续表

企业名称	地区	主导产业	品牌	创牌成就	品牌 LOGO
陕西煤业化工集团有限责任公司（陕煤集团）	西安	煤炭开采、洗选、加工、销售以及生产服务	黄灵牌、黄灵一号、玉华牌、红柳林牌	公司先后荣获陕西省知名品牌称号，产品块煤、混煤被评为"陕西省名牌产品"，"红柳林"商标被认定为"陕西省著名商标"，获得了"中国工业大奖""陕西省质量奖"等	
陕西投资集团有限公司	西安	煤田地质、水文地质、矿产勘察筹建；测绘工程、工程勘察、地基与基础工程施工；电力、化工、矿业、新能源开发；项目投资		新中国成立70周年最具品牌影响力企业70强	
陕西郭家河煤业有限责任公司	宝鸡	煤炭开采、洗选、销售；化工产品制造；建材加工销售			暂无
彬县煤炭有限责任公司	咸阳	原煤采掘销售	泾河下沟煤	公司生产的"泾河下沟煤"通过省质量强省工作推进委员会会议审议，荣获"陕西省名牌产品"称号	

续表

企业名称	地区	主导产业	品牌	创牌成就	品牌LOGO
陕西延长石油（集团）有限责任公司（以下简称"延长石油"）	延安	气探采、加工、储运、销售，石油炼制、煤油气综合化工，煤炭与电力	延长石油	公司所属企业均通过了ISO9000质量体系认证，部分产品获国家、省、市级名牌产品荣誉	
陕西陕煤蒲白矿业有限公司	渭南	煤炭开采、销售；汽油、柴油、煤油、民用爆炸物品经销；火力、光伏、生物发电			
陕西海燕新能源（集团）有限公司	韩城	煤炭开采、炼焦、化工、发电、陶瓷、LNG、高纯氢气生产及销售	海燕	公司先后多次获得中国质量服务信誉AAA级企业、优秀诚信企业、陕西省优秀民营企业、陕西省百强企业、渭南市"五一劳动奖状"、非公有制经济明星企业、韩城市纳税过亿元企业、纳税二十强企业、抗震救灾先进企业、扶贫助残先进单位、脱贫攻坚工作优秀帮扶企业、五大千亿企业功勋企业等荣誉	

54

第二章 陕西省优势（支柱）产业品牌发展现状

续表

企业名称	地区	主导产业	品牌	创牌成就	品牌 LOGO
陕西陕煤韩城矿业有限公司	韩城	煤炭的开采、洗选、销售	龙门	公司产品以冶炼瘦精煤、贫瘦精煤、高炉喷吹煤和优质电煤为主，其中，陕西省著名品牌"龙门牌"瘦精煤是全国稀有煤种	韩城矿业有限公司 Hancheng Mining CO.,Ltd
韩城黑猫炭黑有限责任公司	韩城	炭黑、包装袋的生产、加工及销售、废气综合利用及产品（电、蒸汽）的生产和销售			黑猫
陕西陕焦化工有限公司	渭南	生产优质冶金焦炭及化工产品	陕焦牌	公司生产的"陕焦牌"冶金焦被陕西省政府授予"陕西省名牌产品"；其甲醇、液氨、焦油、粗苯等化工产品也荣获陕西省优质产品称号	陕西陕焦化工有限公司
陕西东鑫垣化工有限责任公司	榆林	以煤焦油加氢为核心的现代煤化工企业	东鑫垣	在"科学管理+科学技术就是第一生产力"先进化工生产理念引领下，创出十大板块十项行业第一	陕西东鑫垣化工有限责任公司 Shaanxi Dong Xin Yuan Chemical Industry Co., Ltd.

55

续表

企业名称	地区	主导产业	品牌	创牌成就	品牌LOGO
陕西煤业化工集团神木天元化工有限公司	榆林	煤炭分质综合利用、煤焦油轻质化资源综合利用、技术研发和推广应用	天元	国内首家年产50万吨中温煤焦油轻质化装置，以焦化行业的副产品——"煤焦油、荒煤气"为原料进行改质加工，生产轻质化煤焦油，属于清洁的替代能源，对国家能源安全具有重要战略意义。探索和实践了"用煤先取油"的煤炭利用新模式，被誉为"陕煤—榆林版煤制油"	陕西煤业化工集团神木天元化工有限公司
陕西延长石油榆神能源化工有限责任公司	榆林	煤炭资源综合利用，煤制特种石化系列产品的生产、经营、销售	延长榆煤化		陕西延长石油榆神能源化工有限责任公司
陕西龙成煤清洁高效利用有限公司	榆林	煤提质分质、煤焦油深加工及副产品生产经营项目筹建；煤炭及煤制品销售	陕西龙成		

续表

企业名称	地区	主导产业	品牌	创牌成就	品牌LOGO
陕西延长石油延安能源化工有限责任公司	延安	能源、水资源利用投资；电力开发；化工生产、销售；煤炭销售；企业管理服务；项目投资管理；财务服务；管道燃气	延长延能化		
陕西延长石油（集团）有限责任公司永坪炼油厂	延安	原油加工、发电类、移动式压力容器充装	延长永坪	0#轻柴油荣获全国第六届科技博览会银奖和中国石油天然气总公司优质产品称号；0#、10#、-10#轻柴油荣获省优质产品称号；10#轻柴油荣获省质量免检产品称号；0#、10#、-10#轻柴油荣获省质量信得过产品称号；-5#轻柴油荣获省技术成果交易洽谈会金奖；全部7个牌号的轻柴油、液化石油气和汽油荣获省名牌产品称号；90#等高标号汽油在省内外十分畅销；车用无铅汽油获陕西省名牌产品称号	

续表

企业名称	地区	主导产业	品牌	创牌成就	品牌LOGO
陕西长青能源化工有限公司	宝鸡	甲醇、硫黄及副产品的生产、经营；煤化工筹建；化工设计、科研和技术咨询；化工装备及配件加工、修理、销售	长青能化	荣获2019年中国煤制甲醇最具影响力企业、荣获2018年中国煤制甲醇最具影响力企业	
陕西黑猫焦化股份责任公司	韩城	焦炭、甲醇、粗苯、硫铵、煤焦油、硫黄的生产	黑猫	2009年通过了ISO9001质量管理体系认证；2010年"黑猫牌"冶金焦炭荣获"陕西省名牌产品"称号	
陕西未来能源化工有限公司	榆林	主要业务包括煤基清洁油品及高端精细化学品生产与销售、煤炭开采、原煤洗选加工			
陕西兴化化学股份有限公司	咸阳	合成氨、甲醇等产品的生产与销售	珍珠牌	"珍珠牌"为陕西省著名商标，在陕西省化肥化工行业首家通过ISO9002质量管理体系认证，ISO9001-2000审核	
陕西榆林天然气化工有限责任公司（榆天化）	榆林	生产甲醇、醋酸基础有机化工原料	榆天化	"榆天牌"甲醇被评为陕西名牌，2004年公司被国家质量监督检验检疫总局评为全国质量管理先进企业	

续表

企业名称	地区	主导产业	品牌	创牌成就	品牌LOGO
陕西渭河煤化工集团有限责任公司（渭化集团）	渭南	氩、氮、氧（含医用氧）的生产销售	渭河牌	公司主导产品"渭河牌"尿素是"国家免检"产品和"中国名牌产品"	
陕西陕化煤化工集团有限公司	渭南	化肥、尿素、1,4-丁二醇、丁醇、聚四氢呋喃、磷酸二铵、磷酸一铵、复合肥产品的生产和销售	华山陕复陕化	"中国化工企业500强""中国化肥企业100强""中国氮肥销售50强""质量诚信A级企业""全国石油和化学工业集体""全国石油和化学工业企业文化单位""陕西省诚信建设示范单位"	
陕西金泰氯碱化工有限公司	榆林	氯碱产品的生产与销售；化工原料及产品	金信	公司"金信"商标被认定为"陕西省著名商标"，聚氯乙烯、离子膜烧碱产品荣获"陕西省名牌产品"称号	
陕西北元化工集团股份有限公司	榆林	聚氯乙烯、烧碱、盐酸、液氯、电石、水泥、硫酸、次氯酸钠溶液（含氯>5%）的生产、销售	北元	聚氯乙烯和高纯氢氧化钠先后被评为"陕西省名牌产品"	

企业名称	地区	主导产业	品牌	创牌成就	品牌LOGO
陕西榆林能源集团有限公司	榆林	电力、能源、铁路、化工项目投资及煤炭销售储运			
陕西龙华煤焦电集团有限责任公司	榆林	组织煤炭、电力、化工、农业、教育、宾馆、餐饮项目的投资与管理		2002年被授予陕西省"省级优秀企业"称号	

（二）具有品牌竞争力的优势品牌存量

能源化工产业品牌竞争力评价主要从经济水平、技术创新和品牌价值三个维度进行分析。

1. 按经济水平维度

本书列示了陕西能源化工行业营收排名靠前的企业及其上榜的榜单，这些榜单由不同主体根据企业营业收入进行排名。其中，"2020陕西企业100强名单"由陕西省企业家协会发布，以2019年营业收入为主要依据，综合评选出前100强企业；"2020中国企业500强名单"由中国企业联合会、中国企业家协会发布，以2019年营业收入为主要依据；"2020中国能源（集团）500强"榜单由中国能源报社与中国能源经济研究院发布，该榜单采用国际通用评价方式，以能源集团2019年营业收入为评价标准。"2020年世界500强排行榜"由《财富》杂志按照企业2019年营业收入进行排名并发布，如表2-7所示。

表 2-7　陕西能源化工产业营收上榜企业

公司名称	2019年营业收入（万元）	榜单一	榜单二	榜单三	榜单四
陕西延长石油（集团）有限责任公司	32608181	265	68	10	1
陕西煤业化工集团有限责任公司	30257504	273	70	12	2
陕西投资集团有限公司	7735323	—	268	50	7
隆基绿能科技股份有限公司	3289746	—	300	106	13
彬县煤炭有限责任公司	2243143	—	—	140	19
陕西榆林能源集团有限公司	1677632	—	—	166	25
陕西省燃气集团有限公司	1156944	—	—	225	25
陕西黑猫焦化股份有限公司	938775	—	—	—	43
陕西未来能源化工有限公司	867860	—	—	—	49
陕西海燕新能源（集团）有限公司	437503	—	—	—	81
延安能源化工（集团）有限责任公司	361708	—	—	—	87
陕西龙华煤焦电集团有限责任公司	327018	—	—	—	91
陕西郭家河煤业有限责任公司	276995	—	—	—	100

资料来源：榜单一，2020年世界500强；榜单二，2020年中国企业500强；榜单三，2020年中国能源（集团）500强；榜单四，2020年陕西企业100强。

从榜单一、榜单二可以看出，延长石油、陕煤集团是陕西仅有的进入"世界500强""中国企业前100强"的企业。这2家企业2019年营业收入均超过3000亿元，代表着陕西能源化工业在全国、全球的重要地位。

从榜单三不难发现，从企业数量看，陕西约计8家能源化工企业上榜（注：陕鼓因主营业务为装备制造类，在榜单上未显示），企业数量排全国第17。相比排名第1的山西（57家），企业数量仅占前者的14%。从企业质量看，除延长石油、陕煤集团、陕投排在前100名外，其他企业排名相对靠后。作为新能源领军企业的隆基绿能，2019年营业收入300多亿元，排名仅第106名，还有巨大的发展空间。从营业收入看，延长石油、陕煤集团分别仅占中石油（排名第1）营收的11.6%、10.5%，与能源央企间仍存在较大差距。

从榜单四可看出，陕西企业100强中，能源化工企业共13家，占比13%，反映了能源化工企业在全省企业中的重要地位。

2. 按技术创新维度

能源化工产业作为陕西经济发展工业贡献较大的部分，目前面临着双碳背景下的高新技术转型。技术创新除在区域经济激烈的竞争中成为产业发展的首要推动力量外，也是产业结构升级和本地区经济发展的根本动力，已成为决定陕西能源化工品牌企业高质量发展的关键。

本书从两个视角分析陕西能源化工企业的技术创新水平。

一是陕西省科技厅评定的"2020年陕西高新技术企业创新综合能力100强"榜单。该榜单根据火炬统计中高新技术企业年报数据，对全省6126家有效期内高新技术企业科技创新能力进行评价，评价指标包括科技经费投入、科技活动人员、新产品销售收入、有效发明专利拥有量、技术合同成交金额等。

二是依据工业和信息化部及陕西省工信厅评定的国家级、省级企业技术中心，省级制造业创新中心，省级技术创新示范企业名单。其中，陕西省工信厅依据《中华人民共和国科学技术进步法》《陕西省中长期科学和技术发展规划纲要（2006 — 2020年）》《陕西省认定企业技术中心管理办法》有关规定，参照工业和信息化部、财政部《技术创新示范企业认定管理办法（试行）》，评定陕西企业技术中心及技术创新示范企业，从而鼓励陕西工业企业开展技术创新，加快转变经济发展方式。

（1）陕西省科技厅评定的创新综合实力百强企业根据"2020年陕西高新技术企业创新综合能力100强"榜单，能源工业上榜企业仅有8家（见表2-8），占整体比例的8%。陕西能源化工行业作为陕西经济增长的支柱产业，虽然西安热工研究院技术创新综合能力排名属于陕西第一，但从数量看，陕西能源化工品牌企业数量相对较少，预示着在创新综合实力方面，陕西能源化工行业内的企业较少，能源化工业转型升级、新旧动能转化缺乏动力，将面临转型困难的局面。

表 2-8　2020 年陕西高新技术企业创新综合能力 100 强

公司名称	排名
西安热工研究院有限公司	1
中煤科工集团西安研究院有限公司	7
西安北方惠安化学工业有限公司	32
陕西未来能源化工有限公司	48
隆基绿能科技股份有限公司	70
陕西东鑫垣化工有限责任公司	83
中煤陕西榆林能源化工有限公司	86
陕西陕焦化工有限公司	96

资料来源：陕西省科技厅评定的"2020 年陕西高新技术企业创新综合能力 100 强"。

（2）工业和信息化部、陕西省工信厅评定的创新企业通过对陕西企业技术中心及技术创新示范企业榜单上榜企业的分析不难发现，能源化工产业上榜国家级企业技术中心企业 2 家，分别是陕煤集团与延长石油。省级企业技术中心企业 11 家，省级制造业创新中心企业 1 家，省级技术创新示范企业名单 2 家。其中，陕煤集团神木天元化工有限公司、韩城黑猫炭黑有限责任公司同时获得省级技术中心和省级技术创新示范企业称号。具体名录如表 2-9 所示。

表 2-9　创新示范企业名单

	序号	企业名称	归属地
国家级、省级企业技术中心	1	陕西煤业化工集团有限公司（国家级）	西安
	2	陕西延长石油（集团）有限责任公司（国家级）	延安
	3	陕西渭河煤化工集团有限公司	渭南

续表

	序号	企业名称	归属地
国家级、省级企业技术中心	4	陕西金山电气集团有限公司	咸阳
	5	陕西兴化化学股份有限公司	咸阳
	6	陕西煤业化工集团神木天元化工有限公司	榆林
	7	陕西金泰氯碱化工有限公司	榆林
	8	陕西北元化工集团股份有限公司	榆林
	9	韩城黑猫炭黑有限责任公司	韩城
	10	陕西陕化煤化工集团有限公司	渭南
	11	陕西未来能源化工有限公司	榆林
	12	陕西陕煤韩城矿业有限公司	韩城
	13	陕西黑猫焦化股份有限公司	韩城
省级制造业创新中心	1	陕西煤业化工集团有限公司（陕西省低阶煤分质利用创新中心）	西安
省级技术创新示范企业	1	陕西煤业化工集团神木天元化工有限公司	榆林
	2	韩城黑猫炭黑有限责任公司	韩城

资料来源：陕西省工信厅。

3. 按品牌价值维度

品牌是国家竞争力的综合体现，也是参与全球竞争的重要资源。面对当前日趋激烈的全球贸易竞争形势，我国越发重视品牌建设。品牌价值维度主要依据《2020中国上市公司品牌价值蓝皮书》、"2021中国品牌价值评价信息发布暨中国品牌建设高峰论坛"发布的能源化工榜单、陕西省品牌培育示范企业名单进行分析。《2020中国上市公司品牌价值蓝皮书》中的榜单由清华大学赵平及其团队发布，范围涵盖2020年底前在A股上市的全部公司和海外上市的全部中国内地公司，依据备选公司历年年报的营业总收入、营业利润、市场价值等财务数据，结合行业分析，筛选出各项指标居前的500家上市公司，从而建立评估数据库。研究旨在帮助中国上市公司了解中国企业品牌发展状况，为其动态跟踪品牌的投资绩效和提升品牌管理效率提供参考。"2021中国品牌价值评价信息发布暨中国品牌建设高峰论坛"发布的能源化工榜单由中国品牌建设促进会依据企业持续经营、经济价值、预期收益、财务稳健性等原则，以最近4年及之前的公开资料为基础，结合实地、消费者调研数据及市场资料对备选公司进行评价排名的榜单。陕西省品牌培育示范企业名单是陕西省工业和信息化厅依据《品牌培育管理体系实施指南》《品牌培育管理体系评价指南》《品牌培育能力自我评价报告编制指南》《工业企业品牌培育能力评价细则》对申报企业进行资格核定的名单。

在陕西上市公司榜单中，陕西能源化工产业共有3家企业上榜（见表2-10），在全国共计153家上市品牌企业中，其中能源33家，化工120家，浙江上榜化工企业数量最多共计24家、山西上榜煤炭企业数量最多共计11家。

表2-10 2020年中国上市公司陕西省品牌价值榜

企业名称	排序	品牌价值
隆基绿能科技股份有限公司	1	158.33亿元
陕西煤业化工集团有限公司	4	55.09亿元
陕西黑猫焦化股份有限公司	27	3.81亿元

资料来源：《2020中国上市公司品牌价值蓝皮书》。

在"2021中国品牌价值评价信息发布暨中国品牌建设高峰论坛"发布的能源化工榜单中，陕西仅有隆基绿能1家企业上榜，并以402.16亿元的品牌价值位居第7，如表2-11所示。

表2-11 2021年能源化工品牌价值榜

企业名称	排序	品牌价值
隆基绿能科技股份有限公司	7	402.16亿元

资料来源：https://xw.qq.com/cmsid/20210515A06M1000。

在历年陕西品牌培育示范企业名单中仅筛选出中煤科工集团西安研究院有限公司与隆基绿能科技股份有限公司2家能源化工产业入选企业，如

表 2-12 所示。

表 2-12 省级工业品牌培育示范企业能源化工产业上榜企业

行业领域	企业名称	地区
新能源及其装备利用	隆基绿能科技股份有限公司	西安
煤炭洗选	中煤科工集团西安研究院有限公司	西安

资料来源：陕西省工信厅。

4. 优势品牌企业筛选

综合上述各维度看，本书将同时在不同维度出现 2 次和 2 次以上的企业定义为该行业内的优势企业，将仅在 1 个维度的企业认定为综合发展有待提高的企业。

陕西煤业化工集团有限责任公司从 2015 年首次进入世界 500 强，位列第 416 名；到 2016 年再次上榜，位列第 347 名；到 2017 年位列第 337 名、2018 年位列第 294 名、2019 年位列第 281 名、2020 年位列第 273 名。在世界 500 强门槛逐年提高的情况下，陕煤集团在世界 500 强的排名依然保持着上升势头，排名稳中有升，展现出良好的成长性。

陕煤集团在 2019 年全国煤炭企业 500 强中排名第 3，仅次于国家能源集团、山东能源集团，在陕西煤炭行业起领跑作用，同时在"中国企业可持续发展百佳名单"中，陕煤集团是陕西唯一上榜企业（44 位），其产品的质量使陕煤集团及其子公司陕西煤业化工集团神南矿业公司、陕西陕煤黄陵矿业有限公司荣获陕西省质量奖。

陕煤集团在营业收入、技术创新及品牌价值方面具有很大优势。在营业收入方面，陕煤集团是陕西能源化工产业的骨干企业，也是省内煤炭大基地开发建设的主体。不仅入选了陕西企业 100 强，而且入选了《财富》杂志评定的世界企业 100 强榜单。在技术创新方面，被陕西省工信厅认定为国家级企业技术中心、省级制造业创新中心和省级技术创新示范企业，旗下拥有 6

个国家级科研平台、30个省级科研平台、13个企业协同创新中心，科技创新实力雄厚。在品牌价值维度上，其品牌价值更是以55.09亿元列2020中国上市公司煤炭行业品牌价值第4位，创建了许多知名品牌。如黄灵牌、黄灵一号、玉华牌、红柳林牌，其品牌竞争优势处于省内前列。

陕西延长石油（集团）有限责任公司于2007年原油产量突破千万吨大关；2010年销售收入突破1000亿元；2013年进入世界企业500强；2019年完成油气当量1523万吨，加工原油1352万吨，生产化工品575万吨，年末总资产达到4035亿元，营业收入、财政贡献连续多年保持陕西第一和全国地方企业前列。从营收看，延长石油与陕煤均属于省内能源化工行业中的龙头企业。在技术创新方面，被省工信厅评定为国家级企业技术中心、省级制造业创新中心和省级技术创新示范企业，是陕西首批创新型企业，建有6个科研设计机构、28个国家和省级创新平台及3个中试基地，建成陕西1号院士专家工作站和博士后创新基地，延长石油曾获陕西省质量奖。

隆基绿能科技股份有限公司是全球最大、市值最高的太阳能单晶光伏产品制造商，产品覆盖从单晶硅片、电池、组件到电站系统解决方案全产业链。截至2019年，单晶硅片产能达到42GW，占全球产能的40%；单晶组件出货量9.08GW。累计申请专利702项，累计研发投入超过50亿元，创造了全球光伏行业研发投入之最。2019年总资产593亿元，全年营收328.97亿元。公司连续3年入选"中国制造业企业500强""中国民营企业500强""《财富》中国500强"，并已荣获国家工业和信息化部首批"制造业单项冠军示范企业"、国家级"企业技术中心"、国家级"技术创新示范企业"、国家工业和信息化部"绿色工厂"等多项荣誉称号。隆基股份以158.33亿元的品牌价值位居陕西2020年上市企业品牌价值榜第1，但在全国品牌价值榜中仅排196名；2020年，隆基股份品牌价值402.16亿元，居中国能源化工制造业第

7位。除此之外，隆基绿能以单晶硅片制造荣登2017年第一批国家级制造业单项冠军。

陕西黑猫焦化股份有限公司和陕西未来能源化工有限公司虽入选了陕西企业100强，并被评为省级企业技术中心，但在营业收入与技术创新方面与陕煤集团和延长石油相比仍存在较大差距。不过，陕西黑猫焦化在品牌价值方面相对具有优势，以3.81亿元的品牌价值位列2020年中国上市公司品牌价值榜，排名陕西第27位，品牌发展较成熟。

另外，陕西还存在一大批如陕西渭河煤化工集团有限公司、韩城黑猫炭黑有限责任公司、陕西金山电气集团有限公司、陕西兴化化学股份有限公司、陕西煤业化工集团神木天元化工有限公司、陕西金泰氯碱化工有限公司、陕西北元化工集团股份有限公司等创新能力较强的企业，虽然目前品牌培育能力不足，但相信其在未来大力发展下，其品牌创建能力及成就将会显著提升。

（三）具有发展潜力的成长品牌存量

1. 发展潜力巨大的企业

本书将被工业和信息化部评定为制造业单项冠军的企业以及同时被认定为国家级专精特新"小巨人"企业和国家高新区瞪羚企业的企业，或者被同时认定为国家高新区瞪羚企业和高新技术企业的企业定义为该行业内发展潜力巨大的成长型企业。

制造业单项冠军企业指长期专注于制造业某些特定细分产品市场，生产技术或工艺国际领先，单项产品市场占有率位居全球前列的企业。从2批省级单项冠军和6批国家级单项冠军评选结果看，在数量上，陕西省能源化工产业单项冠军上榜企业2家，分别为隆基绿能科技股份有限公司（单项制造冠军时，公司名称为西安隆基硅材料股份有限公司，后改名）和中煤陕西榆林能源化工有限公司。从数量上看，陕西省能源化工企业在单项冠军方面与其他行业相比较弱。从地区分布来看，1家企业分布在西安地区，1家企业分布在榆林地区。虽然中煤陕西榆林能源化工有限公司的主营业务为能源行业的煤炭洗选及化工，但其化工业务中的煤制聚乙烯更强，使其能够被评选为国家级产品单项生产制造冠军，如表2-13所示。

表2-13　国家级产品单项制造冠军企业

行业	二级行业	企业名称	主营业务	单项制造冠军类型	评定时间	地区
能源	新能源及其装备利用	隆基绿能科技股份有限公司	单晶硅片	单项制造冠军（国家级）	2017年	西安
	煤炭洗选	中煤陕西榆林能源化工有限公司	一般项目：煤炭洗选；煤炭及制品销售；化工产品生产；化工产品销售；合成材料制造	产品单项生产冠军（国家级）	2018年	榆林

资料来源：工业和信息化部。

陕西同时入选国家级专精特新和瞪羚企业名单的能源化工企业仅有陕西华秦新能源科技有限责任公司，如表2-14所示。

表2-14　陕西同时获得专精特新和瞪羚企业称号的企业

行业	二级行业	企业名称	主营业务	地区
能源	新能源及其装备利用	陕西华秦新能源科技有限责任公司	节能技术开发；节能产品的研制、销售；合同能源管理；节能服务；氢能设备的开发、生产、销售、技术转让、咨询、服务	西安

资料来源：工业和信息化部、科学技术部火炬高技术产业开发中心。

陕西同时入选国家级瞪羚企业和高新技术企业名单的能源化工企业仅有陕西未来能源化工有限公司，如表2-15所示。

表 2-15　陕西同时入选国家级瞪羚企业和高新技术企业名单的企业

行业	二级行业	企业名称	主营业务	地区
化工	煤化工	陕西未来能源化工有限公司	化工产品、油品的研发；中质石蜡、轻质石蜡、稳定轻烃、柴油、石脑油、液化石油气、硫黄的生产销售；煤炭开采；煤炭、石蜡、硫酸铵、化工产品的销售	榆林

陕西华秦新能源科技有限责任公司在 2019 年被评为国家级瞪羚企业、2021 年被评为国家级专精特新企业，建设有"陕西省水电解氢能工程研究中心""西安市氢能应用工程技术研究中心"等研发平台；拥有自主专利 30 余项，获得陕西发明专利二等奖、中国创新创业大赛（陕西赛区）三等奖；产品广泛应用于冶金、船舶、机械制造、军工、化工、石英玻璃、珠宝首饰等行业，现已形成"氢氧焰电弧焊割机""氢氧发生器""水电解制氢（氧）装备"三大系列品牌产品，且技术水平居于国内前列，引领着陕西新能源发展。

陕西未来能源化工有限公司在技术创新上具有尖端性，采用兖矿集团自主研发的高温、低温费托合成等核心技术，坚持高起点、高科技、高效率、高效益的发展方针，建设安全高效、低碳环保、可持续发展，煤、油、化、电一体的煤间接液化示范项目，实现产品的多联产与深加工综合利用。

2. 成长有待提高的企业

如表 2-16 所示，陕西在能源化工产业中，拥有国家级专精特新企业 12 家，占所有产业总和的 10.53%，能源行业共计 5 家企业，化工行业共计 7 家企业，其中，6 家企业分布在西安地区，2 家企业分布在咸阳，分布在榆林、宝鸡、铜川、渭南的国家级专精特新企业各 1 家。因陕西华秦新能源科技有限责任公司被同时认定为国家级专精特新"小巨人"企业和国家高新区瞪羚企业，故不在表中列出。

表2-16 陕西省能源化工产业国家级专精特新企业

行业	二级行业	企业名称	主营业务	地区
能源	新能源及其装备利用	陕西驭腾能源环保科技有限公司	合同能源管理；节能管理服务；专业设计服务；工业设计服务；化工产品生产；化工产品销售；专用化学产品制造；专用化学产品销售	西安
		陕西拓日新能源科技有限公司	研发、生产、销售太阳电池芯片、组件、太阳能灯具、太阳能路灯、太阳能充电器及应用产品、太阳能控制器、逆变器、超白玻璃太阳电池生产线设备；研发、生产、销售和安装太阳能电站、太阳能供电电源、太阳能热水器、风力发电设备，太阳能产品原材料及设备的进口业务，太阳能产品及设备的出口业务，电力工程施工，机电设备安装工程	渭南
		陕西北方风力机电有限责任公司	风力发电设备零部件研制开发、生产、制造、销售及售后服务；技术咨询服务。石油钻井设备、工具及配件设计、制造、销售、维修及售后服务	宝鸡
	煤炭开采和洗选	府谷县泰达煤化有限责任公司	煤炭洗选；炼焦；煤制活性炭及其他煤炭加工；煤炭及制品销售；热力生产和供应	榆林
	电力、热力生产和供应	思安新能源股份有限公司	节能管理服务；运行效能评估服务；资源循环利用服务技术咨询；热力生产和供应；供暖服务	西安
化工	精细化工产业	中石化绿源地热能（陕西）开发有限公司	地热资源的勘察评价、开发及利用；地热能开发利用技术、节能减排技术的开发、推广、咨询及服务；热力（制冷）生产和供应；余热、余压、废气、污水综合利用	咸阳
		西北橡胶塑料研究设计院有限公司	专业从事橡胶密封制品、特种橡胶制品、橡胶专用材料研发与生产	咸阳

续表

行业	二级行业	企业名称	主营业务	地区
化工	精细化工产业	西安航天三沃化学有限公司	高性能薄膜、胶黏剂、电子材料及制品、金属材料及制品、导静电漆、非标设备、油田增油产品的研发、生产、销售及技术服务	西安
		西安万德能源化学股份有限公司	化工产品生产；专用化学产品制造；合成材料制造；炼油、化工生产专用设备制造；新型催化材料及助剂销售；化工产品批发；其他化工产品批发	西安
		铜川秦瀚陶粒有限责任公司	石油压裂支撑剂、石油化工助剂、高岭土、膨润土、耐火材料、机电产品、混凝土外加剂、沥青混合料外加剂、水泥工艺外加剂的生产销售，石油压裂支撑剂对外出口贸易，煤炭销售	铜川
	基本化学品产业	西安长庆化工集团有限公司	一般项目：选矿；基础化学原料制造；化工产品生产	西安
		陕西莱特光电材料股份有限公司	氢氧化钠、抛光液、ITO蚀刻液、铬蚀刻液、过氧化氢、盐酸、硫酸、丙酮、显影液、异丙醇、去光阻液、硝酸、磷酸、氢氧化钾、无水乙醇、氢氟酸、乙酸、氨水、氢氟酸和氟化铵混液、六甲基二硅烷胺、金蚀刻液、甲醇、硼酸、乙酸酐、乙醚、三氯甲烷、高锰酸钾、甲苯、氯化汞、乙酸汞、碘化汞、氧化汞、叠碳化钠、硫氰酸汞、硝酸汞、溴化汞、硫酸汞、锂、重铬酸钾、铬酸、硝酸铜的批发；化学试剂、化工原料及产品的销售	西安

资料来源：国家工业和信息化部。

表2-17可以看出，陕西能源化工产业拥有国家级瞪羚企业17家，占据总数的7.9%，能源行业共计9家企业，化工行业共计8家企业，其中，11家企业分布在西安，2家企业分布在咸阳，2家企业分布在渭南，分布在安

康、宝鸡、杨凌、榆林的国家级瞪羚企业各 1 家。陕西未来能源化工有限公司被同时认定为国家高新区瞪羚企业和高新技术企业，故不在表内列出。

表 2-17　陕西省能源化工产业评定国家级瞪羚企业

行业	二级行业	企业名称	主营业务	地区
能源	新能源及其装备利用	陕西德盛新能源有限公司	太阳能硅片、太阳能电池组件、太阳能硅片切割液、碳化硅微粉、切割线、碳化硅制品研发、生产及销售；太阳能硅片切割废液回收、加工处理与销售以及委托加工	咸阳
		国家电投集团西安太阳能电力有限公司	太阳能光伏电池、太阳能光伏电池组件及其配套产品的开发、制造、销售；太阳能光伏电站工程的设计及技术咨询	西安
		陕西光伏产业有限公司	太阳能电站系统集成、建设与服务；太阳能建筑一体化工程建设与服务；太阳能光伏产品设计研发、生产制造、销售、工程施工及服务	西安
		西安创联新能源设备有限公司	集人工晶体生长设备设计开发、生产制造、销售服务于一体的高新技术企业。主营产品包括 CL 系列单晶炉、CL-Z 系列多晶硅铸锭炉、CL-B 系列蓝宝石晶体生长炉	西安
		西安创联光电新材料有限公司	电子材料、光伏材料的生产、销售；光伏工程、屏蔽工程的设计、施工和技术服务	西安
		西安康鸿环保科技有限公司	环保节能技术、新能源与高效节能技术、环保电器、机电一体化设备的研发、生产、销售、租赁、技术转让、技术服务	西安
		陕西国能盛大科技有限公司	新能源与可再生能源及配套产品研发生产和推广销售，环保节能常压热水锅炉、采暖炉和环保高效节能气化燃烧炉灶、壁炉、热风炉、加温和烘干设备、电炉子、取暖器系列产品、太阳能灶、太阳能热水器、沼气工程及设备研发生产、销售、安装维修、各种金属制品加工	安康

续表

行业	二级行业	企业名称	主营业务	地区
能源	新能源及其装备利用	陕西恒泰新能源有限公司	天然气、甲醇、氢气的批发；煤炭销售；新能源项目的策划；石油天然气设备、氢气设备、化工设备、计量设备的制造、研发、维修和技术服务	西安
		陕西秦风气体股份有限公司	工业气体项目的开发与建设；工业气体设备的研发、成套、采购及销售；气体应用技术的开发、销售及服务	西安
化工	煤化工	陕西宝利沥青有限公司	沥青（不含危险品）的生产、销售、仓储服务	杨凌
		陕西煤化工技术工程中心有限公司	化工专业技术领域的技术开发、咨询、转让及服务，专利专有设备的设计、制造及销售、租赁；化工产品的试验、生产及销售	西安
	化肥和农药产业	杨凌绿都生物科技有限公司	农业高新技术产品的研究、开发及相关技术咨询、服务；化肥、农药、农膜的销售；无公害蔬菜的种植、销售	咸阳
		陕西标正作物科学有限公司	农化产品的研发、销售，农药、水溶性肥料、微生物肥料、土壤调节剂、微肥、叶面肥、化肥的研发、生产及销售	渭南
	精细化工产业	西安向阳航天材料股份有限公司	炼焦；合成材料制造（不含危险化学品）；专用化学产品制造（不含危险化学品）；橡胶制品制造；塑料制品制造；玻璃纤维增强塑料制品制造	西安
		西安汉华橡胶科技有限公司	公司主要从事橡胶混炼胶、橡胶制品、塑料制品、热熔胶、高分子材料的研究、生产和销售	西安
		陕西坚瑞沃能股份有限公司	七氟丙烷气体灭火系统、IG541气体灭火系统、干粉灭火装置的研发、生产与销售	西安

续表

行业	二级行业	企业名称	主营业务	地区
	基本化学品产业	渭南高新区大明新能源有限责任公司	甲醇、二甲醚、燃料油、乙烯、丙烯、丙烷、丁烷、戊烷、烧碱、硫酸、盐酸、甲胺的批发（无仓储），燃气灶具、压力容器、沥青、石化产品、水处理剂、杀菌剂、防霉剂、阻垢剂、油田助剂、日化助剂、新材料制品的生产和销售，甲醇二甲醚生产线的筹建安装	渭南

资料来源：科学技术部火炬高技术产业开发中心。

对比陕西上榜能源化工单项冠军、国家级专精特新、国家级瞪羚企业的分布情况不难发现，陕西大多数能源化工企业属于"新能源及其装备利用"板块，加快对这些企业的培育，有助于实现陕西能源化工从能源化工产业链前端向中后端转移的目标，不仅能增强产业链的价值增长，还能提高各专精特新企业在产业链及社会中的品牌知名度与影响力。

第二节 汽车制造产业

一、产业基本情况

（一）定义与作用

汽车制造产业是国民经济重要的支柱产业，包括从事汽车整车制造、装配或车用发动机、零部件和配套件生产的企业。汽车产业链相对较长，其主要由五大部分构成（见图2-4）。以汽车整车制造业为核心，向上可延伸至汽车零部件制造业以及和零部件制造相关的其他基础工业；向下可延伸至服务贸易领域，包括汽车销售、维修、金融等服务；在汽车产业链的每个环节都有完善的支撑体系，包括法律法规标准体系、试验研究开发体

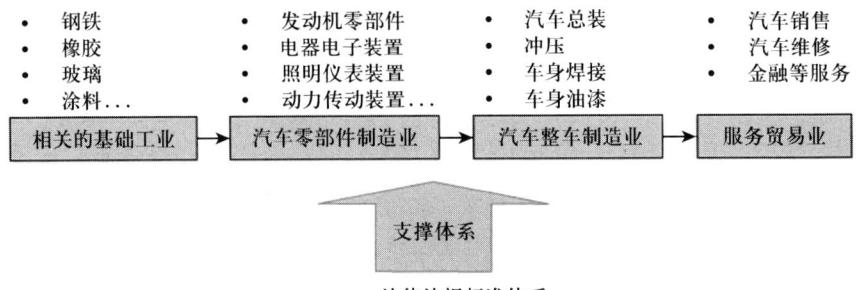

系、认证检测体系等。

- 钢铁
- 橡胶
- 玻璃
- 涂料...

- 发动机零部件
- 电器电子装置
- 照明仪表装置
- 动力传动装置...

- 汽车总装
- 冲压
- 车身焊接
- 车身油漆

- 汽车销售
- 汽车维修
- 金融等服务

相关的基础工业 → 汽车零部件制造业 → 汽车整车制造业 → 服务贸易业

支撑体系
- 法律法规标准体系
- 试验研究开发体系
- 认证检测体系等

图 2-4 汽车产业链结构

整车制造链及零部件制造环节在整个汽车产业链中起到关键作用。故本书从整车企业和汽车零部件加工生产企业两部分对陕西现存汽车制造产业相关企业进行分析。根据产品类型，将整车企业分为轿车、重卡、专用车等。而零部件企业进一步细分为关键零部件及汽车电子、内饰件等零部件。其中，关键零部件指发动机、离合器、变速器、缓速器、制动器、车桥、动力电池等，汽车电子、内饰件等零部件指总线仪表盘、汽车空调、汽车线束、汽车后处理系统及装饰产品。

（二）产业集群

陕西的汽车产业重点布局在西安、宝鸡、商洛等地。如在西安经开区有陕汽、吉利、汉德车桥，在西安高新区有比亚迪和法士特，宝鸡开发区有宝鸡吉利、陕汽商用车。此外，还形成了一批汽车产业重点园区。

表 2-18 陕西省汽车产业重点园区

级别	产业园区	重点领域
国家级	西安高新区乘用车与新能源汽车产业基地	乘用车与新能源汽车
国家级	西安经开区泾渭商用汽车及零部件制造基地	商用汽车及零部件
国家级	宝鸡高新区汽车产业园	零部件

续表

级别	产业园区	重点领域
省级	蔡家坡专用汽车产业园	专用汽车
国家级	榆林汽车产业园	整车制造

资料来源：陕西省"十三五"规划。

（三）经济现状

陕西省近年来汽车产业发展较快，如图2-5所示，2016~2019年陕西汽车制造业总产值呈逐年上升趋势，自2017年后行业产值增长率有所放缓。

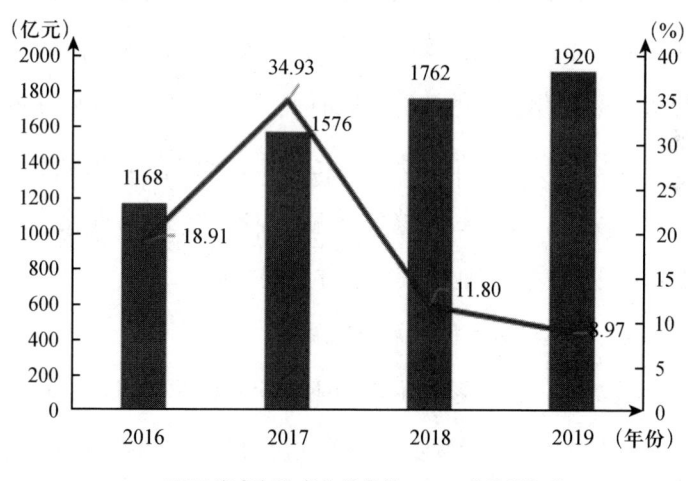

图2-5 2016~2019年陕西省汽车制造业产值及增长率

资料来源：陕西省统计局。

从汽车产量看，陕西汽车制造产业优势并不显著。2020年陕西汽车的产量仅占全国产量的2.48%，如表2-19所示。

表2-19 2016~2020年陕西汽车产量与全国产量占比　　单位：万辆

年份	2016	2017	2018	2019	2020	全国	2020年陕西省产量占全国比例
汽车产量	42.04	61.63	62.13	54.70	62.83	2532.5	2.48%

资料来源：https://www.huaon.com。

（四）发展现状及规划

1. 汽车消费升级及产业技术变革拉动汽车零部件行业融合创新发展

"十三五"期间，我国汽车消费普及度、成熟度显著提高，消费者对于汽车产品性能的关注产生了扩展和转移，过去汽车消费者主要关注产品质量和可靠性、耐久性等物理指标，随着我国汽车工业的发展，这些指标普遍提高，消费者逐渐开始关注汽车产品的外观造型、功能体验等。此外，"90后""95后"开始逐步成为汽车消费的主体，这代人成长于数字化时代背景下，对于以质量为核心的消费需求逐渐淡化，对汽车产品提出了更宽泛的情感体验需求。

供给侧方面，汽车产业的转型升级已然成为全行业关注的焦点，现阶段汽车已经迈入数字化移动的智能互联时代，新能源、智能网联等技术正在引领产业变革，逐步将汽车是传统交通运输工具的属性，拓展为可移动的生活、办公、娱乐空间，成为智能移动终端，以电动化、智能化、网联化为趋势的技术变革将重塑汽车产业及其零部件发展格局。

2. 互联网+汽车零部件行业融合发展

在新发展趋势下，汽车逐步由机械驱动向软件驱动过渡，较之于传统关注汽车的"三大件"，消费者逐步开始关注更具科技感的配置，如自动驾驶、车联网、智能座舱等，而以上功能的实现均依托软件实现，软件开发在整车研发中所占比重也在逐步提升，软件体系的差异化成为构建汽车价值差异化的关键因素。"软件定义汽车"这一趋势正在不断深入人心。

随着全球新一轮科技革命和产业变革的蓬勃发展，汽车产品形态和功能属性发生变化，跨行业、跨领域的融合创新和开放合作成为产业发展的新特征，给跨界企业进入行业带来了机遇。

一是新能源汽车已成为汽车产业转型升级的最佳载体，推动汽车产业价值链由以产品为核心向包含产品、数据、服务等在内的全价值链转变，汽车产业边界日益模糊。

二是新能源汽车关键零部件，从传统汽车的发动机、变速箱等，转变为电池、电机、电控，同时随着新能源汽车整车及电子电气系统的标准化、模块化、平台化、通用化，整车结构大为精简，新进入者门槛降低。

三是随着智能网联技术的发展，以及电子电气架构的变革，汽车不仅是机械类装置，也是高科技电子产品、数据采集终端和重要的计算节点。芯片、操作系统、智能计算平台、V2X通信、智能驾驶系统等逐渐成为主流增量零部件。"软件定义汽车"，使得互联网企业、IT企业具有一定的基因优势。

在此情景下，2020年以来，阿里巴巴、百度、小米等科技企业纷纷进入新能源汽车领域，消费电子代工巨头富士康开始布局汽车业务。2020年11月，阿里巴巴、上汽、浦东新区合资成立智己汽车，瞄准高端纯电动汽车市场。2021年1月，百度与吉利合资成立集度汽车，以整车制造商的身份进军汽车行业。2021年3月，小米正式宣布造车。同年，富士康注资拜腾汽车，加速推进拜腾汽车首款车型的量产，并与吉利签署战略合作协议，将成立合资公司提供汽车代工服务。汽车制造行业的竞争将日趋激烈。

二、品牌发展现状

（一）品牌发展现状

目前，陕西整车企业中已形成以比亚迪、中车西安车辆有限公司等非陕西省自主的整车生产销售品牌，汽车零部件生产也形成了以宝鸡吉利、西安康明斯发动机有限公司等为龙头的零部件企业品牌分布格局。具体汇总如表2-20所示：

表2-20　陕西汽车产业品牌创建简表

产业链阶段	产品	品牌归属地	企业名称
整车制造	轿车	陕西	陕西通家汽车股份有限公司
		非陕西	宝鸡吉利汽车有限公司，西安比亚迪实业有限公司

续表

产业链阶段	产品	品牌归属地	企业名称
整车制造	重卡	陕西	陕西重型汽车有限公司
		非陕西	
	专用车	陕西	陕西通力专用汽车有限责任公司，陕西神木大通汽车有限公司，陕西同力重工股份有限公司
		非陕西	中车西安车辆有限公司
	商用车	陕西	陕西汽车控股集团有限公司，陕汽集团商用车有限公司
		非陕西	
	客车	陕西	金龙汽车（西安）有限公司
		非陕西	陕西跃迪新能源汽车有限公司
零部件	关键零部件	陕西	陕西法士特汽车传动集团有限责任公司，陕西德仕汽车部件（集团）有限责任公司，陕西汉德车桥有限公司，陕西欧舒特汽车股份有限公司，陕西万方汽车零部件有限公司，陕西南水汽车配件制造有限公司，陕西泰丰汽车制动系统有限公司，宝鸡鑫龙汽车零部件有限公司
		非陕西	西安康明斯发动机有限公司
	汽车电子、内饰件等零部件	陕西	西安鑫业汽车零部件有限公司，西安欧脉汽车科技有限公司
		非陕西	西安伊思灵华泰汽车座椅有限公司，三星环新（西安）动力电池有限公司

随着汽车制造行业不断发展，陕西汽车制造产业的品牌创建工作也在有序开展中，逐渐形成了一批以陕汽系列、法士特为汽车产业龙头，以西安合力汽车配件有限公司、陕西南水汽车配件制造有限公司、陕西通家汽车股份有限公司等为产业辅助的企业。其所属品牌商标、所在地、主导产业、创牌成就汇总如表2-21所示。

第二章 陕西省优势（支柱）产业品牌发展现状

表 2-21 汽车制造产业陕西自主品牌创建情况

产业链阶段	产品	企业名称	地区	主导产业	品牌	创牌成就	品牌 LOGO
整车制造	轿车	西安比亚迪实业有限公司（非陕西省自主品牌）	西安	汽车制造	比亚迪	2017年11月8日，比亚迪入选时代影响力·中国商业案例2019 TOP30；2019年12月，比亚迪入选2019中国品牌强国盛典榜样100品牌；2019年12月18日，《人民日报》发布中国品牌发展指数100榜单，比亚迪排名第24	
		陕西通家汽车股份有限公司	宝鸡	汽车研发、生产、销售	通家汽车	2009年通过了GB/T9001：2008质量体系审核和"3C"体系审核，并取得认证机构颁发的认证书，荣获陕西省著名商标称号	
	重卡	陕西重型汽车有限公司	西安	汽车及装备制造	陕汽重卡	陕汽重卡已经成为"重型卡车黄金产业链"上最重要的一环；公司研发生产的"延安"牌重型军用越野车先后参加了国庆35周年、50周年和60周年，以及中国人民抗日战争暨世界反法西斯战争胜利70周年阅兵仪式，是行业内唯一4次参加国庆阅兵的重型军车生产企业	

81

续表

产业链阶段	产品	企业名称	地区	主导产业	品牌	创牌成就	品牌LOGO
整车制造	专用车	中车西安车辆有限公司（非陕西省自主品牌）	西安（央企）	专用汽车、挂车及零部件的设计、制造	中国中车		
		陕西通力专用汽车有限责任公司	西安	专用汽车研发生产和汽车零部件生产	通力	通过GB/T9001-2008、ISO/TS16949：2009质量管理体系认证、GJB9001B-2009国军标认证，产品通过了中国国家强制认证（3C），获"陕西省名牌产品"。2008年公司图形商标被省工商行政管理局认定为陕西省著名商标	
		陕西同力重工股份有限公司	西安	专业生产非公路用车	同力	同力重工牌非公路用车现已形成40T、50T、60T三大系列，30多个产品品种，在中国已广泛应用于各类矿山、水电工地、大型工程	
		陕西神木大通汽车有限公司	神木（民营）	矿用防爆车生产	大通	通过了ISO9001质量管理、ISO14001环境管理、OHSAS18001职业健康管理三系体系认证，陕西神木大通汽车有限公司商标被认定为陕西省著名商标	

82

续表

产业链阶段	产品	企业名称	地区	主导产业	品牌	创牌成就	品牌 LOGO
整车制造	商用车	陕西汽车控股集团有限公司（以下简称陕汽控股）	西安	汽车生产及投资	陕汽、陕汽控股	1995年陕汽牌重型车被评为出口质量信誉良好产品，陕西省名牌。2004年越野系列、商用车系列重型车获西安市人民政府名牌产品证书，越野系列重型车获陕西省政府名牌产品证书	陕汽控股
		陕汽集团商用车有限公司	宝鸡	重、中、轻型商用车、专用车及新能源汽车研发、生产	陕汽	2017年10月被认定为省级高新技术企业，2019年4月28日被国务院国有企业改革领导小组正式列入"双百企业"名单，2020年11月9日荣获"全国企业文化建设示范单位"称号	陕汽商用车
	客车	金龙汽车（西安）有限公司	西安	聚焦于校车、前置客车和地方新能源公交车三大类产品	金龙		KLM
		陕西跃迪新能源汽车有限公司（非陕西省自主品牌）	商洛	从事新能源电动客车研发、生产和销售	跃迪		跃迪客车

83

续表

产业链阶段	产品	企业名称	地区	主导产业	品牌	创牌成就	品牌LOGO
零部件制造	关键零部件	宝鸡吉利汽车有限公司（非陕西省自主品牌）	宝鸡	汽车零部件的设计、研发、生产、销售及售后服务	吉利	中国经济型轿车的主力品牌，被评为"亚洲企业500强""中国企业500强""中国机械500强""中国最具生命力百强企业""国家创新型企业试点单位"荣誉称号	GEELY
		西安康明斯发动机有限公司（美国康明斯公司控股）（非陕西省自主品牌）	西安	汽车装备制造、发动机	康明斯	ISM系列发动机已通过国V/欧V双重认证；2007年，康明斯ISM发动机在美国权威机构J.D. Power进行的"2007重型卡车发动机/变速箱客户满意度调查"中，赢得客户满意度调查"最高奖；在中国物流行业用户满意度调查结果中被评为"最佳发动机"；获得ISO9001: 2008以及ISO/TS16949: 2009国际质量管理标准认证	Xi'an 西安康明斯
		陕西法士特汽车传动集团有限责任公司	西安	汽车装备制造	法士特	"2019陕西百强企业"榜单第20位；多次登榜陕西百强企业；多次登榜"汽车工业30强"	Fast

第二章 陕西省优势（支柱）产业品牌发展现状

续表

产业链阶段	产品	企业名称	地区	主导产业	品牌	创牌成就	品牌LOGO
零部件制造	关键零部件	陕西德仕汽车部件（集团）有限责任公司	西安	轻、中、重型商用车及专用汽车的开发、设计、生产、制造	德仕	2007年被评为"中国燃油箱质量公认十大知名品牌"；2011年德仕商标被西安市工商行政管理局授予"西安市著名商标"	
		陕西汉德车桥有限公司	西安	汽车装备制造	汉德车桥	"中国机械500强"和"全国百佳汽车零部件企业"	
		陕西欧舒特汽车股份有限公司	西安	大客车底盘的科研开发、生产经营	欧舒特	X6122、SX6127等系列客车底盘，多次荣获"国家级新产品奖"和中国国际客车大赛"最佳客车底盘奖"；连续11年被评为"陕西省高新技术产业百强企业"	
		陕西万方汽车零部件有限公司	西安	研发、生产、销售重型汽车零部件及整车	万方	先后通过ISO9001、IATF16949质量体系认证、3C强制认证，并保持正常运行，是陕西省工信厅认定的"质量标杆企业"	

续表

产业链阶段	产品	企业名称	地区	主导产业	品牌	创牌成就	品牌LOGO
零部件制造	关键零部件	陕西南水汽车配件制造有限公司	安康（民营）	精密锻件，精密冲压件，精密模具，精锻、精冲工艺CAD/CAE/CAM系统研发；汽车零配件的设计、制造及销售；自营和代理各类商品及技术进出口业务	南水汽配	先后通过民营科技企业、高新技术企业认定及IATF16949认证	
	关键零部件	陕西泰丰汽车制动系统有限公司	咸阳	主要生产各种汽车底盘类产品及零部件	泰丰		
		宝鸡鑫龙汽车零部件有限公司	宝鸡	铸造；机械零部件加工、制造、销售	鑫龙		

86

续表

产业链阶段	产品	企业名称	地区	主导产业	品牌	创牌成就	品牌LOGO
零部件制造	汽车电子、内饰件等零部件	西安伊思灵华泰汽车座椅有限公司（非陕西省自主品牌）（德国伊思灵豪森有限公司）	西安	研发、生产各类汽车座椅、工程用车座椅及汽车零部件，向国内外市场销售	伊思灵	公司产品分别于2001年和2004年先后被西安市和陕西省战略指导委员会评为"西安市产品""陕西省产品"	
		三星环新（西安）动力电池有限公司（非陕西省自主品牌）	西安	从事汽车用锂离子动力电池单元和模块的开发、制造、加工	三星		
		西安鑫业汽车零部件有限公司	西安	汽车配件生产、销售；汽车电子相关配套产品的生产与销售	鑫业		

续表

产业链阶段	产品	企业名称	地区	主导产业	品牌	创牌成就	品牌LOGO
零部件制造	汽车电子、内饰件等零部件	西安欧脉汽车科技有限公司	西安	汽车零部件研发；电机及其控制系统研发	欧脉		

当前陕西依托比亚迪、陕汽、法士特、宝鸡吉利、陕西通力专用汽车、陕西泰丰汽车、陕西南水汽车、西安鑫业汽车、宝鸡鑫龙汽车、欧脉汽车等企业，大力发展重卡、轿车、大客车、专用车和关键零部件等产品，突破相关核心技术，形成从关键零部件到整车的完整工业体系和创新体系，打造整车产品系列化、多元化发展路径。

综上所述，陕西当前汽车制造产业中整车制造方面的企业数量相比零部件制造产业较少，且企业多以比亚迪及中国中车等非陕西省自主企业品牌为主，陕西自主品牌建设企业仅有陕汽1家大型整车制造企业及其旗下子公司，自主品牌建设存量相比非自主品牌优势不明显。在零部件领域，陕西自主品牌企业形成了一批如法士特集团、汉德车桥、万方汽车零部件有限公司等企业，自主品牌建设存量较丰富。

（二）具有品牌竞争力的优势品牌存量

1. 按营业收入维度

本书通过列示陕西汽车制造行业营收排名靠前的企业及其上榜的榜单对汽车制造企业进行分析，这些榜单由不同主体根据营业收入进行排名。

其中，"2020陕西企业100强名单"由陕西省企业家协会发布，以2019年营业收入为主要依据，综合评选出前100强企业；"2020中国企业500强名单"由中国企业联合会、中国企业家协会发布，以2019年营业收入为主要依据；2020年全球汽车零部件企业百强和中国汽车零部件企业百强由《中国汽车报》组织并评定。2020中国汽车工业整车二十强由中国机械工业联合会、中国汽车工业协会公布。

表2-22 陕西汽车制造产业营收上榜企业

企业名称	2019年营业收入（亿元）	榜单一	榜单二	榜单三	榜单四	榜单五
陕西汽车控股集团有限公司	740.1977	276	—	11	—	8

续表

企业名称	2019年营业收入（亿元）	榜单一	榜单二	榜单三	榜单四	榜单五
陕西法士特汽车传动集团有限责任公司	230.5982	—	11	—	97	18
陕西汉德车桥有限公司	96.71	—	32	—	—	—
陕西万方汽车零部件有限公司	25.62	—	92	—	—	—
陕西德仕汽车部件（集团）有限责任公司	19.63	—	98	—	—	—

资料来源：榜单一，2020中国企业500强；榜单二，2020中国汽车零部件企业百强；榜单三，2020中国汽车工业整车二十强；榜单四，2020年全球汽车零部件企业百强；榜单五，2020年陕西省企业100强。

在2020年全球汽车零部件企业百强榜中，中国企业的数量和排名依然弱于全球市场，中国上榜企业仅有11家。全球百强榜显示，营收超过千亿元的汽车零部件企业22家，仅有2家中国企业入围，表现最好的是潍柴集团，位列榜单第8名；其次是华域汽车，位列第12名。陕西仅法士特上榜，营收与前两者相比还存在较大差距。从区域分布看，东南部经济发达地区和汽车产业发达地区优势明显，山东、江苏、浙江、广东和上海5省市的上榜企业数量达到55%。陕西仅上榜1家，占上榜总数的9%。

在中国汽车工业整车20强榜单中，陕西仅有陕汽控股1家上榜，在所有上榜企业中，安徽企业数量最多，有4家；其次是北京、广东、重庆分别上榜2家。陕汽控股在榜单中居第11位，2019年营业收入为740.19亿元。营收总额相比第1名的上海汽车集团股份有限公司仅为其2019年营业收入的8.8%，相比第2名的中国第一汽车集团有限公司，是其营业收入的11.98%，占第3名东风汽车集团有限公司2019年营业收入的12.75%。

在中国汽车零部件企业百强榜单中，东南部经济发达地区和汽车产业发达地区优势明显，山东、江苏、浙江、广东和上海5省市的上榜企业数量达到55%。其中，浙江企业数量最多，有17家，其次是山东，有13家，而陕西仅有3家企业上榜，上榜数量仅占总数的3%。故陕西汽车制造产业在全国范围内与发展较好的省份相比仍存在较大差距。从企业营收角度分析，共有31家企业零部件收入超100亿元，4家企业收入在500亿元以上，陕西排名靠前的法士特集团，其2019年零部件营业收入有230.60亿元，是中国汽车零部件企业排名第1的潍柴控股集团有限公司2019年零部件营业收入的10.65%，相比第2位的华域汽车系统股份有限公司，法士特集团2019年零部件营业收入占其16.01%的比重，占第3位的北京海纳川汽车部件股份有限公司2019年零部件营业收入的35.31%。不难发现，法士特集团零部件营收与前3名差距极大。由此可以看出，陕西汽车制造产业在全国范围内与发展较好的省份仍存在较大差距，竞争优势不显著。

2. 按技术创新维度

汽车产业是资本技术高度密集型的产业，是最能体现我国企业自主创新能力的一个产业。近年来，在合资品牌激烈市场竞争中求生存的中国自主品牌汽车企业取得了较快发展，市场占有率、自主创新能力均有较大程度的提高，并且某些核心零部件的研发能力已经达到世界先进水平。但与产能快速增长极为不相称的是，我国汽车产业整体的自主创新能力还较差。因此，努力提升自主品牌汽车企业的国际综合竞争力，对我国以及相关地区的经济发展具有十分重要的意义。

（1）省科技厅评定的创新综合实力百强企业。本书通过列示陕西汽车制造企业在科技创新方面处于领先的企业，从企业创新综合能力和工信厅的评定结果分析。根据"2020年陕西高新技术企业创新综合能力100强"榜单，汽车制造产业在科技厅评定的100家企业中，仅有5家企业上榜，占整体比例的5%。具体名单如表2-23所示。

表 2-23　2020 年陕西高新技术企业创新综合能力 100 强（汽车制造企业）

产品	企业名称	排名
关键零部件	陕西法士特汽车传动集团有限责任公司	2
关键零部件	陕西法士特齿轮有限责任公司	3
关键零部件	西安法士特汽车传动有限公司	4
重卡	陕西重型汽车有限公司	25
关键零部件	陕西汉德车桥有限公司	34

资料来源：陕西省科技厅评定的"2020 年陕西高新技术企业创新综合能力 100 强"。

（2）工业和信息化部、省工信厅评定的创新企业。此外，陕西省工信厅还评定了国家级、省级企业技术中心和省级技术创新示范企业名单。通过对陕西企业技术中心及技术创新示范上榜企业分析，不难发现，陕西汽车制造类企业登榜国家级企业技术中心名单的有 2 家，分别是陕西汽车集团有限责任公司与陕西法士特齿轮有限责任公司；登榜省级企业技术中心名单的有 15 家、省级技术创新示范企业名单的有 4 家。如表 2-24、表 2-25 所示。

表 2-24　国家级、省级汽车制造产业企业技术中心名单

产品	企业名称	地区
商用车	陕西汽车集团有限责任公司（国家级）	西安
关键零部件	陕西法士特齿轮有限责任公司（国家级）	西安
关键零部件	陕西德仕汽车部件（集团）有限责任公司	西安
关键零部件	陕西欧舒特汽车股份有限公司	西安
关键零部件	陕西万方汽车零部件有限公司	西安
汽车电子、内饰件等零部件	西安伊思灵华泰汽车座椅有限公司	西安
汽车电子、内饰件等零部件	西安合力汽车配件有限公司	西安
专用车	陕西通力专用汽车有限责任公司	宝鸡
商用车	陕汽集团商用车有限公司	宝鸡
关键零部件	陕西汉德车桥有限公司	宝鸡

续表

产品	企业名称	地区
专用车	陕西通运专用汽车集团有限公司	宝鸡
专用车	陕西宝鸡专用汽车有限公司	宝鸡
轿车	陕西通家汽车股份有限公司	宝鸡
专用车	陕西神木大通汽车有限公司	榆林
汽车电子、内饰件等零部件	陕西东铭车辆系统股份有限公司	铜川

资料来源：陕西省工信厅。

表 2-25　省级汽车制造产业技术创新示范企业名单

产品	企业名称	地区
商用车	陕西汽车集团有限责任公司	西安
关键零部件	陕西法士特齿轮有限责任公司	西安
关键零部件	陕西汉德车桥有限公司	宝鸡
关键零部件	陕西南水汽车配件制造有限公司	安康

资料来源：陕西省工信厅。

3. 按品牌价值维度

2021 年《中国 500 最具价值品牌》榜单，陕汽集团以 350.65 亿元的雄厚实力连续 15 次蝉联榜单。在汽车行业受疫情影响，同比 2020 年入榜品牌数量明显下降的情况下，陕汽集团逆势而上，品牌价值较上年升值 55.96 亿元，增幅 19%，品牌排名向前提升 8 位，位列第 216 名。

4. 优势企业筛选

综合上述分析结果看，本书将同时在不同维度出现 2 次和 2 次以上的企业定义为该行业内的优势企业，将仅在一个维度出现的企业认定为综合发展有待提高的企业。

陕西汽车控股集团有限公司在营业收入、技术创新、品牌价值方面优势显著，其营收规模上榜中国企业 500 强，并在陕西企业 100 强中位居前列，其企业技术研发能力，被认定为国家级企业技术中心和省级技术创新示范企业，在品牌价值方面，陕西汽车及下设分公司包含陕汽、陕重汽、通力、通运、通家、兰德、万方、华臻、德仕等多家企业品牌，形成了成熟的品牌族群。品牌竞争力在省内相对较强。

陕汽旗下陕西汉德车桥有限公司、陕西万方汽车零部件有限公司、陕西德仕汽车部件（集团）有限责任公司均上榜了2020全球汽车零部件百强，综合实力较强。在技术创新方面也有较大优势，万方公司技术中心是陕西省科技厅命名的"省级技术中心"，该中心在电子电器系统、进/排气系统、汽车悬置系统的开发方面处于行业领先水平。德仕集团具有完整的产品开发、生产制造、检测调试、市场营销和零部件生产制造体系，拥有多名高级工程师和原机械部研究员级专家，公司技术中心是陕西"省级企业技术中心"。汉德车桥拥有国家级实验室、省级企业技术中心以及博士后科研工作站，掌握260余项车桥专利技术，被评为省级技术创新示范企业，先后承担国家级"863"高科技计划项目及省级"重大科技成果转化""工业科技攻关"等项目7项。

陕西法士特汽车传动集团有限责任公司在营业收入、技术创新，品牌价值方面同陕汽一样，具有很大优势。在营业收入方面，法士特集团旗下拥有10多家控、参股子公司，已跻身国际国内汽车零部件"双百强"、中国企业500强及陕西企业100强行列。技术创新层面，在2020年陕西高新技术企业创新综合能力100强中，法士特集团及零部件子公司全都位居榜首，同时被认定为国家级企业技术中心和省级技术创新示范企业。品牌价值层面，它是全球最大的商用车变速器和汽车传动系统领导品牌。此外，陕西法士特汽车传动集团有限责任公司的液力缓速器荣登"2018陕西省名牌产品"榜单。自1995年后连续荣获"陕西省名牌产品"20余年。

另外，陕西还存在一大批如西安合力汽车配件有限公司、陕西宝鸡专用汽车有限公司、陕西南水汽车配件制造有限公司、陕西神木大通汽车有限公司等创新能力较强的民营企业，虽然目前品牌培育能力不足，但相信其在未来大力发展下，其品牌创建能力及成就定会显著提高。

（三）具有发展潜力的成长品牌存量

1. 发展潜力巨大的成长企业

本书将被工业和信息化部评定为制造业单项冠军的企业定义为该行业内发展潜力巨大的成长企业。在两批省级单项冠军和六批国家级单项冠军的评选下，从数量看，陕西汽车制造产业单项冠军上榜企业3家，且均分布在西安。陕西汽车产业单项冠军上榜情况具体如表2-26所示。

表2-26 陕西汽车产业单项冠军上榜情况

行业领域	企业名称	制造业单项冠军级别
关键零部件	陕西法士特汽车传动集团有限公司	国家级
工程机械	陕西同力重工股份有限公司*	国家级
汽车电子、内饰件等零部件	西安天瑞汽车内饰件有限公司	省级
汽车电子、内饰件等零部件	陕西庆华汽车安全系统有限公司	省级

注：*为上市企业。
资料来源：国家工业和信息化部。

陕西同力重工股份有限公司是专业生产非公路运输设备的高新技术企业，其不仅是制造业单项冠军，还是上市企业，是行业的开创者和领军企业，是行业标准制定单位，是国内专业的非公路运输设备生产企业，具有国内领先的研发和制造能力，聚集了一批国内外知名的非公路用车研发、制造专家。公司始终坚持专业化发展方向，以技术引领企业持续创新和发展，以专业品质为客户提升产品价值，市场占有率稳步提升，同力重工品牌受到行业客户高度关注。荣获2017年中国矿用卡车用户品牌关注度十强，并被评为陕西省著名商标。

西安天瑞汽车内饰件有限公司是中国领先的重型卡车内饰产品制造商之一。产品主要包括重型卡车或乘用车安装用的各类汽车内、外饰零部件。根据弗若斯特沙利文报告，按重型卡车内饰产品的销售额计，该公司是中国西北最大的重型卡车内饰产品制造商（2017年市场份额达62.7%）及中国第三大制造商（2017年市场份额达10.8%）；若按汽车内饰产品销售额计，其为中国西北第二大汽车内饰产品制造商（2017年市场份额达15.6%）及中国第14大制造商（2017年市场份额达0.4%）。

陕西庆华汽车安全系统有限公司主要从事安全气囊点火具、微型气体发生器、产气药剂的开发研制、生产销售和服务，是一家集科研、生产、销售于一体的高新技术企业，公司坚持以科技创新引领企业发展，设有技术开发中心，配备专业科研试制基地，成功自主研发了三大系列120余种汽车安全系统产品，获得发明专利、实用新型专利50余项，多项技术填补国内空白。被评为国家级"高新技术企业"，多项创新成果获国家级奖项。在弗迪科技年度供应商大会上，庆华汽车凭借过硬的产品质量、及时的供货保障和全方位的服务，获得2020年度"最佳供应商"荣誉称号。

2. 成长有待提高的企业

本书将仅被认定为"专精特新"小巨人企业或国家高新区瞪羚企业的品牌企业定义为汽车产业中成长有待提高的企业。瞪羚企业及专精特新企业的数量在汽车制造产业这种资本技术高度密集的产业中更能体现行业的发展潜力。在汽车制造产业中，陕西拥有国家级专精特新企业4家，占据总数的3.5%；且4家均为关键零部件制造企业。在地区分布上，专精特新在西安有2家，宝鸡1家，汉中1家。陕西汽车制造产业在专精特新企业方面与其他产业相比优势不大，但在关键零部件领域相比整车制造优势显著。陕西汽车制造产业国家级专精特新企业情况如表2-27所示。

表 2-27　陕西汽车制造产业国家级专精特新企业名录

企业名称	产品	主营业务	地区
西安秦泰汽车排放技术有限公司	关键零部件	汽车零部件及配件制造；汽车零部件研发；汽车零配件零售	西安
西安合力汽车配件有限公司	关键零部件	汽车零部件及配件制造；普通阀门和旋塞制造（不含特种设备制造）；生产性废旧金属回收；通用零部件制造	西安
陕西雷帕得悬架系统有限公司	关键零部件	汽车空气悬架系统、悬架弹簧、稳定杆的研发、生产及销售；钢材销售；货物及技术进出口；提供质检技术服务	宝鸡
陕西汉江机床有限公司	关键零部件	数控机床、精密机床及其他各类机械、装备，各种滚动功能部件、汽车零配件、测量仪器及电子产品	汉中

资料来源：工业和信息化部。

在汽车制造产业中，陕西拥有国家级瞪羚企业 7 家，占据总数的 2.9%，陕西汽车制造产业在瞪羚企业方面与其他产业相比差距较大。在地区分布上，瞪羚企业主要分布在西安，有 6 家，剩余 1 家位于渭南。相比陕西其他地区，关中地区瞪羚企业数量优势显著。陕西省汽车制造产业瞪羚企业情况如表 2-28 所示。

表 2-28　陕西汽车制造产业国家级瞪羚企业名录

企业名称	产品	主营业务	地区
达刚控股集团股份有限公司	重卡	汽车改装车辆的生产、半挂车辆的生产、车载钢罐体的生产；公路机械设备、公路沥青材料	西安
特变电工西安电气科技有限公司	汽车电子、内饰件等零部件	太阳能充电控制器，太阳能逆变电源，风能逆变电源，无功补偿器，不间断电源，汽车充电系统及设备研发、制造、销售、服务；太阳能、风力发电系统工程；软件开发、销售；货物与技术的进出口经营	西安

续表

企业名称	产品	主营业务	地区
西安黄河机电有限公司	关键零部件	家用电器，雷达成套设备，电子元器件，电器设备，通信设备，仪器仪表，模具，汽车配件，工艺美术品，机械设备的制造、维修、来料、来图、来件加工、组装及销售	西安
西安方元明科技股份有限公司	汽车电子、内饰件等零部件	特种车辆，电子信息与电子对抗设备，光电与光电对抗设备，车辆与航空航天器防护装甲，末端防护复合材料，光机电一体化设备，光学检测设备，自动化控制系统，电子元器件，仪器仪表，新材料制品，光学及光学系统，导航与定位设备的开发、生产、销售	西安
陕西沃特玛新能源有限公司	汽车电子、内饰件等零部件	磷酸铁锂动力电池、电池包的研发及销售；电动车的组装与销售	渭南
西安双特智能传动有限公司	关键零部件	研发、生产公路商用车辆自动变速器装置及缓速器、取力器和其他智能传动装置；销售自产产品以及提供相应服务；研发和生产供应给卡特彼勒及/或其他股东的车辆传动零部件及其他机械零部件	西安
陕西同力重工股份有限公司	专用车	重工机械产品的开发、制造、销售、修理、租赁及配件销售；来料加工、来件装配业务；经营本企业产品的进出口业务和零配件、原辅材料的进出口业务	西安

资料来源：科学技术部火炬高技术产业开发中心。

综上所述，不难发现，陕西汽车产业中的专精特新企业及瞪羚企业均为小微企业，且尚未存在二者同时被评定的企业，上述企业在品牌发展层面还有很大的发展空间。

第三节 装备制造业

一、产业基本情况

（一）定义与作用

装备制造业指为国民经济各部门进行简单生产和扩大再生产提供装备的各类制造业的总称，是机械工业的核心部分，承担着为国民经济各部门提供工作母机、带动相关产业发展的重任。从世界经济发展的经验看，可以说它是工业的心脏和国民经济的生命线，是支撑国家综合国力的重要基石，是增强国家和地区竞争力的基础。其主要涉及汽车及零部件、输配电设备、风电、核电设备、石油冶金煤炭重型装备、机床工具、轨道交通设备、工程机械、航空航天装备、机器人、3D打印、节能环保装备十二大领域。由于汽车领域的特殊性，其品牌创建具体情况单列分析。

（二）产业集群

陕西在航空航天、输配电、机床工具、石油、煤炭、冶金、重型装备等领域产业优势明显，增势良好，拥有一批具有核心竞争力的大企业集团。涌现了一批以西飞、陕飞、西电集团、陕西正泰、秦川机床、汉川机床、陕鼓集团等为代表的企业品牌。在龙头骨干企业带动下，陕西装备制造业集群化发展步伐加快，基本形成了一批在航空航天、输配电、机床工具、石油冶金煤炭重型装备等领域具有全国影响力的产业基地，并且加快向"国际知名、国内一流"目标迈进。目前，陕西创建国家新型工业化产业示范基地取得显著成效。在全省13个国家级新型工业化产业示范基地中，装备制造业占4席，如表2-29所示。

表 2-29 国家级、省级新型工业化产业示范基地（装备制造类）

级别	产业示范基地名称	主导产业
国家级	西安航空产业基地	航空装备
国家级	西安航天产业基地	航天装备
国家级	汉中航空产业园	军民融合（航空）
国家级	西安兵器产业基地	军民融合
省级	西安鱼化工业园	节能环保装备
省级	咸阳兴平装备工业园	装备制造
省级	延安姚店工业园	石油装备

资料来源：陕西省"十三五"规划。

按照"错位竞争、主业突出、特色鲜明、市区县联动"的原则，以国家级、省级开发区为主要载体，科学引导园区有序开发，完善产业配套功能，引导产业要素资源向相应区块集聚发展，打造产业发展的核心区块。重点打造高档数控机床、航空航天、电力装备、农机装备、机器人、3D 打印、节能环保装备、先进轨道交通装备、石油装备等重点产业集群，如表 2-30 所示。

表 2-30 陕西省装备制造业重点园区和基地建设布局

所属领域	区域	园区和基地名称
高档数控机床	宝鸡、汉中	宝鸡高新区数控机床研发制造基地、汉中经开区机床工具研发制造基地
航空航天	西安、汉中	西安阎良航空产业基地、西安航天产业基地、汉中航空产业园
电力装备	西安、宝鸡	西安高新区电力装备制造基地、西安经开区电力装备制造基地、宝鸡高新区电力装备制造基地
农机装备	杨凌	杨凌农业高新技术产业示范区农机装备产业园
机器人	西安、宝鸡	西安高新区机器人产业基地、西安经开区兵器基地机器人产业园、西安航天产业基地机器人产业园、宝鸡陈仓科技工业园机器人产业基地
3D 打印	西安、渭南	西安高新区 3D 打印产业基地、渭南高新区 3D 打印产业园

续表

所属领域	区域	园区和基地名称
节能环保装备	西安	西安高新区节能环保装备研发制造基地、西安经开区节能环保装备研发制造基地、西安鱼化工业园节能环保装备研发制造基地
先进轨道交通装备	宝鸡、西安	宝鸡高新区先进轨道交通装备研发制造基地、西安临潼先进轨道交通装备研发制造基地
石油装备	宝鸡、延安	宝鸡高新区石油装备研发制造基地、延安经开区石油装备研发制造基地、安塞工业园

资料来源：陕西省"十三五"规划。

此外，陕西在大飞机、航空发动机、海洋工程用钻机、高技术船舶配套动力装置、输配电、节能环保、安全装备等领域还打造了若干在国际、国内具有较强影响力的拳头产品，如表2-31所示。

表2-31　陕西装备制造业十大拳头产品

重点产品	技术水平
飞机	国内领先
卫星和航天新材料	国际领先
节能与新能源汽车	国内领先
特（超）高压输变电设备	国际领先
高效节能环保装备	国内领先
先进轨道交通装备	国内领先
增材制造（3D打印）	国内领先
高档精密数控机床和机器人关键部件	国内领先
大型能量转换装置	国内领先
大型陆地石油钻机和油气管道装备	国内领先

资料来源：陕西省"十三五"规划。

（三）经济现状

近几年，陕西高端装备制造产业沿着配套向成套发展、"制造"向"智造"发展的方向加速前进，产业规模不断扩大。根据陕西统计数据，

2017~2019年，陕西高端装备制造业产值不断增加，增速虽然有所放缓，但仍保持增长态势，如图2-6所示。

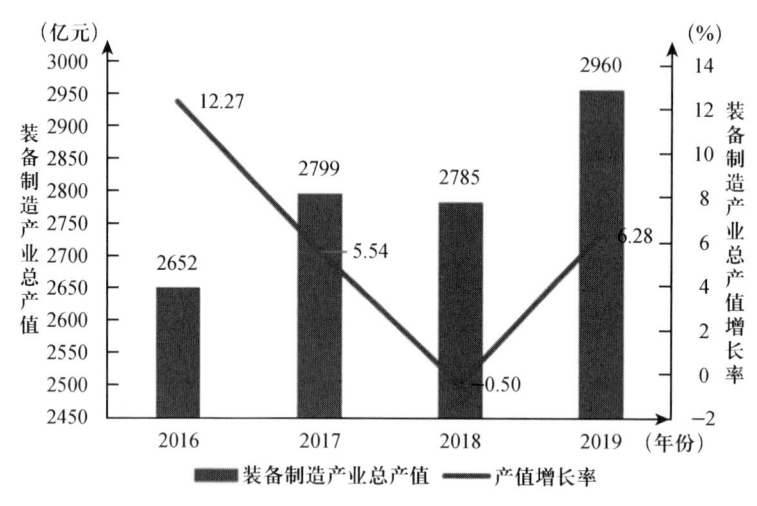

图 2-6　2016~2019年高端装备制造业产值变化

资料来源：陕西省统计局。

（四）发展现状及规划

陕西以航空航天装备、先进轨道交通装备、智能制造装备、节能环保装备，以及应急装备、电力装备、石油装备、工程机械等其他装备为重点，聚焦延链补链强链，着力培育一批优质产品，打造全国高端装备研发和制造中心。力争到2025年，高端装备产业总产值年均增长7%左右。航空航天装备领域，聚焦航空产业链转型升级，推进大型运输机系列化研制生产，推进运8、运9系列产能提升。加快支线飞机国产化研制，积极开发多用途飞机并扩大市场份额。先进轨道交通装备领域，以轻量化、智能化、绿色化为方向，大力发展中国标准高速动车整车产品及列车网络控制系统等关键零部件产品。节能环保装备领域，加快净化设备、回收利用成套设备、固体废弃物处理设备和资源综合利用设备的研发生产，积极发展高效节能电机、高效节能能量回收设备、高效节能碳排放技术及设备，突破减振降噪等技术，发展一批噪声控制器产品和设备。

二、品牌发展现状

(一)品牌发展现状

当前,陕西装备制造业形成了一批极具规模的企业。规模以上装备制造企业(不含汽车)1376户,其中,中国西电集团和中石油测井公司为产值超百亿元企业,宝鸡石油钢管(隶属于中国石油天然气集团公司)、陕鼓集团(国企)、宝鸡石油机械(国企)等均是产值超50亿元以上的企业,共完成工业总产值3365.30亿元,占陕西规模以上工业比重的12.6%。其品牌归属地、主导产业等如表2-32、表2-33所示。

表2-32 陕西装备制造企业品牌创建简表

行业领域	品牌所属地	企业名称
航空	陕西	陕西航空产业发展集团有限公司、陕西空天动力研究院、陕西宝成航空仪表有限责任公司、西部机场集团有限公司、西安航空电子科技有限公司
	非陕西	中航西安飞机工业集团股份有限公司、中国航发西安航空发动机有限公司、中国航发动力控制股份有限公司、中航工业陕西飞机工业(集团)有限公司、中国航空工业集团公司西安航空计算技术研究所、中国航空工业集团公司西安飞行自动控制研究所、中国飞机强度研究所、中国飞行试验研究院、中国航发西安航空发动机有限公司、中国航空工业集团公司第一飞机设计研究院、庆安集团有限公司
航天	陕西	
	非陕西	中国航天推进技术研究院、西安航天发动机有限公司、陕西航天动力高科技股份有限公司、西安航天动力测控技术研究所、中国航天科技集团有限公司航天第四研究院、中国航天科技集团有限公司第五研究院
输配电设备	陕西	陕西合容电气集团有限公司、西安四方机电有限责任公司、西安中扬电气股份有限公司、西安派瑞功率半导体变流技术股份有限公司、陕西航天西诺美灵电气有限公司

续表

行业领域	品牌所属地	企业名称
输配电设备	非陕西	中国电气装备集团（原中国西电集团有限公司）（旗下子公司：西安西电开关电气有限公司、西安西电高压开关有限责任公司、西安西电变压器有限责任公司、西电宝鸡电气有限公司、西安西电电力系统有限公司、西安西电电力电容器有限责任公司、西安西电光电缆有限责任公司、西安西电避雷器有限责任公司、西安高压电器研究院有限责任公司、西安西电电气研究院有限责任公司）、特变电工西安电气科技有限公司、西安中车永电电气有限公司、正泰集团股份有限公司
风电、核电设备	陕西	西安盾安电气有限公司、西安核设备有限公司
	非陕西	中陕核工业集团公司、西安中车永电金风科技有限公司
石油冶金煤炭重型装备	陕西	宝鸡石油钢管有限责任公司、宝鸡石油机械有限责任公司、陕西鼓风机（集团）有限公司、延安守山机械制造有限公司、西安重工装备制造集团有限公司、西安煤矿机械有限公司、陕西科隆能源科技有限公司
	非陕西	中国石油集团测井有限公司、中冶陕压重工设备有限公司、中煤科工集团西安研究院有限公司
机床工具	陕西	秦川机床工具集团股份公司、宝鸡机床集团有限公司、陕西汉江机床有限公司、西安标准工业股份有限公司、西安北村精密机械有限公司、汉川数控机床股份有限公司
	非陕西	兄弟机械（西安）有限公司
轨道交通装备	陕西	
	非陕西	宝鸡中车时代工程机械有限公司、中铁宝桥股份有限公司、中车西安车辆有限公司、中铁电气化局集团宝鸡器材有限公司、西安中车长客轨道车辆有限公司
工程机械	陕西	陕西中大机械集团有限责任公司、陕西建设机械（集团）有限责任公司、咸阳蓝博机械有限公司、陕西皇城机械（集团）有限公司、陕西宝深机械（集团）有限公司、陕西安中机械有限公司、陕西北方动力有限公司、西安达刚路面机械股份有限公司、宝鸡合力叉车公司

第二章 陕西省优势（支柱）产业品牌发展现状

续表

行业领域	品牌所属地	企业名称
工程机械	非陕西	三一重工股份有限公司、中交西安筑路机械有限公司、中联重科股份有限公司渭南分公司
机器人	陕西	西安华欧精密机械有限责任公司、西安市渭河工模具公司
	非陕西	中国航天科技集团公司第九研究院第十六研究所
3D打印	陕西	西安铂力特增材技术股份有限公司、西安赛隆金属材料有限责任公司
	非陕西	
节能环保装备	陕西	西安泰富西玛电机有限公司、陕西建工金牛集团股份有限公司、陕西兰环环境工程集团有限公司、西安西矿环保科技有限公司、西安富康空气净化设备工程有限公司
	非陕西	三达膜环境技术股份有限公司、中国建材西安墙体材料研究设计院有限公司、中节能西安启源机电装备有限公司、中国重型机械研究院股份公司

表2-33 高端装备制造业品牌创建企业情况

行业领域	企业名称	地区	主导产业	品牌	品牌LOGO
航空	中航西安飞机工业集团股份有限公司（非陕西省自主品牌）	西安	飞机、飞行器零部件、航材和地随设备的设计、试验、生产、维修、改装、销售、服务及相关业务	"鲲鹏""鹘鹰""飞鲨""霹雳火""黑旋风""飞豹""枭龙""翼龙""猎鹰""山鹰""霹雳""闪电"	
	中国航发西安航空发动机有限公司（非陕西省自主品牌）	西安	大中型军民用航空发动机研制生产；大型舰船用燃气轮机动力装置生产、修理	中航西发	

续表

行业领域	企业名称	地区	主导产业	品牌	品牌LOGO
航空	中国航发动力控制股份有限公司（非陕西省自主品牌）	西安	大、中、小型军民用航空发动机，大型舰船用燃气轮机动力装置的生产研制和修理		
	中航工业陕西飞机工业（集团）有限公司（非陕西省自主品牌）	汉中	研制、生产大、中型军民用运输机	陕飞	
	陕西航空产业发展集团有限公司	西安	航空产业及相关领域投资开发和经营管理		
	庆安集团有限公司	西安	航空机载设备与系统	庆安	
	中国航空工业集团公司西安航空计算技术研究所（非陕西省自主品牌）	西安	从事机载、弹载计算机和航空软件研制		

续表

行业领域	企业名称	地区	主导产业	品牌	品牌LOGO
航空	中国航空工业集团公司西安飞行自动控制研究所（非陕西省自主品牌）	西安	研发和制造液压机械、精密仪器、自动控制、计算机应用、微电子技术、光学设计、精密加工装配		
	陕西空天动力研究院	西安	航空产业、商业航天及终端应用、海洋工程装备和智能制造		
	陕西宝成航空仪表有限责任公司	宝鸡	军航与防务、民用航空和工业制造等。主要从事机载/车载导航设备，光纤陀螺、机电陀螺、加速度计、伺服电机、精密传感器及导电滑环等关键器件研发生产		航空工业陕西宝成航空仪表有限责任公司 AVIC SHAANXI BAOCHENG AVIATION INSTRUMENT CO.,LTD.
	中国飞机强度研究所（非陕西省自主品牌）	西安	主要从事飞机结构强度研究与全尺寸飞机结构强度地面验证试验		

续表

行业领域	企业名称	地区	主导产业	品牌	品牌LOGO
航空	中国飞行试验研究院（非陕西省自主品牌）	西安	承担军民用飞机、直升机、航空发动机、机载设备等航空产品的鉴定试飞及民机适航审定试飞工作；承担飞行技术及试飞方法研究；承担飞行测量试验技术研究，开展测量试验设备的研制与生产		
	中国航发西安航空发动机有限公司（非陕西省自主品牌）	西安	航空发动机、燃气轮机、烟气透平动力装置，航天发动机及其零部件	西航	
	西部机场集团有限公司	西安	机场及其他航空运输辅助服务；货物装卸、搬运、运输代理及仓储服务		
	西安航空电子科技有限公司	西安	专注于军民用航空电子产品的系统集成与开发、地面检测保障系统设备的开发	西航	

续表

行业领域	企业名称	地区	主导产业	品牌	品牌LOGO
航空	中国航空工业集团公司第一飞机设计研究院（非陕西省自主品牌）	西安	歼击轰炸机、轰炸机、运输机、民用飞机和特种飞机设计		
航天	中国航天推进技术研究院（非陕西省自主品牌）	西安	集运载火箭主动力系统、轨姿控动力系统及空间飞行器推进系统研究、设计、生产、试验	东风五号东五甲Y1长征系列	
	西安航天发动机有限公司（非陕西省自主品牌）	西安	液体火箭发动机、姿轨控发动机、液体冲压发动机的研制、生产；锻造		
	西安航天动力测控技术研究所（非陕西省自主品牌）	西安	主要从事固体火箭发动机试验及测试技术研究		

续表

行业领域	企业名称	地区	主导产业	品牌	品牌LOGO
航天	陕西航天动力高科技股份有限公司（非陕西省自主品牌）	西安	泵及真空设备制造；泵及真空设备销售；普通阀门和旋塞制造（不含特种设备制造）；安防设备制造；安防设备销售；水轮机及辅机制造；汽轮机及辅机制造	"华宇""航力""天庆""BJB"	航天动力
	中国航天科技集团有限公司航天第四研究院（非陕西省自主品牌）	西安	固体火箭发动机设计、研制、生产和试验		
	中国航天科技集团有限公司第五研究院西安分院（非陕西省自主品牌）	西安			
输配电设备	中国电气装备集团（原中国西电集团）（非陕西省自主品牌）	上海	科研、开发、制造、贸易、金融	XD	XD

续表

行业领域	企业名称	地区	主导产业	品牌	品牌LOGO
输配电设备	正泰集团股份有限公司（非陕西省自主品牌）	西安	发电、储电、输电、变电、配电、售电、用电	正泰	CHINT 正泰集团
输配电设备	陕西合容电气集团有限公司	西安	生产电力电容器、电抗器及其成套装置，SVG/APF、高性能储能电源、开关、交直流充电桩等系列产品	合容	合容电气 HERONG ELECTRIC
输配电设备	特变电工西安电气科技有限公司（非陕西省自主品牌）	西安	从事太阳能光伏并网控制设备研制和新能源充电及输电设备	特变电工	TBEA
输配电设备	西安派瑞功率半导体变流技术股份有限公司	西安	电力电子器件、电力电子成套设备的研发、生产、实验调试和销售服务	派瑞	PERI
输配电设备	陕西航天西诺美灵电气有限公司	西安	通用设备制造（不含特种设备制造）；风机、风扇制造；输配电及控制设备制造；电机制造；工业自动控制系统装置制造	航天西诺	西安航天动力测控技术研究所

续表

行业领域	企业名称	地区	主导产业	品牌	品牌LOGO
输配电设备	西安中车永电电气有限公司（非陕西自主品牌）	西安	电气设备销售，电机及其控制系统研发	中车永电	
	西安四方机电有限责任公司	西安	主要从事电力电气检测仪器、仪表等应用技术的研制开发、生产和推广	四方	
	西安中扬电气股份有限公司	西安	干式电抗器产品研发、设计、生产、检测的高新技术企业，产品应用于输变电及工矿企业，覆盖高压、超高压和特高压领域	中扬	
风电、核电设备	西安中车永电金风科技有限公司（非陕西省自主品牌）	西安	大型风力发电机组及零部件的研发、生产、销售；大型风力发电机组的设计安装、技术开发、咨询服务、技术转让	金风	
	西安盾安电气有限公司	西安	从事风力发电机、港口电机、高压电机、油田电机及其他领域电机、电控的研发、制造、技术服务工作	盾安	

第二章 陕西省优势（支柱）产业品牌发展现状

续表

行业领域	企业名称	地区	主导产业	品牌	品牌LOGO
风电、核电设备	西安核设备有限公司	西安	核电设备、能源化工设备、特殊材料设备、消防灭火设备		
	中陕核工业集团公司（非陕西省自主品牌）	西安	铀矿地质勘察；提供核安全、核应急、核环境、辐射防护、废渣治理		
石油冶金煤炭重型装备	宝鸡石油钢管有限责任公司	宝鸡	国内外油气长输管道建设和油气勘探开发提供钢管装备的研发、制造、服务与保障	BSG	
	宝鸡石油机械有限责任公司	宝鸡	主要设计制造1000~12000米9大级别、4种驱动形式的常规陆地钻机、极地钻机和海洋成套钻机；500~3000马力的各系列钻井泵；海上钻采平台设备、井控井口设备、特种车辆、钢管钢绳、大直径牙轮钻头等钻采装备配套产品以及电气控制、非常规油气设备和减排设备等产品	宝石牌	

113

续表

行业领域	企业名称	地区	主导产业	品牌	品牌LOGO
石油冶金煤炭重型装备	中国石油集团测井有限公司（非陕西省自主品牌）	西安	主要从事国内外油气田测井、录井、射孔、测试等完井技术服务和技术咨询，钻井测控、压裂测控、注采测控等工程技术服务和技术咨询，测井数据、测井解释、油藏评价等技术服务和咨询，与上述相关的仪器设备、配件、应用软件、专用工具的开发、物理实验、试验、制造、销售、租赁、检测、维修等业务	中国石油测井	中国石油
	陕鼓集团	西安	为冶金、石化、煤化工、电力、国防、环保等行业提供大型动力装备系统问题解决方案的集成商和系统服务商	陕鼓	ShaanGu 西安陕鼓动力股份有限公司
	中冶陕压重工设备有限公司（非陕西省自主品牌）	西安（国有）	生产大型精密板带轧机成套设备、板带处理成套设备、大型铸锻件和锻造冷轧辊为主要产品		

续表

行业领域	企业名称	地区	主导产业	品牌	品牌LOGO
石油冶金煤炭重型装备	延安守山机械制造有限公司	延安	石油装备生产制造	守山	
	西安重工装备制造集团有限公司	西安	煤矿成套装备和工程机械设计制造	重装	
	中煤科工集团西安研究院有限公司（非陕西省自主品牌）	西安	从事煤炭地质与勘探，煤矿安全高效开采地质保障技术	中煤科工	
	西安煤矿机械有限公司	西安	采煤机、掘进机以及矿井提升专用设备等		
	陕西科隆能源科技有限公司	咸阳	煤矿、石油及航空等配套橡胶制品、高压编织胶管及总成、矿山机械及石油机械成套设备及元部件产品的研发、设计、生产、销售	科隆	
机床工具	秦川机床工具集团（国有）	宝鸡	精密数控机床与复杂工具研发制造	秦川	

115

续表

行业领域	企业名称	地区	主导产业	品牌	品牌LOGO
机床工具	宝鸡机床集团有限公司	宝鸡	中高档数控机床研发生产基地和智能制造	宝鸡机床	BOCHI 宝鸡机床
	陕西汉江机床有限公司	汉中	精密螺纹磨床生产	汉江	汉江机床有限公司
	西安标准工业股份有限公司	西安	缝制设备的研发、生产和销售为主。产品系列包括"标准"牌高速单针平缝机、高速双针平缝机、高速绷缝机、高速包缝机、特种缝纫机、服装自动生产线等300多个品种	标准	TYPICAL
	兄弟机械（西安）有限公司（非陕西省自主品牌）	西安	工业用缝纫机、机床产品及其零部件的制造、安装、修理、技术指导、研究开发	兄弟	brother. at your side
	西安北村精密机械有限公司	西安	从事小型精密数控机床的生产	北村	XKNC
	汉川数控机床股份公司	汉中	数控机床生产	汉川	Hanland

续表

行业领域	企业名称	地区	主导产业	品牌	品牌LOGO
轨道交通装备	宝鸡中车时代工程机械有限公司（非陕西省自主品牌）	宝鸡	从事铁路和城市轨道交通工程机械研发、制造、销售、服务		中国中车 CRRC
	西安中车长客轨道车辆有限公司（非陕西省自主品牌）	西安	城轨车辆、城际车辆及部件装配、试验、调试、修理、销售		CNR 中国北车
	中铁宝桥股份有限公司（非陕西省自主品牌）	宝鸡	生产钢桥梁、钢结构、铁路道岔、高锰钢辙叉、城市轨道交通设备、门式起重机		
	中车西安车辆有限公司（非陕西省自主品牌）	西安	公司隶属于中国北车股份有限公司，是中国铁路货车制造、铁路货车修理、铁路客车修理、铁路车辆配件制造及国内拥有铁路罐车设计制造主导权的大型骨干企业		CNR 中国北车

续表

行业领域	企业名称	地区	主导产业	品牌	品牌LOGO
轨道交通装备	中铁电气化局集团宝鸡器材有限公司（非陕西省自主品牌）	宝鸡	经营铁路电气化接触网系统设备、城市轨道交通供电系统设备及电力金具的设计、制造和服务	中铁	
工程机械	三一重工股份有限公司（非陕西省自主品牌）	北京	主要从事工程机械的研发、制造、销售，产品包括建筑机械、筑路机械、起重机械等25大类120多个品种	三一	
工程机械	陕西中大机械集团有限责任公司	西安	高科技工程机械产品的开发、研究、制造和国际一流水平液压传动元器件的代理	中大	
工程机械	中交西安筑路机械有限公司（非陕西省自主品牌）	西安	专业筑养路机械研发制造		
工程机械	陕西建设机械（集团）有限责任公司	西安	主要从事道路工程机械产品和大型钢结构产品的研制、开发、制造与销售	建设牌、三捷牌	

续表

行业领域	企业名称	地区	主导产业	品牌	品牌LOGO
工程机械	咸阳蓝博机械有限公司	咸阳	主要从事精密滚柱交叉导轨副、精密滚针交叉导轨副、机床导轨副、直线导轨副、电脑绣花机导轨等各类导轨的生产、销售	蓝博牌	RAMBLER 蓝博
	陕西皇城机械（集团）有限公司	宝鸡	专用设备制造	皇城牌	
	陕西宝深机械（集团）有限公司	宝鸡	主要从事砖瓦机械系列产品的研究、开发、制造和新技术、新产品的应用和推广	宝深牌	BS 宝深
	陕西安中机械有限责任公司	汉中	工业炉等非标、专用设备的开发、研制及售后服务	安中机械	
	陕西北方动力有限责任公司	宝鸡	主要从事柴油机及附件的科研、开发、生产、销售	北方动力	陕西北方动力有限责任公司 SHAANXI NORTH DYNAMIC CO.,LTD.
	中联重科股份有限公司渭南分公司（非陕西省自主品牌）	渭南	公司产品包括：ZE系列挖掘机、ZD系列推土机、ZY系列履带式装载机	中联重科	中联重科

119

续表

行业领域	企业名称	地区	主导产业	品牌	品牌LOGO
工程机械	西安达刚路面机械股份有限公司	西安	专业从事公路筑、养路机械设备开发、生产、服务和海内外工程	达刚	
	宝鸡合力叉车公司	宝鸡	叉车生产	合力	
机器人	西安华欧精密机械有限责任公司	西安	精密机械、智能机电产品（除小轿车）、计算机软硬件的研发、生产、销售及技术咨询	华欧	
	西安市渭河工模具公司	西安	研制和生产小模数精密传动类、小规格刀具类、级进冷冲模具类、液压气动夹具类产品		
	中国航天科技集团公司第九研究院第十六研究所（非陕西省自主品牌）	西安	从事我国航天产品、卫星、飞船等用惯性器件的研究设计、生产销售		
3D打印	西安铂力特增材技术股份有限公司	西安	金属3D打印设备的研发及生产、金属3D打印定制化产品服务、金属3D打印原材料的研发及生产、金属3D打印结构优化设计开发	铂力特	

120

第二章 陕西省优势（支柱）产业品牌发展现状

续表

行业领域	企业名称	地区	主导产业	品牌	品牌LOGO
3D打印	西安赛隆金属材料有限责任公司	西安	专业从事粉末床电子束3D打印（SEBM）技术与装备、等离子旋转电极雾化制粉（PREP）技术与装备、金属粉末及粉末冶金制品的研发、生产、销售和技术服务	赛隆	
节能环保装备	西安泰富西玛电机有限公司	西安	专业生产大中型、高低压、交直流电机	西玛电机	SIMO 西玛电机
节能环保装备	中国重型机械研究院股份公司（非陕西省自主品牌）	西安	以工程设计、冶炼、连铸、轧制、重型锻/挤压、环保节能、油气输送等成套装备研发、设计、工程总承包为主业，机、电、液和基础件专业配套齐全		中国重型机械研究院股份公司
节能环保装备	三达膜环境技术股份有限公司（非陕西自主品牌）	延安	涉及工业料液分离、产品分离纯化、废水资源化、饮用水安全保障等领域	三达膜	Suntar

121

续表

行业领域	企业名称	地区	主导产业	品牌	品牌LOGO
节能环保装备	中节能西安启源机电装备有限公司（非陕西自主品牌）	西安	环保技术与设备的技术开发		
	陕西建工金牛集团股份有限公司	西安	工业锅炉、压力容器、非标设备、锅炉辅机等的研发、制造和销售		
	陕西兰环环境工程集团有限公司	西安	主要经营水处理设备；DF多极水泵等	兰环	
	西安西矿环保科技有限公司	西安	专业从事工业烟气治理设备研发、设计、制造、安装、运营	西矿	
	中国建材西安墙体材料研究设计院有限公司（非陕西省自主品牌）	西安	墙体材料、玻璃、陶瓷、耐火材料、屋面及道路材料的研发、设计		
	西安富康空气净化设备工程有限公司	西安	空气净化设备的设计、安装、调试服务	富康	

第二章　陕西省优势（支柱）产业品牌发展现状

（二）具有品牌竞争力的优势品牌存量

针对装备制造业上下游关联行业广泛的特点，一方面，行业内企业需持续关注产业链上国内外的技术发展趋势，掌握先进的设备研发设计技术；另一方面，行业内企业要充分熟悉下游各行业产品的生产加工工艺。这对行业内企业的资金能力、技术水平、行业经验及品牌的要求较高。因此，装备制造业品牌竞争力评价主要从经济水平、技术创新和品牌价值三个维度进行分析：

1. 按经济水平维度

本部分列示了陕西装备制造业营收排名靠前的企业及其上榜中国机械500强榜单的企业。中国机械500强由中国机械工业企业管理协会发布，这是该协会自2003年以来连续第18年发布报告。该榜单引入"规模"和"效率"双重指标，采用世界企业实验室（World Company Lab）按国际惯例设计的企业竞争力评测模型（CVA）对企业的销售收入、利润总额、资产利润率、增长率等数据，结合行业差异、声望指数等因素进行综合分析研究，按得分方式为"500强"排序，如表2-34所示。

表2-34　陕西省高端装备制造业营收上榜企业情况

行业领域	公司名称	榜单一 （排名，得分）	榜单二
输配电设备	中国西电集团有限公司	—	23
	宝鸡石油钢管有限责任公司	—	45
石油冶金煤炭重型装备	西安陕鼓动力股份有限公司	89（84.8分）	—
石油冶金煤炭重型装备	陕西鼓风机（集团）有限公司	99（84.3分）	47
石油冶金煤炭重型装备	宝鸡石油机械有限责任公司	—	63
工程机械	陕西建设机械股份有限公司	143（82.34分）	

续表

行业领域	公司名称	榜单一（排名，得分）	榜单二
机床工具	秦川机床工具集团股份公司	277（78.27分）	75
航空	庆安集团有限公司	—	80
轨道交通装备	中车西安车辆有限公司	—	93
航天	西安航天发动机有限公司	—	94
输配电设备	陕西宝光真空电器股份有限公司	417（73.59分）	—

资料来源：榜单一，中国机械500强；榜单二，2020陕西企业100强。

在中国机械500强榜单中，从行业分布看，榜单格局基本稳定，分布在九大类子行业，第一梯队仍是交通运输设备制造业、电气机械及器材制造业、通用设备制造业和专用设备制造业。其中，交通运输设备制造业上榜企业数量最多，实现营业收入占两榜榜单6成左右。从区域分布看，浙江合计有91家企业入选中国机械500强名单，上榜数量排在全国第1位，占榜单总数的18.2%。江苏、广东、山东、上海和北京上榜企业数量依次排在第2~6名。而陕西在中国机械500强中上榜企业只有5家，且排名均较靠后。

从企业实力对比看，陕西上榜企业与装备制造业排名靠前的中国航空工业集团有限公司（94.42分）、潍柴控股（94.09分）、中国中车集团（93.73分）等相比，仍存在较大差距。从营收规模看，中国机械企业500强中24家企业营收突破1000亿元，有44家企业进入"五百亿营收战队"；170家企业进入"百亿营收战队"，而陕西上榜企业陕鼓集团和秦川机床位于"五百亿营收战队"，距千亿企业仍有一定差距。

在陕西省企业100强榜单上榜企业中，排名前列的企业均为能源化工及原材料领域企业，如陕西延长石油有限责任公司及陕西有色金属控股集团有限责任公司等，其营收均已突破1000亿元，延长石油更是突破了3000亿元，而装备制造产业中领先的中国西电集团，其营收仅为延长石油的5.68%，

第二章 陕西省优势（支柱）产业品牌发展现状

相比其他产业营收规模方面还有较大差距。

2. 按技术创新维度

高端装备制造是制造业的高端领域，主要为航空、航天、船舶、轨道、汽车、电力等重要生产领域提供产品和服务支持。比如，航空航天装备群的批量化制造和工艺开发、轨道交通的成套生产线需要高端装备制造为其提供工业母机。从高端装备制造业发展的历程看，技术更迭迅速是其重要特点。从20世纪50年代发明世界上第一台用语言编程的数控铣床开始，到后来的计算机集成和机械自动化创新，再到进入21世纪以来的新一轮科技革命和产业变革，每一次科技的重大突破都为高端装备制造业发展注入了强大动力。因此技术创新对高端装备制造产业发展尤为重要。

（1）省科技厅评定的创新综合实力百强企业 本书列示了陕西高端装备制造产业在科技创新方面处于领先地位的企业，从企业创新综合能力和工信厅的评定结果来分析。"2020年陕西高新技术企业创新综合能力100强"中，高端装备制造产业上榜7家，如表2-25所示。

表2-35　2020年陕西高新技术企业创新综合能力100强（航空航天与高端装备制造）

行业领域	公司名称	排名
石油冶金煤炭重型装备	宝鸡石油机械有限责任公司	10
石油冶金煤炭重型装备	西安陕鼓动力股份有限公司	26
机床工具	秦川机床工具集团股份公司	30
航空	陕西宏远航空锻造有限责任公司	71
航天	西安航天远征流体控制股份有限公司	75
航天	西安航天天绘数据技术有限公司	79
航空	陕西飞机工业（集团）有限公司	99

资料来源：陕西省科技厅。

（2）工业和信息化部、省工信厅评定的创新企业 陕西省工信厅评定了国家级、省级企业技术中心和省级技术创新示范企业。目前，陕西评出航空航天与高端装备制造业国家级企业技术中心 3 家，省级企业技术中心 38 家，省级技术创新企业 10 家，如表 2-36、表 2-37 所示。

表 2-36　陕西省工信厅评定高端装备制造业国家级省级企业技术中心名单

行业领域	企业名称
石油冶金煤炭重型装备	西安陕鼓动力股份有限公司（国家级）
	宝鸡石油机械有限责任公司
	延安守山机械制造有限公司
机床工具	陕西秦川机床工具集团有限公司（国家级）
	宝鸡机床集团有限公司
	陕西汉江机床有限公司
	汉川数控机床股份公司
	宝鸡赛威重型机床制造有限公司
	陕西关中工具制造有限公司
工程机械	陕西宝深机械（集团）有限公司
	陕西皇城机械（集团）有限公司
	陕西建设机械（集团）有限责任公司
	陕西皇城玉全机械制造（集团）有限公司
	咸阳蓝博机械有限公司
	陕西中大机械集团有限责任公司
	西安昆仑工业（集团）有限公司
	陕西安中机械有限责任公司
	普瑞达电梯有限公司
	陕西北方动力有限责任公司
	宝鸡西力精密机械有限公司
输配电设备	宝鸡保德利电气设备有限责任公司
	陕西黄河集团有限公司
	西安四方机电有限公司
	西安开天铁路电气股份有限公司
	陕西汉中变压器有限责任公司
	陕西特变电力装备有限公司
航天	陕西航天导航设备有限公司
	西安航天自动化股份有限公司
	陕西宏远航空锻造有限责任公司

续表

行业领域	企业名称
航天	西安航空制动科技有限公司
	陕西航天建设集团有限公司
	西安航天源动力工程有限公司
	西安航天远征流体控制股份有限公司
	西安航天华阳机电装备有限公司
	陕西华燕航空仪表有限公司
	宝鸡航天动力泵业有限公司
风电、核电设备	西安盾安电气有限公司
航空	陕西航空电气有限责任公司（国家级）
	陕西航空硬质合金工具有限责任公司
	陕西长岭特种设备股份有限公司
节能环保装备	西安泰富西玛电机有限公司

资料来源：陕西省工信厅。

表 2-37 陕西省工信厅评定的高端装备制造业省级技术创新示范企业名单

行业领域	企业名称
航天	宝鸡航天动力泵业有限公司
航空	陕西宝成航空仪表有限责任公司
工程机械	陕西宝深机械（集团）有限公司
风电、核电设备	宝鸡保德利电气设备有限责任公司
航天	西安航天自动化股份有限公司
石油冶金煤炭重型装备	西安陕鼓动力股份有限公司
工程机械	陕西皇城机械（集团）有限公司
工程机械	咸阳蓝博机械有限公司
输配电设备	陕西宝光真空电器股份有限公司
航天	西安航天恒星科技实业（集团）有限公司

资料来源：陕西省工信厅。

3. 按品牌价值维度

本书选取"2020 中国上市公司品牌价值榜"及省工信厅评定的工业品牌

培育示范企业为评价对象（见表2-38）。2020中国上市公司品牌价值榜的评选范围是2020年12月31日前在A股上市的全部公司和海外上市的全部中国内地公司。依据备选公司历年年报的营业总收入、利润及市场价值等财务数据，结合行业分析，筛选出各项指标居前的500家上市公司，从而建立评估数据库。研究旨在帮助中国上市公司了解中国企业品牌发展状况，为其动态跟踪品牌的投资绩效和提升品牌管理效率提供参考。

表2-38 2020中国上市公司品牌价值榜（陕西上榜企业）

排序	证券简称	品牌价值	所在地	上市日期	证券代码
71	陕鼓动力	25.82亿元	陕西	2010-04-28	601369.SH

资料来源：上市公司品牌价值榜蓝皮书。

在"2021中国品牌价值评价信息发布暨中国品牌建设高峰论坛"上，中国品牌价值评价信息连续第8次发布。在机械设备制造类中：陕西鼓风机（集团）有限公司品牌价值为76.72亿元，排名第11位；宝鸡石油机械有限公司品牌价值为13.31亿元，排名第51位；在自主创新类中：宝鸡石油钢管有限责任公司，品牌价值为6.07亿元，排名第37位。此外，为进一步推动工业企业品牌培育能力，提升品牌竞争力，陕西省工信厅自2014年起陆续开展工业品牌培育试点工作，并每年评定一批陕西省省级工业品牌培育示范企业，如表2-39所示。

表2-39 省级工业品牌培育示范企业（装备制造业）

行业领域	企业名称	地区
航空	陕西宝成航空仪表有限责任公司（国家级）	西安
石油冶金煤炭重型装备	陕西鼓风机（集团）有限公司（国家级）	西安
输配电设备	陕西长岭电气有限责任公司	宝鸡
工程机械	陕西皇城机械（集团）有限公司	宝鸡
工程机械	普瑞达电梯有限公司	安康

资料来源：陕西省工信厅。

4. 优势品牌筛选

结合上述各维度分析结果看，本书将同时在不同维度出现 2 次及 2 次以上的企业定义为该行业内的优势企业，将仅在一个维度的企业认定为综合发展有待提高的企业。

陕西鼓风机（集团）有限公司在营业收入、技术创新及品牌价值方面都具有很大优势。在营业收入方面，陕西鼓风机（集团）有限公司，是国内定点生产透平鼓风机、压缩机的大型骨干企业，是省、市重点骨干企业，以及国家二级企业。多年来，陕鼓经营绩效位居全行业第一。在技术创新方面，旗下子公司西安陕鼓动力股份有限公司位居 2020 年陕西高新技术企业创新综合能力 100 强前列，而且被省工信厅评为国家级企业技术中心、省级制造业创新中心和省级技术创新示范企业。持续创新是陕鼓作为分布式能源系统解决方案商和系统服务商所拥有的科技"硬实力"。陕鼓建有国家人事部 2004 年批准设立的博士后科研工作站。陕鼓主导的产品曾 6 次荣获国家科学技术进步奖。其中，能源互联岛项目打造了全球行业内万元产值能耗最低、排放最少的智能制造基地，万元产值能耗仅为 5 千克标准煤，实现了土地集约、运营集约、功能集约、设备集约。陕鼓研究的项目曾荣获第六届中国工业大奖；高效节能环保产品轴流压缩机获制造业"单项冠军产品"奖，产量居全球第一；创新开发的高炉煤气余压回收透平发电装置（TRT）技术荣获国家科技进步二等奖；首创的"冶金余热余压能量回收同轴机组应用技术"入选国际能效合作伙伴关系组织（IPEEC）国际"双十佳"最佳节能技术项目，并获得世界制造业创新产品金奖。在品牌价值方面，2006 年 6 月 1 日，陕鼓牌商标被授予"中国驰名商标"称号；陕鼓品牌被商务部授予"2006 年最具市场竞争力品牌"；2007 年 11 月，陕鼓品牌经评估价值达 115.63 亿元，在"中国品牌 500 强"中排名第 58 位；2021 年陕西鼓风机（集团）有限公司以 933 分的品牌强度、76.72 亿元的品牌价值上榜《2021 年中国品牌日价值评价信息榜》。旗下子公司西安陕鼓动力股份有限公司，以25.82亿元的价值位列2020中国上市公司装备制造行业品牌价值榜第71名。此外，以服务型制造赋能高质量发展的"陕鼓模式"获得国家工业和信息化部，陕西省委、省政府，西安市委、市政府的认可和推广，多次写入陕西省、西安市政府工作报告，彰显了企业品牌和高质量发展的实力。

秦川机床工具集团，庆安集团有限公司是省内规模较大的企业，均上榜陕西省企业100强。其中，秦川机床更是居中国机械制造500强榜单第277位。在技术创新方面，2家企业也是占据优势，不仅上榜了2020年陕西高新技术企业创新综合能力100强，还被省工信厅评为国家级省级企业技术中心，企业发展基础雄厚。但在品牌创建方面，它们都存在共同的问题，即品牌创建意识不强，与陕鼓在品牌方面的发展仍存在较大差距。宝鸡石油机械有限公司和宝鸡石油钢管有限责任公司在技术创新及品牌价值2个维度优势显著，不仅在省工信厅评定的2020年陕西高新技术企业创新综合能力100强中排名前列，而且在2021年举办的中国品牌日活动中，其品牌价值在全国范围内也榜上有名。

此外，陕西省内存在一大批技术创新能力较强的企业，如延安守山机械制造有限公司、陕西汉江机床有限公司、汉川数控机床股份公司、宝鸡赛威重型机床制造有限公司、陕西关中工具制造有限公司、陕西宝深机械（集团）有限公司、陕西皇城机械（集团）有限公司、陕西皇城玉全机械制造（集团）有限公司、咸阳蓝博机械有限公司、陕西中大机械集团有限责任公司、西安昆仑工业（集团）有限责任公司、陕西安中机械有限责任公司、普瑞达电梯有限公司、陕西北方动力有限责任公司、宝鸡西力精密机械有限公司、宝鸡保德利电气设备有限责任公司、陕西黄河集团有限公司、西安四方机电有限责任公司、西安开天铁路电气股份有限公司、陕西汉中变压器有限责任公司、陕西特变电力装备有限责任公司、陕西航天导航设备有限公司、西安航天自动化股份有限公司、陕西宏远航空锻造有限责任公司、西安航空制动科技有限公司等,虽然营收水平不高,品牌知名度较低,但相信其未来会有较大的成长空间。

(三)具有发展潜力的成长品牌存量

1. 发展潜力巨大的成长型企业

本书将被国家工业和信息化部评定为制造业单项冠军的企业、被称为"独角兽"或"上市企业",或被同时认定为国家级专精特新"小巨人"的企业和国家高新区瞪羚企业定义为该行业内发展潜力巨大的成长型企业。在2批省级单项冠军和6批国家级单项冠军的评选下,从数量看,陕西装备制造产业单项冠军上榜企业9家,其中国家级制造业单项冠军企业3家,省级制造业单项冠军企业6家。由此不难看出,陕西装备制造企业在单项冠军方面与其他行业相比优势较大。而从地区分布看,宝鸡分布最多,有5家,其次为西安,有3家,如表2-40所示。

表2-40 陕西省装备制造产业单项冠军

行业领域	企业名称	单项制造冠军类型	地区
输配电设备	陕西宝光真空电器股份有限公司	国家级	宝鸡
石油冶金煤炭重型装备	西安陕鼓动力股份有限公司	国家级	西安
机床工具	秦川机床工具集团股份有限公司	国家级	宝鸡
石油冶金煤炭重型装备	西安煤矿机械有限公司	省级	西安
输配电设备	合容电气股份有限公司	省级	西安
石油冶金煤炭重型装备	宝鸡石油机械有限责任公司	省级	宝鸡
机床工具	宝鸡赛威重型机床制造有限公司	省级	宝鸡
机床工具	陕西渭河工模具有限公司	省级	宝鸡
机床工具	汉江工具有限责任公司	省级	汉中

资料来源:国家工业和信息化部。

而在陕西专精特新及瞪羚企业中有11家上市企业,同时被评定为专精

特新及瞪羚的科技型企业有 7 家。如表 2-41 所示

表 2-41　陕西省专精特新及瞪羚企业中上市企业

企业名称	地区
西安西驰电气股份有限公司	西安
西安威盛电子科技股份有限公司	西安
金钻石油机械股份有限公司	西安
陕西中天火箭技术股份有限公司	西安
西安菲尔特金属过滤材料有限公司	西安
西安安森智能仪器股份有限公司	西安
中航电测仪器股份有限公司	西安
西安晨曦航空科技股份有限公司	西安
西安博深安全科技股份有限公司	西安
西安东风机电股份有限公司	西安
陕西大唐燃气安全科技股份有限公司	西安

资料来源：国家工业和信息化部、科学技术部火炬高技术产业开发中心。

表 2-42　同时上榜装备制造产业国家级专精特新及瞪羚企业的企业

企业名称	主营业务	地区
宝鸡市赛孚石油机械有限公司	油气开采设备及器材的开发、研制、生产、销售、维修维护、检验及技术开发、服务、咨询、转让	宝鸡
西安西驰电气股份有限公司	电力设备、电力电子产品、元器件及机电产品、新能源及节能产品、交通及相关行业产品、低压变频器柜、低压软启动器柜及高低压成套柜研发、设计、系统集成、生产及销售；建筑机电安装工程、光伏风电系统工程、变电站辅助监控系统	西安
西安威盛电子科技股份有限公司	石油电子仪器及工业自动化设备的开发、研制、生产、销售、维修、技术咨询及测井服务	西安
	集成电路设计；集成电路应用技术开发；集成电路产品制造与销售；货物与技术的进出口经营（国家禁止和限制的货物与技术出口除外）；技术服务与咨询；软件开发	西安

续表

企业名称	主营业务	地区
陕西群力电工有限责任公司	继电器、接触器、传感器、断路器、电磁铁、开关等电子元器件和组件、集成电路、微波组件及电子电路、集成控制模块及相关原辅材料、电子专用设备、汽车电子及零部件、机电元器件及成套设备、仪器仪表	宝鸡
宝鸡赛威重型机床制造有限公司	龙门镗铣床、落地镗铣床、卧式加工中心、组合机床及自动线、专用机床、组合机床通用部件、环保专用设备、汽车零部件的研究、开发、制造、销售及售后服务	宝鸡
北斗天地股份有限公司	金属结构制造、电子元器件与机电组件设备制造、安防设备制造、计算机软硬件及外围设备制造、通信设备制造、网络设备制造、终端测试设备制造、物联网设备制造、卫星移动通信终端制造	西安

资料来源：国家工业和信息化部、科学技术部火炬高技术产业开发中心。

西安西驰电气股份有限公司是一家专业从事电力电子产品研发、制造及提供工业自动化系统解决方案的"双软企业"和"高新技术企业"。多项产品先后取得了几十项国家专利和软件著作权。目前公司已通过ISO9001管理体系认证，取得了中国CCC和欧盟CE认证。产品通过国家电力电子产品检测中心和苏州电器研究所、西安高压电器研究所检验。

宝鸡赛威重型机床制造有限公司是一家设计制造组合机床、加工中心、专机加工自动线、柔性加工自动线、大型落地镗铣床等金切设备的机床公司，是集科技、研发、设计、制造、生产、销售于一体的高特新现代化企业，是中国机床工具工业协会会员、组合机床分会理事单位。公司产品主要应用于汽车制造、工程机械、航空航天等领域。所有系列产品在国内同行业中占主导地位。多项技术填补国内空白、替代进口。公司先后获得"国家高新技术企业""国家瞪羚企业""国家专精特新小巨人企业""省级企业技术中心""陕西省优秀民营企业""陕西省技术创新示范企业""陕西省企业创新研发中心""转型升级、创新发展先进企业""陕西行业之星企业"等荣誉称号，取得专利25项，荣获陕西省科学技术奖5项。

2. 成长有待提高的企业

本书将被仅认定为专精特新"小巨人"企业或国家高新区瞪羚企业的企业定义为装备制造产业中成长有待提高的企业。在装备制造产业中，陕西有国家级专精特新企业32家，占总数的35.1%；陕西装备制造产业在专精特新企业创建方面优势较大。从地区分布看，装备制造产业国家级专精特新企业在关中地区分布较多，占总数的92.5%（其中，西安22家，宝鸡4家，渭南1家，咸阳2家），另外3家在汉中，如表2-43所示。

表2-43 装备制造产业仅为国家级专精特新的企业

企业名称	主营业务	地区
陕西长美科技有限责任公司	铁路及轨道交通扣件、扣件系统组合产品、铁路及轨道交通混凝土预制品及复合、隔音材料（护板）、钢轨降噪系统产品、铁路橡胶垫板、橡胶类制品	宝鸡
合容电气股份有限公司	输变电设备的研发、生产、销售及技术咨询；承接输变电站系统工程；货物及技术的进出口业务	西安
陕西中天火箭技术股份有限公司	从事小型固体火箭及其延伸产品的研发、生产和销售	西安
陕西科隆能源科技股份有限公司	军工、风电、煤矿、石油化工、轨道交通及航空航天配套橡胶制品、橡塑制品、武器装备专用涂层材料、高压胶管及总成、热收缩管、矿山机械及石油化工机械成套设备及部件产品的研发、设计、生产、销售、进出口业务及技术服务、技术转让	咸阳
西安菲尔特金属过滤材料有限公司	金属纤维、纤维毡、多层网、过滤器、织物、燃烧器、过滤材料、石油机械、备品备件的开发、生产和销售	西安
中航富士达科技股份有限公司	电连接器、电线电缆、电缆组件、微波元器件、光电器件、天线、电源、仪器仪表（除计量器具）的研制、生产、销售	西安

续表

企业名称	主营业务	地区
西安西电高压开关操动机构有限责任公司	配电开关控制设备研发；配电开关控制设备制造；配电开关控制设备销售；智能输配电及控制设备销售；智能仪器仪表制造；智能仪器仪表销售；机械零件、零部件加工；机械零件、零部件销售；金属密封件制造	西安
西安兴航航空科技股份有限公司	航空结构件的制造、组件装配和技术服务；航空专用工艺装备的制造和技术服务；飞行器改装设计及改装服务；火箭/导弹发动机金属壳体及喷管的制造和技术服务；非标及自动化生产线的设计、制造、技术服务	西安
西安航天华阳机电装备有限公司	建材机械设备、机床设备、其他非标准设备及零件（具体为：机电设备（不含汽车）、五金件、标准件、紧固件）的设计、制作、生产、销售以及上述设备相关产品、材料、配套件的生产、经销和搬迁、修理、改造；涂布薄膜	西安
陕西惠齐电力科技开发有限公司	电气设备销售；智能输配电及控制设备销售；工业自动控制系统装置销售；风力发电机组及零部件销售；电力电子元器件销售；陆上风力发电机组销售；先进电力电子装置销售；电子元器件批发；电线、电缆经营	西安
陕西四维衡器科技有限公司	电子衡器、工业自动化设备、电子计算机软件、电气设备的制造、销售及安装；电子衡器设备及软件的维护、技术开发、技术转让、技术咨询服务；经营本公司经营范围内产品及技术的进出口业务	宝鸡
航天亮丽电气有限责任公司	物业管理；电能表、电能计量箱、电表箱、配电箱、集中抄表系统、电力自动化及设备的设计、生产、销售、安装、调试与服务；电力技术、电力工程安装、调试；信息系统集成及计算机软件的开发	西安
西安安森智能仪器股份有限公司	公司经营的50余种仪表产品已被广泛地运用于石油、化工、电力、冶金、冶炼、焦化、制药、食品、电子、汽车、铁路、水利、航空航天、科研实验室等领域	西安
陕西太合智能钻探有限公司	机械电气设备、仪器仪表、物探仪器、环保设备、钻探设备、钻探机具及矿山特种车的研发、制造、销售、租赁、维修及技术咨询、服务、转让；计算机软件开发与应用的技术服务、技术转让	西安

续表

企业名称	主营业务	地区
汉江工具有限责任公司	生产金属切削工具：大型精密复杂刀具、非标准刀具	汉中
中航电测仪器股份有限公司	主营电阻应变计、应变式传感器及汽车综合性能检测设备等应变电测产品及相关应用系统的研发、生产和销售	汉中
陕西渭河工模具有限公司	舵机、伺服机构、传感器、精密齿轮及齿轮传动装置、精密模具及模具标准件、机床及附件、金属工具、工装夹具的研发、制造、销售、服务	宝鸡
西安势加动力科技有限公司	航空航天发动机及燃机试验件、非标设备的设计、制造、装配、销售、调试、维修及相关的技术开发	西安
西安华欧精密机械有限责任公司	精密机械、智能机电产品（小轿车除外）、计算机软硬件的研发、生产、销售及技术咨询	西安
西安晨曦航空科技股份有限公司	导航、测控与控制技术和系统、光电传感器及系统、机械设备、电子设备、航空及航天设备、船舶及船用设备、无人机及零部件的研发、试验、生产、销售和维修	西安
西安博深安全科技股份有限公司	计算机软、硬件的生产；安全救生设备、监测监控设备、电子设备、机电设备、检测设备、消防设备、节能设备、环保设备的生产	西安
陕西汉中变压器有限责任公司	变压器、真空净油机系列产品的开发、生产、销售、售后服务；电器机械修理及配件加工	汉中
咸阳蓝博机械有限公司	机床功能部件及附件制造；轴承制造；模具制造；缝制机械制造；机械零件、零部件加工	咸阳
陕西中航气弹簧有限责任公司	飞机起落架系统的设计研发、生产、维修、销售；车辆可调悬架系统的设计研发、生产、销售	西安
宝鸡市航宇光电显示技术开发有限责任公司	航空电子设备、监控设备、提示设备、航空仪表、航空电源系统供电控制设备、配电设备、电气控制设备、操纵手柄、航空制氧系统、指挥控制系统、显示控制操纵台、散热风扇、语音通话终端显示器的设计、制造及修理；检测设备、计算机加固键盘、模拟器的设计、制造及修理	宝鸡

续表

企业名称	主营业务	地区
陕西航天泵阀科技集团有限公司	工业泵、阀门、紧急截断阀、石油化工设备、热力设备、机电一体化设备、自动控制设备、非标设备与锻造管件、法兰、紧固件、井下设备及工具、通用仪器、仪表的研制、开发、生产、销售及其进出口业务；化工产品（监控、危险、易制毒化学品除外）及絮凝剂的生产、加工、销售代理及技术服务	西安
西安重装澄合煤矿机械有限公司	金属链条及其他金属制品制造；金属链条及其他金属制品销售；液压动力机械及元件制造；液压动力机械及元件销售；物料搬运装备制造；物料搬运装备销售；轨道交通工程机械及部件销售；专用设备修理；机械电气设备制造；机械电气设备销售；矿山机械制造；矿山机械销售；合成材料制造	渭南
西安航天源动力工程有限公司	环境设计工程、环保工程、建筑工程、电力工程、石油化工工程、机电工程、消防工程、钢结构工程的设计、施工；橡塑与机械密封产品、特种阀门的研发、销售；节能环保项目、化工与机电装备及热能产品的研发、设计、生产及服务	西安
西安东风机电股份有限公司	质量流量计、测量及控制仪表、系统及设备开发、生产、技术服务；机械加工；计算机、办公设备、通信器材及设备（地面卫星接收设备除外）、家用电器、电子元器件、机电设备、化工产品（危险、监控、易制毒化学品除外）销售；房屋租赁、维修；货物与技术的进出口经营	西安
西安远飞航空技术发展有限公司	航空产品、光电机电系列产品（专控除外）、复合材料产品的研制、开发及生产制造；航材、光电机电产品的代理销售；航空技术咨询；工装设计与制造	西安
西安桃园冶金设备工程有限公司	冶金设备的设计、制造及安装、销售；环保设备及电控设备的制造、销售；钢材销售；冶金设备技术的咨询服务；机电设备安装工程施工；货物和技术的进出口经营	西安
德华瑞尔（西安）电气有限公司	配电开关控制设备、电力电子元器件及其自动化设备的设计、制造、安装、销售自产产品并提供相关技术服务	西安

在装备制造产业中，陕西有国家级瞪羚企业 35 家，占据总数的 17.43%，陕西省装备制造产业在瞪羚企业创建方面优势较大。从地区分布看，装备制造产业国家级瞪羚企业全部分布在关中地区（其中，西安 27 家，宝鸡 3 家，渭南 4 家，咸阳 1 家），如表 2-44 所示。

表 2-44　装备制造产业仅为国家级瞪羚企业的企业

企业名称	主营业务	地区
西安盛佳光电有限公司	光纤光栅、光纤传感器及光电器件的研发、生产、销售	西安
西安金烁超硬磨具有限公司	磨料、磨具、金刚石钻头加工及配件的销售；工矿设备、机电产品（小轿车除外）、钢材的销售；货物和技术的进出口经营	西安
西安西科测控设备有限责任公司	矿山安全生产设备的开发、制造、销售；工程安装、代理及其技术的研究	西安
西安霍威机电技术有限公司	机械产品加工（特种设备除外）；仪器仪表、机电设备、通信设备、电子产品、五金交电、金属材料、计算机软硬件的销售	西安
西安秦骊成套电器有限公司	输配电成套设备、高低压开关柜、电器开关及仪表、电力自动化控制及综合保护设备、直流电源以及石化、冶金、煤炭专用电器的开发、制造、销售	西安
西安福莱特热处理有限公司	金属表面处理及热处理加工；金属材料制造；真空镀膜加工；烘炉、熔炉及电炉制造；机械零件、零部件加工；锻件及粉末冶金制品制造；有色金属铸造	西安
西安中为光电科技有限公司	光伏设备及元器件制造；其他电子器件制造；光电子器件制造；半导体照明器件制造；对外承包工程；电子专用材料制造	西安
西安格威石油仪器有限公司	人工智能基础软件开发；人工智能应用软件开发；地质勘探和地震专用仪器制造；石油钻采专用设备制造	西安
西安船舶工程研究院有限公司	船舶、电力、电子、石油设备、煤炭设备、选矿振动筛、选矿破碎机、选矿离心机、选矿磁选机、选矿重介浅漕分选机、选矿旋流器及其备品备件、化工设备及器材	西安

续表

企业名称	主营业务	地区
西安超码科技有限公司	航空产品零部件研发、制造；航空器部件维修；树脂基复合材料及其制品、炭/碳复合材料及其制品、陶瓷基复合材料及其制品、石墨材料及其制品、橡胶制品、金属制品、化工材料及其制品	西安
金钻石油机械股份有限公司	石油机械设备及配件的设计、生产、销售、维修	西安
西安航天泵业有限公司	特种泵阀、输油泵等各种泵及流体机械产品的设计、制造、销售、安装、维修及服务；机电产品、控制系统等产品的研究、开发、生产、销售、安装、维修及服务；泵站系统的研发、制造、销售、安装、维修及服务；进料加工和"三来一补"业务；自营和代理各类商品和技术的进出口业务	西安
陕西金源自动化科技有限公司	电力设备、工业自动化控制设备、电子产品、仪器仪表的开发、制造、销售；电力工程的施工、安装、技术咨询服务；货物和技术的进出口经营（国家法律法规禁止经营的进出口业务除外）；软件的开发、销售	西安
西安龙德科技发展有限公司	许可经营项目：压力容器、压力管道的生产、安装、改造；工业节能炉窑设备、显控系统、计算机、电子设备的生产；通用无人航空器的生产、维修（螺旋桨及发动机除外）。一般经营项目：工业复合材料设备、工业节能炉窑设备、压力容器、压力管道的设计；电子产品、计算机、显控系统、电子设备的设计、开发、技术服务；计算机网络系统的设计、开发及技术服务；通用无人航空器的设计、开发；机电设备、节能设备的销售	西安
西安东仪海博机电科技有限责任公司	机电产品、电子设备、流体机械设备的研发、设计、生产、销售及技术咨询；能源与环保设备、水处理设备、力学实验设备、矿山机械设备、冶炼设备、光机电一体化设备、金属材料、化工材料（不含危险化学品）、管道器材、仪器仪表、家用电器的研发、设计、生产、销售；软件开发及维护；货物存储（危险品除外）、货物与技术的进出口经营	西安

续表

企业名称	主营业务	地区
西安莱德燃气设备有限公司	智能燃气表及相关配套设备的研发、设计、生产、销售；计算机软硬件的研发、销售；智能燃气表的相关配套安装工程、技术服务及施工	西安
中航西安航空计算技术有限公司	嵌入式计算机相关产品的生产、销售、维修及服务业务；控制系统、电子类与计算机相关产品的开发、生产、销售、维修及服务、技术转让、技术服务及技术咨询；耗材、照明产品、电线电缆、仪器仪表、机电设备、电力设备	西安
宝鸡石油机械有限责任公司	油气勘探设备、油气钻采设备及工具、配件的研发、设计、制造、销售与服务；能源设备、电气设备、电控设备、风电设备、自动化仪器仪表、压力容器（锅炉除外）及配件的研发、设计、制造、销售与服务	宝鸡
渭南秦亚印刷包装机械有限责任公司	机电设备、电力设备、印刷包装设备的研发、制造、销售；印刷设备改造、搬迁；电器配套软件开发，技术咨询，产品外包装；货物进出口业务	渭南
陕西纽兰德实业有限公司	石油机械及设备、冷弯结构型钢、汽车配件、电梯配件、农业机械的设计制造销售及安装；环境工程的设计及施工；机电一体化产品的制造及销售	渭南
渭南辉瑞机械制造有限公司	机械设备、钢结构、钣金、冲压件的设计、加工、制造	渭南
陕西航天时代导航设备有限公司	运载火箭、卫星和其他航天器导航与控制设备及精密机电产品的技术开发、设计与生产、销售、咨询和服务；兼营各种民用机电产品、电子产品（特许的除外）。（依法须经批准的项目，经相关部门批准后方可开展经营活动）	宝鸡
陕西西部重工有限公司	普通机械设备及结构性金属制品的制造、加工、维修、销售；法律、法规允许的五金交电、金属材料、建筑材料、冶金炉料、化工产品（监控及危险化学品除外）、矿产品的销售（金、银除外）；农业投资及开发（仅限以自有资产进行投资）；农产品（非食品）加工、销售；普通货物运输	渭南
德雷希尔（西安）电气有限公司	主要致力于铁路、城市轨道交通和电力行业用中、低压隔离开关（柜）、负荷开关（柜）、操作机构及带电显示装置等相关产品的研发、制造和销售	西安

续表

企业名称	主营业务	地区
陕西海立电气工程有限公司	电力电子器件、电力电子变流器、整流变压器、电抗器、互感器、继电保护装置、静补和滤波装置、冷却装置及配件的制造、技术咨询、售后服务	咸阳
西安嘉瀚机电科技有限公司	环保设备、电子产品、工程机械设备及配件、机械配件、液压元器件、标准件、紧固件、刀具模型、管道配件的销售及进出口经营；机电设备、通信设备的研发、销售及技术服务；普通机械加工，机械配件及设备维修	西安
陕西天辰实业有限公司	工业自动化控制设备（国家专项审批项目除外）及配件的生产（仅限分支机构经营）、开发、销售、维修、安装；机电产品（汽车除外）、电子产品、金属材料（专控除外）、五金交电、建筑材料、装饰材料、建筑化工产品及原料（专控及易燃易爆危险品除外）的销售	西安
陕西金源自动化科技有限公司	电力设备、工业自动化控制设备、电子产品、仪器仪表的开发、制造、销售；电力工程的施工、安装、技术咨询服务；货物和技术的进出口经营（国家法律法规禁止经营的进出口业务除外）；软件的开发、销售	西安
西安和其光电科技股份有限公司	光纤传感器、光学材料、光学元器件、有源器件、无源器件及其他光电子器件、通信设备、输配电及设备、电力、环保、煤矿、油田、交通监测管理系统、温度测量仪器设备的开发、制造	西安
西安中科华芯测控有限公司	从事各种惯性系统及器件的研发、制造及技术服务	西安
西安非凡士机器人科技有限公司	机器人、智能系统的软、硬件研发、生产、销售、租赁、维修、技术转让、技术咨询；货物与技术的进出口经营（国家禁止和限制的货物与技术出口除外）；教育软件、教学设备、办公设备、智能教学用具、智能机械设备、电子类产品、灯具、家用电器、电子元器件、计算机网络设备、安防产品的研发、生产及销售	西安
陕西龙伸电气有限公司	高低压电器、电力电子设备及元器件的研究、开发、生产、销售及技术服务；仪器仪表的生产、销售；金属材料和非金属材料的加工、销售	西安

续表

企业名称	主营业务	地区
西安石竹能源科技有限公司	石油勘探设备、开发设备、生产用相关仪器、设备及软件的研究、制造、开发、生产、销售、维修、服务；电子产品、机电一体化产品的开发、生产、销售及技术咨询、技术服务和自研技术转让	西安
宝鸡忠诚精密数控设备有限责任公司	金属切削机床、机床附件、零备件、机械加工制造；机床修理安装；机械设备、金属材料、数控系统、轴承、电机、五金工具、仪器仪表、电子产品、木制品的销售	宝鸡
西安捷诚精密设备有限公司	精密数控机床及其备附件的设计、制造、销售、安装、服务、技术咨询及精密零部件加工	西安

资料来源：科学技术部火炬高技术产业开发中心。

综上所述，在装备制造产业，陕西有较多需要进一步发展品牌的存量企业，随着国家政策持续聚焦专精特新企业发展，扶持力度不断加大，对重点领域的关键环节及关键领域进行"补短板""锻长板""填空白"，装备制造板块与专精特新"小巨人"政策重点领域的联系将更加紧密，装备制造板块将迎来重大历史发展机遇。

第四节　新一代信息技术产业

一、产业基本情况

（一）定义及作用

新一代信息技术产业指通过对新一代信息技术和设备的研发与应用，对信息和网络相关固件、基础设施和服务能力等进行智能化改造的产业。新一代信息技术分为下一代通信网络、物联网、三网融合、新型平板显示、高性能集成电路和云计算六个方面。从产业链角度看，覆盖了电子信息核心基础产业、下一代信息网络产业、高端软件和新兴信息服务业，如图2-7

所示。

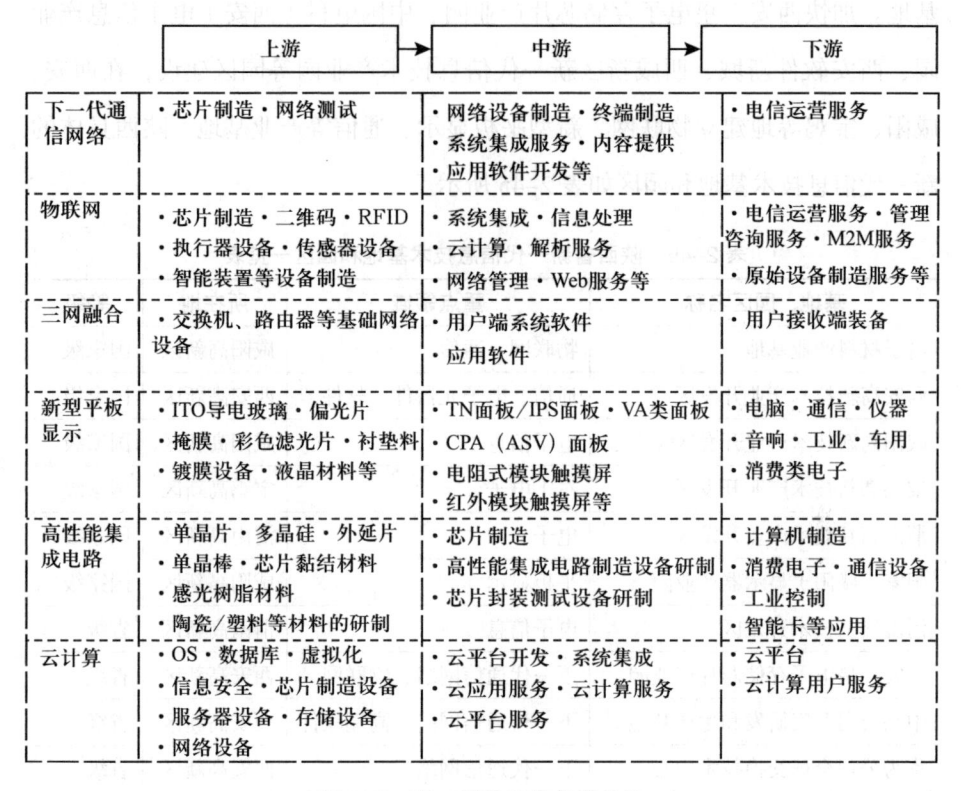

	上游	中游	下游
下一代通信网络	·芯片制造·网络测试	·网络设备制造·终端制造 ·系统集成服务·内容提供 ·应用软件开发等	·电信运营服务
物联网	·芯片制造·二维码·RFID ·执行器设备·传感器设备 ·智能装置等设备制造	·系统集成·信息处理 ·云计算·解析服务 ·网络管理·Web服务等	·电信运营服务·管理咨询服务·M2M服务 ·原始设备制造服务等
三网融合	·交换机、路由器等基础网络设备	·用户端系统软件 ·应用软件	·用户接收端装备
新型平板显示	·ITO导电玻璃·偏光片 ·掩膜·彩色滤光片·衬垫料 ·镀膜设备·液晶材料等	·TN面板/IPS面板·VA类面板 ·CPA（ASV）面板 ·电阻式模块触摸屏 ·红外模块触摸屏等	·电脑·通信·仪器 ·音响·工业·车用 ·消费类电子
高性能集成电路	·单晶片·多晶硅·外延片 ·单晶棒·芯片黏结材料 ·感光树脂材料 ·陶瓷/塑料等材料的研制	·芯片制造 ·高性能集成电路制造设备研制 ·芯片封装测试设备研制	·计算机制造 ·消费电子·通信设备 ·工业控制 ·智能卡等应用
云计算	·OS·数据库·虚拟化 ·信息安全·芯片制造设备 ·服务器设备·存储设备 ·网络设备	·云平台开发·系统集成 ·云应用服务·云计算服务 ·云平台服务	·云平台 ·云计算用户服务

图 2-7　新一代信息技术产业链

新一代信息技术是我国确定的战略性新兴产业之一，将从国家层面予以重点推进。新一代信息技术涵盖技术多、应用范围广，与传统行业结合的空间大，在经济发展和产业结构调整中的带动作用将远远超出本行业的范畴。

（二）产业集群

陕西新一代信息技术产业形成了以西安为核心，咸阳、宝鸡、铜川为重点支撑，汉中、安康、渭南联动发展的产业格局。以三星电子芯片项目落户西安为契机，加快推进下一代通信网络、物联网、云计算、集成电路和高端软件、新型平板显示、半导体激光器件及应用、卫星应用七大产业集群化发

143

展。同时，陕西支持和推动华为、中兴等企业在陕扩大研发中心，建立产业基地。加快西安三星电子存储芯片产业园、中国电科（西安）电子信息产业园、西安软件新城、西咸新区新一代信息技术产业园等园区建设，在西安、咸阳、宝鸡等地建立物联网、新型平板显示、通信等产业基地。陕西具体的新一代信息技术基地和园区如表2-45所示。

表2-45 陕西省新一代信息技术基地和园区一览表

基地、园区名称	重点领域	所在地	等级
电子材料产业基地	物联网、通信	咸阳高新区	国家级
西安高新技术产业开发区	通信、电子元器件、软件	西安高新区	国家级
咸阳高新技术产业开发区	电子信息	咸阳高新区	国家级
宝鸡高新技术产业开发区	军工电子	宝鸡高新区	国家级
渭南高新技术产业开发区	电子	渭南高新区	国家级
国家（咸阳）显示器产业园	平板显示	咸阳高新区	国家级
渭南经济技术开发区	电子信息	渭南高新区	省级
西安三星电子存储芯片产业园	下一代通信网络、物联网	西安高新区	省级
中兴公司西安研发和生产基地	下一代通信网络、高端软件	西安高新区	省级
华为公司全球交换技术中心	下一代通信网络	西安高新区	省级
中国电科（西安）导航产业园	物联网、平板显示	西安高新区	省级
陕西电子科技集团半导体产业园	高性能集成电路	西安高新区	省级

资料来源：陕西省"十三五"规划。

（三）经济现状

"十三五"期间，陕西新一代信息技术产业以集成电路、北斗卫星、物联网、大数据、高端软件等产业为发展重点，在投资拉动、政策扶持作用下，产业得到了快速发展。2016~2020年，陕西新一代信息技术产业保持高速增长，产值从2016年的738亿元增长到2019年的1386亿元，增长幅度高达88%（见图2-8）。陕西新一代信息技术产业市场份额和规模排名连年实现追赶超越，已经成为支撑未来陕西经济发展的强劲新动能。

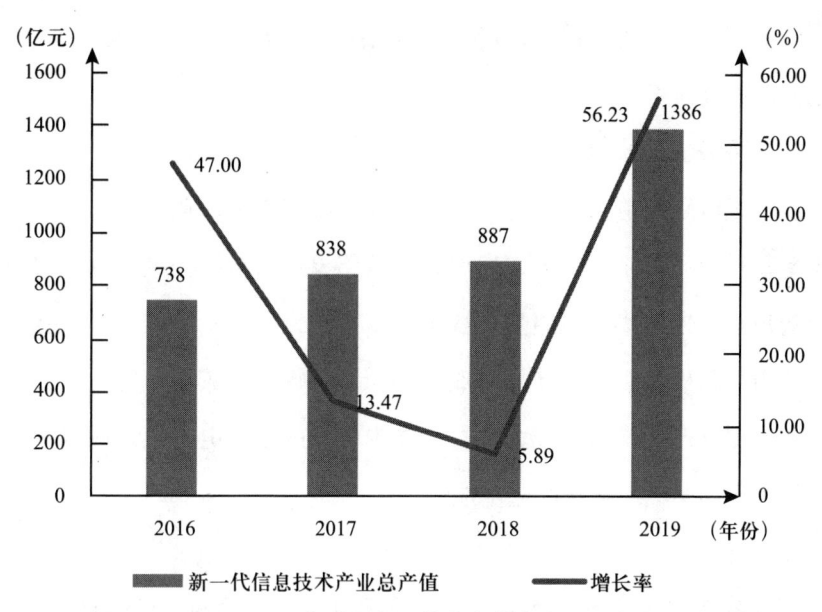

图 2-8　2016~2019 年陕西新一代信息技术产业总产值及增速

资料来源：陕西省统计局。

陕西新一代信息技术产业发展迅速，截至 2021 年，陕西集成电路产业规模跻身全国第 3 名，单晶硅太阳能产业规模成为全球第 1 位，光伏玻璃产能成为全球第 2 位，大数据产业进入全国第一方阵。

需要指出的是，陕西新一代信息技术产业主要集中在西安，统计数据显示，2020 年西安新一代信息技术产业规模以上工业企业实现总产值 663.93 亿元，占全省总产值的 92.2%。在全省 212 户规模以上工业企业中，西安有 169 家，占比 79.7%，位居全省第 1。在本书呈现的 59 家品牌企业中，西安有 46 家。

（四）发展现状及规划

"十四五"期间，陕西新一代信息技术产业要坚持做大规模与做强实力并重，以半导体及集成电路、智能终端、新型显示、太阳能光伏等领域为重点，强化技术创新和项目招商引资，着力提高产业技术水平，提升产业链、供应链保障能力。力争到 2025 年，总产值年均增长 12% 左右。发展重点主要包括以下方面：

1. 半导体及集成电路

以集成电路制造为核心，做精半导体及集成电路产业链，积极支持半导体设备及材料研发生产，大力发展集成电路设计与封装测试产业，着力补齐产业链短板，提高集成电路生产线工艺水平，提升电子级硅材料及硅片自主配套能力。积极攻克半导体及集成电路产业关键技术难题，促进产业链上下游合作，提升产业链协同能力，打造国内领先的集成电路设计业强省和国家重要的半导体及集成电路产业基地。

2. 新型显示

围绕新型显示产业链关键环节，鼓励龙头企业加强与省内外科研院所在优势领域联合开发，充分利用西北工业大学、陕西科技大学在柔性光电材料、有机发光二极管（OLED）、高分子发光二极管（PLED）显示技术等领域的研发优势，以构建省内完整的新型显示产业链体系为核心，打造具有全国影响力的新型显示产业基地。

3. 智能终端

发挥智能终端产业优势，按照"政府引导、集群引进，重点突破、完善配套"工作思路，加快构建"芯片—核心器件—整机"的智能终端全产业链条，着力建设全国重要的智能终端产业基地。

4. 太阳能光伏

进一步做大太阳能光伏产业链规模，着力提高光电转换效率，促进多晶硅项目产能释放，提升高效单晶硅光伏电池、高效大功率光伏组件生产工艺及技术水平，进一步巩固在全球单晶硅领域的领先地位。大力推进智能光伏建设，优化太阳能光伏发电整体解决方案，助力实现碳达峰、碳中和目标。

5. 基础电子材料及元器件

聚焦电子材料产业发展，积极发展电子级硅材料、液晶材料、有机发光二极管（OLED）材料、光刻胶、电子浆料及其他电子专用材料，着力开发以硅烷等为代表的电子新材料，通过提升传感器产业链现代化水平，加快智能传感器产品向"智能化、微型化、多功能、低功耗、高精度、系列化"发展。

二、品牌发展现状

（一）品牌发展现状

陕西着力打造集成电路、智能手机、平板显示3条支柱型产业链，加快推进大数据、云计算、物联网、卫星导航、光电、激光等新一代电子信息产业发展，形成了智能终端、电子元器件（含半导体）、软件与信息服务3个千亿级产业集群。当下，陕西新旧动能转换稳步推进，陕西"智造"渐入佳境。一方面，陕西工业在基础及科教、资源、区位等方面优势明显，使得新一代信息技术产业发展的"底子厚"；另一方面，实施引进大项目、完善产业链等举措，使得一系列大项目迅速落地，让陕西在新一代信息技术产业方面"实力强"。

在稳定发展的基础上，陕西也在加快新一代信息技术产业的品牌创建工作，形成了一批自有的企业品牌。目前，陕西新一代信息技术主要企业的企业名称、所在地、主导产业和品牌情况如表2-46所示。

表2-46　陕西新一代信息技术主要企业品牌创建情况（非陕西自主）

企业名称	类别	地区	主导产业	品牌	品牌LOGO
中兴通讯股份有限公司	下一代通信网络	总部在深圳	无线通信、电信交换、接入、光传输和数据电信设备、移动电话和电信软件，还提供增值服务产品	中兴	ZTE中兴

续表

企业名称	类别	地区	主导产业	品牌	品牌LOGO
陕西华为电子科技有限公司	下一代通信网络	总部在深圳	电子器件	华为	
维谛技术（西安）有限公司	高性能集成电路	总部在深圳	设计、研究、开发、测试风力发电机电控设备、电源、UPS、动力与环境监控系统、精密空调、变频器、可编程控制器及其零、配、部件以及其他电力电子产品	维谛技术	
西安酷派软件科技有限公司	下一代通信网络	总部在深圳	移动通信技术、计算机技术、多媒体软件开发；销售自行开发的技术成果	酷派	
陕西高通信息技术有限公司	下一代通信网络	总部在美国	手机配件通信产品、数码产品	高通	
西安英特尔信息科技有限公司	高性能集成电路	总部在美国	集成监控系统、电子巡更探头、感应器、发射器、接收器	英特尔	
三星（中国）半导体有限公司	高性能集成电路	总部在韩国	半导体元器件、液晶显示屏及其他电子产品及零部件	三星	

随着行业的不断发展，陕西新一代信息技术品牌创建工作也在有序开展，逐渐形成了一批以陕西电子信息集团有限公司、西无二电子信息、华达科技股份为产业龙头，以陕西华经微电子股份有限公司、西安翔迅科技有限

责任公司、西安卫光科技有限公司等为代表的本地企业。陕西省新一代信息技术自主品牌创建情况如表 2-47 所示。

表 2-47　陕西省新一代信息技术自主品牌创建情况

行业类别	数量	企业名录
下一代通信网络	11 家	西安博通资讯股份有限公司 *、陕西烽火电子股份有限公司 *、易点天下网络科技股份有限公司、西安泰为软件有限公司、西安易朴通讯技术有限公司、西安四维图新信息技术有限公司、西安星河亮点信息技术有限公司、西安极客软件科技有限公司、西安瑜乐软件科技有限公司、西安北方光电科技防务有限公司、西安中兴新软件有限责任公司
物联网	10 家	陕西思宇信息技术股份有限公司 *、麦克传感器股份有限公司 *、西安宝德自动化股份有限公司 *、西安西拓电气股份有限公司 *、陕西华达科技股份有限公司、西安翔迅科技有限责任公司、西安西谷微电子有限责任公司、陕西万盛达信息科技有限公司、西安铁路信号有限责任公司、陕西烽火宏声科技有限责任公司
三网融合	2 家	西安摩比天线技术工程有限公司、陕西如意广电科技有限公司
新型平板显示	9 家	西安龙腾光电工程有限公司、西安诺瓦星云科技股份有限公司、中国科学院西安光学精密机械研究所、陕西长岭电子科技有限责任公司、彩虹集团有限公司、陕西华星电子集团有限公司、咸阳彩虹光电科技有限公司、彩虹显示器件股份有限公司、冠捷显示科技（咸阳）有限公司
高性能集成电路	25 家	西部宝德科技股份有限公司 *、西安炬光科技股份有限公司 * 西安奇维科技有限公司 *、西安市西无二电子信息集团有限公司、陕西华经微电子股份有限公司、华天科技（西安）有限公司、西安卫光科技有限公司、西安奕斯伟硅片技术有限公司、力成半导体（西安）有限公司、华羿微电子股份有限公司、西安中车永电电气有限公司、西安克瑞斯半导体技术有限公司、西安芯派电子科技有限公司、龙腾半导体有限公司、陕西锐嘉电子科技有限公司、西安威力克电子科技有限公司、陕西科达利五金塑胶有限公司、陕西山利科技发展有限责任公司、西安飞豹科技有限公司、西安西工大超晶科技发展有限责任公司、西安西古光通信有限公司、西安紫光国芯半导体有限公司、陕西长美科技有限责任公司、陕西长岭迈腾电子有限公司、陕西电子信息集团有限公司

149

续表

行业类别	数量	企业名录
云计算	3家	美林数据技术股份有限公司*、陕数集团、陕西云基华海信息技术有限公司

注：带*为上市企业，全书余同。

以上列示的60家新一代信息技术产业企业中，高性能集成电路类企业占比最多，有25家，占总数的42%；其次是下一代通信网络（11家）、物联网（10家）和新型平板显示（9家）；数量较少的是三网融合和云计算，分别有2家和3家企业。其所属品牌商标、所在地、主导产业等如表2-48所示。

表2-48　新一代信息技术陕西自主品牌创建情况

陕西省自主品牌

类别	企业名称	地区	主导产业	品牌	品牌LOGO
下一代通信网络	陕西烽火电子股份有限公司	宝鸡	高新通信装备和电声产品	烽火电子	
	易点天下网络科技股份有限公司	西安	手机软件技术开发、技术服务；软件开发；信息技术咨询服务	易点天下	eclicktech 易点天下
	西安博通资讯股份有限公司	西安	计算机软件研发与推广、系统集成		
	西安泰为软件有限公司	西安	软件、硬件的测试、研发，软件外包服务，提供网络、手机操作系统、数字地图等系统的解决方案	泰为	

续表

陕西省自主品牌					
类别	企业名称	地区	主导产业	品牌	品牌LOGO
下一代通信网络	西安易朴通讯技术有限公司	西安	通信产品及相关软硬件的设计、研究开发、制造、销售；计算机软件的制作和以上相关业务的技术开发、咨询	易朴	
	西安星河亮点信息技术有限公司	西安	软件开发及服务；技术推广、技术转让、技术咨询、技术服务；信息及电子产品技术开发、生产、销售	星河亮点	
	西安极客软件科技有限公司	西安	技术服务、技术开发、技术咨询、技术交流、技术转让、技术推广；软件开发；软件外包服务；信息技术咨询服务；网络技术服务；广告制作；互联网数据服务	极客	
	西安瑜乐软件科技有限公司	西安	计算机软硬件及网络设备的开发、销售及技术服务；互联网应用软件；计算机系统设计和集成；计算机配件、计算机数码产品的销售；计算机技术服务与技术咨询	瑜乐	

151

续表

陕西省自主品牌					
类别	企业名称	地区	主导产业	品牌	品牌LOGO
下一代通信网络	西安北方光电科技防务有限公司	西安	信息传输、软件和信息技术服务业		
	西安中兴新软件有限责任公司	西安	电子设备、微电子器件的销售	中兴	
	西安四维图新信息技术有限公司	西安	信息技术产品的技术开发、技术咨询、技术服务及技术转让		
物联网	陕西华达科技股份有限公司	西安（国有）	从事电连接器和电缆组件科研、生产、销售及服务	华达牌	
	西安翔迅科技有限责任公司	西安（国有）	智能交通产品开发、制造、销售、服务	翔迅科技	
	西安西谷微电子有限责任公司	西安	电子元器件检验检测、测试	西谷	
	麦克传感器股份有限公司	宝鸡	差压传感器，压力变送器，液位变送器，温度传感器	麦克	MICROSENSOR
	陕西思宇信息技术股份有限公司	西安	计算机信息系统集成、工业自动化和软件开发、推广及服务		
	西安宝德自动化股份有限公司	西安	从事石油、煤炭、冶金、专用设备、新能源等自动化设备的研发、制造及系统配套		

第二章　陕西省优势（支柱）产业品牌发展现状

续表

陕西省自主品牌					
类别	企业名称	地区	主导产业	品牌	品牌LOGO
物联网	西安西拓电气股份有限公司	西安	电气设备销售；软件开发；计算机软硬件及外围设备制造	西拓电气	
	陕西万盛达信息科技有限公司	西安	计算机及网络、电子专业及信息科技专业领域内的技术开发	万盛达	
	西安铁路信号有限责任公司	西安	生产成套电器集中系统设备、轨道电路器材、道岔转换系统设备、机车车辆电气控制系统设备和计算机联锁及电子信息产品	西信	
	陕西烽火宏声科技有限责任公司	宝鸡	电声产品的研发、生产、售服	宏声科技	
三网融合	西安摩比天线技术工程有限公司	西安	对外承包工程；物料搬运装备制造；通用零部件制造；通用设备制造（不含特种设备制造）；通信设备制造；信息安全设备制造；计算机软硬件及外围设备制造；电子元器件制造；智能家庭消费设备制造	摩比	
	陕西如意广电科技有限公司	咸阳（国有）	广播通信和卫星接收设备的研发与生产	如意广电	

153

续表

陕西省自主品牌					
类别	企业名称	地区	主导产业	品牌	品牌LOGO
新型平板显示	西安龙腾光电工程有限公司	西安	建筑智能化工程、视频会议系统工程、光电工程、通信工程、市政工程、园林绿化工程、环保工程、网络工程、投影大屏显示系统工程	龙腾光电	
	西安诺瓦星云科技股份有限公司	西安	LED显示屏控制系统研发与生产	诺瓦	NOVASTAR
	中国科学院西安光学精密机械研究所	西安	基础光学、空间光学、光电工程研究		
	陕西长岭电子科技有限责任公司	宝鸡（国有）	从事民用电子产品		
	彩虹集团有限公司	咸阳（国有）	从事彩色显像管及其玻壳、荧光材料等全套零部件配套		
	陕西华星电子集团有限公司	咸阳（国有）	主要研制和生产以电子功能陶瓷为基础的电容器、压敏电阻、装置瓷及各类电阻器	虹日牌	
	咸阳彩虹光电科技有限公司	咸阳（国有）	FT-LCD面板和模组、液晶显示器、电视机、移动终端、平板显示专用设备、仪器仪表及配件的研发、生产、销售、技术服务		

续表

陕西省自主品牌					
类别	企业名称	地区	主导产业	品牌	品牌LOGO
新型平板显示	彩虹显示器件股份有限公司	咸阳	彩色显示器件、电子产品及零部件、原材料的生产、开发、经营		
	冠捷显示科技（咸阳）有限公司	咸阳	主要从事电脑、数字电视机及其半成品、套件、模组及零部件的研发、设计、生产和售后服务	冠捷科技	
高性能集成电路	西安市西无二电子信息集团有限公司	西安（国有）	生产电感元器件，敏感元器件，陶瓷电容器，电子专用设备近千余种规格型号的产品		
	陕西华经微电子股份有限公司	西安（国有）	从事厚膜混合集成电路、模块电源、电阻网络、射频元件、微波组件、电位器、车用电路、传感器、变压器等电子产品的研发、生产及销售		
	西部宝德科技股份有限公司	西安（国有）	过滤分离系统及设备、稀有金属粉末、金属多孔材料设计制造与研发	西部宝德	
	西安奇维科技有限公司	西安	电子产品、计算机软硬件、工业自动化设备及零配件的开发	奇维科技	

续表

陕西省自主品牌

类别	企业名称	地区	主导产业	品牌	品牌LOGO
高性能集成电路	西安炬光科技股份有限公司	西安	从事高功率半导体激光器研发、技术咨询、技术转让、技术服务、生产、销售与应用		
	西安卫光科技有限公司	西安（国有）	半导体元器件、功率集成电路、功率模块、机电一体化产品的研究、制造和销售	卫光科技	
	陕西电子信息集团有限公司	西安（国有）	雷达整机、通信设备、导航设备、电子专用设备、电子元器件和原材料		SEC 陕西电子信息集团
	力成半导体（西安）有限公司	西安	晶圆凸块、针测、IC封装、测试、固态硬盘封装	力成	Powertech PTI Technology Inc.
	西安中车永电电气有限公司	西安	电力半导体器件、电力电子装置	西安永电	西安中车永电电气有限公司 CRRC Xi'an Yonge Electric Co., Ltd.
	西安芯派电子科技有限公司	西安	电子元器件、电子电力设备的技术研发及销售	芯派科技	芯派科技 SEMIPOWER
	龙腾半导体有限公司	西安	半导体设备，计算机硬件设备，电子产品	龙腾	Power the Future LONTEN
	西安奕斯伟硅片技术有限公司	西安	半导体材料的研发、制造、销售；半导体材料、金属材料切削加工、批发	奕斯伟	
	华羿微电子股份有限公司	西安	塑封集成电路、半导体功率器件、模拟/混合集成电路、电源模块、集成压力传感器/变送器	华羿	HUAYI Microelectronics

续表

陕西省自主品牌				
类别	企业名称	地区	主导产业	品牌	品牌LOGO
高性能集成电路	陕西锐嘉电子科技有限公司	西安	计算机软硬件的开发及销售；数码产品、多媒体产品、计算机网络工程及系统集成；安防监控	锐嘉	
	西安威力克电子科技有限公司	西安	电子产品、机电产品的研发、销售；化工产品及原料（易燃易爆易制毒及危险品除外）、金属材料	威力克	
	陕西科达利五金塑胶有限公司	西安	汽车配件、五金制品、塑料制品	科达利	
	陕西山利科技发展有限责任公司	西安	计算机软硬件销售与新产品开发；软件技术服务外包进出口业务等		
	华天科技（西安）有限公司	西安	从事集成电路高端封装测试	华天科技	
	西安飞豹科技有限公司	西安	航空器总体设计；军民用机场地面保障设备及相关产品研制开发、生产、销售、修理及相关业务；军民用飞机加改装及维护；无人飞机设计、制造、装配、销售及服务	飞豹科技	
	西安西工大超晶科技发展有限责任公司	西安	高纯高导单晶铜的研制和开发	西工大超晶科技	

157

续表

陕西省自主品牌					
类别	企业名称	地区	主导产业	品牌	品牌LOGO
高性能集成电路	西安西古光通信有限公司	西安	光纤制造；光纤销售；光缆制造；光缆销售；光通信设备制造；光通信设备销售；通信设备制造；通信设备销售	西古光通信	
	西安紫光国芯半导体有限公司	西安	紫光国芯是中国唯一做小灯芯片设计的公司。同时进行集成电路软硬件及相关产品的研究、开发、生产、销售	紫光国芯	
	西安克瑞斯半导体技术有限公司	西安	集成电路的设计、研发、销售；计算机科技、电子科技、信息科技领域的技术开发、技术咨询、技术转让、技术服务		
	陕西长美科技有限责任公司	宝鸡	高分子材料减震降噪、新型绝缘材料防护以及非金属复合材料力学应用等5大系列产品的研发、生产、销售和服务	长美科技	
	陕西长岭迈腾电子有限公司	宝鸡（国有）	磁性器件、组件、特种变压器、滤波器、电源、集成电路、智能工具的设计开发、生产、销售及售后服务；经营本企业自产产品的出口业务	长岭迈腾	

续表

陕西省自主品牌					
类别	企业名称	地区	主导产业	品牌	品牌LOGO
云计算	美林数据技术股份有限公司	西安	大数据技术、云计算、信息科技领域内的技术开发、技术转让、技术咨询、技术服务；大数据分析处理、数据集成、数据存储、数据应用	美林	
	陕数集团	西安	社会公共服务卡（陕西通）、数据交易业务运营；数据采集、存储、开发、挖掘、分析、服务、销售和数据增值服务；大数据基础设施建设、运营、维护及技术服务；开展信息系统集成服务；数据服务平台建设；数据应用开发；信息技术开发、技术咨询、技术服务、技术转让及产品开发、销售		
	陕西云基华海信息技术有限公司	西安	数据交换系统、大数据管理系统、数据挖掘系统、数据可视化系统、数据脱敏系统、数据开放门户等产品，可满足数据从采集、存储与计算、分析挖掘处理到应用的全流程服务	云基华海	

159

陕西省新一代信息技术产业强势领域在高性能集成电路，主要由三星带动的集成电路制造拉动陕西新一代信息技术产业持续增长；随着三星12英寸闪存芯片二期、华羿微电子以及奕斯伟硅产业基地等项目的投资建设，将促进全省新一代信息技术产业保持持续的快速增长。

（二）具有品牌竞争力的优势品牌存量

新一代信息技术产业品牌竞争力评价主要从营业收入、技术创新和品牌价值三个维度进行分析。

1. 按营业收入维度

本书列示了陕西新一代信息技术营收排名靠前的企业及其上榜的榜单，这些榜单由不同主体根据营业收入进行排名。其中，"2020陕西企业100强"榜单由陕西省企业家协会发布，以2019年营业收入为主要依据，综合评选出前100强企业；"2020年度电子信息竞争力百强企业"榜单由中国电子信息行业联合会在国家工业和信息化部指导下，根据电子信息产业统计年报数据，依据主营收入、市场占有率、研发创新能力、品牌影响力、企业社会责任等综合指标评价；"2020年陕西高新技术企业主营业务收入TOP100"根据火炬统计数据，以主营业务收入为评价指标，对陕西高新技术企业营收能力进行的评价，目的在于展示陕西百强高新技术企业，如表2-49所示。

表2-49 陕西省新一代信息技术营收上榜企业

公司名称	2019年营业收入（万元）	榜单一	榜单二	榜单三
陕西电子信息集团有限公司	1610828	27	60	—
西安中兴通讯终端科技有限公司	1513226	28	—	—
咸阳彩虹光电科技有限公司	—	—	—	16
西安克瑞斯半导体技术有限公司	—	—	—	34
西安中兴新软件有限责任公司	—	—	—	67

续表

公司名称	2019年营业收入（万元）	榜单一	榜单二	榜单三
华天科技（西安）有限公司	—	—	—	85
西安北方光电科技防务有限公司	—	—	—	99

资料来源：榜单一，2020陕西企业100强；榜单二，2020年度电子信息竞争力百强企业榜单；榜单三，2020年陕西高新技术企业主营业务收入TOP100。

在"2020陕西企业100强"榜单中，新一代信息技术产业上榜企业仅有陕西电子信息集团有限公司和西安中兴通讯终端科技有限公司2家。陕西电子信息集团有限公司排名第27，西安中兴通讯终端科技有限公司排名第28。陕西百强企业中，能源化工类有13家，占比最多，为13%；其次为装备制造业和原材料产业，相比之下新一代信息技术产业在陕西省还有很大的提升空间。

在"2020年度电子信息竞争力百强企业"榜单中，陕西仅有陕西电子科技集团有限公司1家企业上榜，排名第60。从省市分布看，电子信息企业100强主要集中在广东（23家）、江苏（14家）、浙江（13家）、上海（9家）等城市，基本和经济发展水平相一致，经济水平越高的省市，其境内电子信息行业越发达。相比排名第1的广东（23家），陕西企业数量仅占4%。从企业质量看，榜首华为技术有限公司主营业务收入规模超过7000亿元，榜单中共有14家企业营收规模超过1000亿元级别，陕西上榜位于第60的陕西电子科技集团有限公司营业收入仅占华为技术有限公司营业收入的2.30%。由此可见，陕西电子科技集团有限公司与国内电子信息类顶尖企业的差距相当大。

在"2020年陕西高新技术企业主营业务收入TOP100"榜单中，新一代信息技术产业共有5家企业上榜，分别为咸阳彩虹光电科技有限公司排名第16，西安克瑞斯半导体技术有限公司排名第34，西安中兴新软件有限责任公司排名第67，华天科技（西安）有限公司排名第85，西安北方光电科技防务有限公司排名第 99。

2. 按技术创新维度

本书从两个视角分析陕西能源化工企业的技术创新水平：一是陕西省科技厅评定的"2020 年陕西高新技术企业创新综合能力 100 强"榜单，二是依据是国家工业和信息化部及省工信厅评定的国家级、省级企业技术中心，省级制造业创新中心，省级技术创新示范企业名单。

（1）省科技厅评定的创新综合实力百强企业根据"2020 年陕西高新技术企业创新综合能力 100 强"榜单，陕西新一代信息技术产业上榜企业有 10 家，占整体的 10%（见表 2-50）。新一代信息技术作为陕西经济增长的支柱行业，从上榜企业数量看，企业数较多；从质量看，企业排名比较靠前，反映了陕西新一代信息技术产业的创新能力比较强。

表 2-50 2020 年陕西高新技术企业创新综合能力 100 强

公司名称	排名
西安易朴通讯技术有限公司	9
西安诺瓦星云科技股份有限公司	14
维谛技术（西安）有限公司	29
陕西长岭电子科技有限责任公司	31
西安克瑞斯半导体技术有限公司	41
陕西烽火电子股份有限公司	49
华天科技（西安）有限公司	54
西安中兴新软件有限责任公司	63
彩虹显示器件股份有限公司	76
西安四维图新信息技术有限公司	91

资料来源：陕西省科技厅。

（2）工业和信息化部、省工信厅评定的创新企业在陕西企业技术中心及技术创新示范企业中，新一代信息技术产业企业有 26 家，其中国家级 2 家，分别为陕西山利科技发展有限责任公司和陕西烽火电子股份有限公司，省级

24 家。国家级制造业创新中心 2 家,国家级技术创新示范企业 2 家。陕西新一代信息技术产业企业在技术创新方面具备较大优势。其中,陕西烽火电子股份有限公司同时获得国家级技术中心和国家级新一代信息技术产业技术创新示范企业称号。具体名单如表 2-51~ 表 2-53 所示。

表 2-51 国家级、省级新一代信息技术产业企业技术中心名单

企业名称	地区
陕西山利科技发展有限责任公司(国家级)	西安
陕西华达科技股份有限公司	西安
陕西华经微电子股份有限公司	西安
陕西长岭电子科技有限责任公司	西安
西安市西无二电子信息集团有限公司	西安
西安博通资讯股份有限公司	西安
陕西思宇信息技术股份有限公司	西安
西安炬光科技股份有限公司	西安
西安宝德自动化股份有限公司	西安
华天科技(西安)有限公司	西安
西安飞豹科技有限公司	西安
西安翔迅科技有限责任公司	西安
西安卫光科技有限公司	西安
西安西工大超晶科技发展有限责任公司	西安
西安北方光电科技防务有限公司	西安
西安西古光通信有限公司	西安
西安紫光国芯半导体有限公司	西安
西安艾力特电子实业有限公司	西安
西安奇维科技有限公司	西安
陕西烽火电子股份有限公司(国家级)	宝鸡
陕西长岭软件开发有限公司	宝鸡
陕西长美科技有限责任公司	宝鸡
陕西长岭迈腾电子有限公司	宝鸡

续表

企业名称	地区
陕西烽火宏声科技有限责任公司	宝鸡
彩虹集团有限公司	咸阳
陕西华星电子集团有限公司	咸阳

资料来源：陕西省工信厅。

表2-52　国家级制造业创新中心名单

企业名称	地区
陕西省光电子集成制造业创新中心（中国科学院西安光学精密机械研究所）	西安
陕西省先进显示创新中心（咸阳彩虹光电科技有限公司）	咸阳

资料来源：陕西省工信厅。

表2-53　国家级新一代信息技术产业技术创新示范企业名单

企业名称	地区
西安炬光科技股份有限公司	西安
陕西烽火电子股份有限公司	宝鸡

资料来源：陕西省工信厅。

3. 按品牌价值维度

本书列示了陕西新一代信息技术产业企业在品牌价值方面处于领先地位的企业，从2020年中国上市公司品牌价值榜上榜情况和省工信厅评定的省级工业品牌培育示范企业分析，如表2-54所示。

表2-54　2020年中国上市公司品牌价值榜（陕西新一代信息技术产业上榜企业）

排序	证券简称	品牌价值	所在地	上市日期	证券代码
66	烽火电子	5.34亿元	陕西	1994-05-09	000561.SZ

资料来源：上市公司品牌价值榜蓝皮书。

省级工业品牌培育示范企业（以下简称"省品牌培育示范企业"）是指制定并实施品牌战略，建立运行品牌培育管理体系，品牌培育能力持续增强，品牌价值不断提升，且形成具有示范效应的典型经验，通过省工业和信息化厅认定的工业企业，新一代信息技术产业共有3家企业入选，如表2-55所示。

表2-55 省级工业品牌培育示范企业

企业名称	地区
西安西拓电气股份有限公司	西安
陕西华星电子集团有限公司	咸阳
陕西如意广电科技有限公司	咸阳

资料来源：陕西省工信厅培育示范企业名单。

4. 优势品牌筛选

综合上述各维度分析结果，本书将同时在不同维度出现2次和2次以上的企业定义为该行业内的优势企业，将仅在一个维度的企业认定为综合发展有待提高的企业。

陕西电子信息集团是唯一上榜"2020年陕西企业100强"的新一代信息技术产业企业，同时是中国电子信息百强企业。在营业收入、技术创新和品牌价值三方面都具备领先优势。公司现拥有陕西烽火通信集团有限公司、陕西长岭电气有限责任公司、西安卫光科技有限公司和陕西华星电子集团有限公司等子公司，拥有1个国家级企业技术中心、3个国家级工程中心、2个院士工作站、6个博士后工作站、29个省级工程中心和企业技术中心。其中，陕西烽火电子股份有限公司（以下简称"烽火电子"）是陕西烽火通信集团有限公司的子公司，是我国高新通信装备和电声产品研制生产的核心骨干企业，"烽火"于2010年被评为陕西省著名商标，2011年被评为中国驰名商标。烽火电子是上市企业，2016年荣获国家级瞪羚企业，2022年荣获省级单项冠军称号。在技术创新方面，烽火坚持走以科技创新为核心的创新驱动发展之路，研发投入始终保持占主营收入的10%以上，被评为国家级企业技术中心和国家级技术创新示范企业，且在2020年中国上市公司品牌价值榜中排名第66。子公司西安卫光科技有限公司和陕西华星电子集团有限公司均为省级企业技术中心，陕西华星电子集团有限公司还被评为省级工业品牌培育示范企业，生产的石英晶体获陕西省名牌产品称号；晶体器件、交流电容器、玻璃釉电阻器、压敏电阻器、线绕电阻器和钛酸锶系列电子陶瓷材料荣获部优质产品及国家级重点产品称号。

陕西新一代信息技术产业大多数企业在技术创新方面均具备显著优势。陕西长岭电子科技有限责任公司和陕西山利科技发展有限公司拥有国家级企业技术中心；西安炬光科技股份有限公司拥有省级企业技术中心，并被评为国家级技术创新示范企业；彩虹显示器件股份有限公司拥有省级企业技术中心和国家级制造业创新中心。陕西长岭电子科技有限责任公司先后通过了质量管理体系认证，ISO10012计量体系认证，ISO14001环境管理体系认证，以及国家技术监督局批准的一级计量单位认证，公司先后被认定为高新技术企业、创新型试点企业。陕西山利科技发展有限公司拥有一流的硬件配备和深厚的技术储备，目前是陕西重点软件企业并通过高新技术企业认定，拥有多项自主知识产权的软件产品，承担多项国家及省市级科研项目，连续多年被评为西安"九五""十五"优秀高新技术企业，被《互联网周刊》评为全国成长最快的100家中小IT企业。西安炬光科技股份有限公司已发展成为国内实力最强的高功率半导体激光器品牌，被中国光学学会激光加工专业委员会授予"高功率半导体激光器产业先驱"称号。炬光科技在高功率半导体激光器及其激光微光学领域的研发能力和规模已经成为国际前3强，这也是炬光科技"国际化+品牌化"既定发展战略的里程碑。彩虹显示器件股份有限公司从事显示器件的生产，其彩色显像管的年产销量和市场占有率在行业中排名国内第1、全球前3。彩虹电子同时在其他显示器件、电子玻璃、发光材料及高精密金属产品等领域全力开拓发展。

另外，陕西在新一代信息技术产业拥有一大批如西安立芯光电科技有限公司、西安易朴通讯技术有限公司、西安诺瓦星云科技股份有限公司、维谛技术（西安）有限公司、西安克瑞斯半导体技术有限公司、西安中兴新软件有限责任公司和西安西拓电气股份有限公司等创新能力较强的企业。新一代信息技术是陕西未来发展的新动能，尽管目前企业数量较少，规模较小，但具有较大的成长潜力。

（三）具有发展潜力的存量成长品牌

1. 发展潜力巨大的成长企业

本书将被工业和信息化部评定为制造业单项冠军的企业、被称为"独角兽"或"上市企业"，或被同时认定为国家级专精特新"小巨人"企业和国家级高新区瞪羚企业的产业企业定义为该行业内发展潜力巨大的成长企业。

制造业单项冠军企业是单项产品市场占有率位居全球前列的企业。在2批省级单项冠军和6批国家级单项冠军评选结果中，陕西省新一代信息技术产业企业有2家荣获陕西单项冠军，分别为陕西烽火电子股份有限公司（短波专业通信系统）(2022年)和渭南高新区木王科技有限公司（芯片封装测试探针）(2022年)，如表2-56所示。

表2-56 陕西省新一代信息技术产业单项冠军企业

行业	二级行业	企业名称	主营业务	单项制造冠军类型	单项制造冠军评定时间	地区
新一代信息技术	下一代通信网络	陕西烽火电子股份有限公司	短波专业通信系统	单项制造冠军（省级）	2022年	宝鸡
	高性能集成电路	渭南高新区木王科技有限公司	芯片封装测试探针	产品单项生产冠军（省级）	2022年	渭南

资料来源：国家工业和信息化部。

陕西新一代信息技术产业拥有独角兽企业4家（度小满、英雄互娱、易点天下、杨凌美畅），在新一代信息技术领域拥有独角兽企业1家（易点天下网络科技股份有限公司），如表 2-57 所示。

表 2-57 陕西省新一代信息技术产业独角兽企业

行业	二级行业	企业名称	主营业务	荣誉称号	单项制造冠军评定时间	地区
新一代信息技术	下一代通信网络	易点天下网络科技股份有限公司	手机软件技术开发、技术服务；软件开发；信息技术咨询服务	中国独角兽企业	2018~2020年	西安

资料来源：科学技术部火炬高技术产业开发中心。

陕西在新一代信息技术产业拥有上市企业 10 家，分别是陕西烽火电子股份有限公司（陕西电子信息集团子公司）、西安奇维科技有限公司（专精特新＋瞪羚）、美林数据技术股份有限公司（国家级专精特新）、麦克传感器股份有限公司（国家级专精特新）、西安炬光科技股份有限公司（优势品牌中已介绍）、西安博通资讯股份有限公司（省级技术中心）、陕西思宇信息技术股份有限公司（省级技术中心）、西安宝德自动化股份有限公司（省级技术中心）、西安西拓电气股份有限公司（省级培育示范企业）、西部宝德科技股份有限公司，如表 2-58 所示。

表 2-58 陕西省新一代信息技术产业上市企业

行业	二级行业	企业名称	主营业务	地区
新一代信息技术	下一代通信网络	陕西烽火电子股份有限公司	高新通信装备和电声产品	宝鸡
		西安博通资讯股份有限公司	计算机软件研发与推广、系统集成	西安
	物联网	麦克传感器股份有限公司	差压传感器，压力变送器，液位变送器，温度传感器	宝鸡

续表

行业	二级行业	企业名称	主营业务	地区
新一代信息技术	物联网	陕西思宇信息技术股份有限公司	计算机信息系统集成、工业自动化和软件开发、推广及服务	西安
		西安宝德自动化股份有限公司	从事石油、煤炭、冶金、专用设备、新能源等自动化设备的研发、制造及系统配套	西安
		西安西拓电气股份有限公司	电气设备销售；软件开发；计算机软硬件及外围设备制造	西安
	高性能集成电路	西安奇维科技有限公司	电子产品、计算机软硬件、工业自动化设备及零配件的开发	西安
		西安炬光科技股份有限公司	从事高功率半导体激光器研发、技术咨询、转让、服务、生产、销售与应用	西安
		西部宝德科技股份有限公司	过滤分离系统及设备、稀有金属粉末、金属多孔材料设计制造与研发	西安
	云计算	美林数据技术股份有限公司	大数据技术、云计算、信息科技领域内的技术开发、技术转让、技术咨询、技术服务；大数据分析处理、数据集成、数据存储、数据应用	西安

资料来源：国家工业和信息化部、科学技术部火炬高技术产业开发中心。

陕西烽火电子股份有限公司（769厂）是我国电子信息行业通信装备和电子应用产品科研生产骨干企业。烽火是中国最早从事通信产品研发及生产的企业之一，目前公司已形成军事通信、物联网、综合信息系统集成、LED、太阳能光伏、房地产、精密机械制造七大类支柱产业，公司的通信产品、太阳能光伏、LED远销世界各地。公司先后承担了科技部863项目、国家科技支撑计划项目、军事物流信息管理平台研发等多项重大科研项目，相继研发出应用于多个行业的系列 RFID 终端系列产品，开发了集成 RFID、传感网、自组网、移动计算、无线定向、跳频通信、GPS、GIS 等多项技术的应用系统，特别在有源 RFID 相关技术应用和软件算法方面全国领先，已取得多项发明专利和软件著作权。获得中国 RFID 行业"领先企业奖""创新产品奖""优秀应用成果奖""最有影响力有源 RFID 企业奖""中国物联网技术创新奖"等诸多荣誉。

渭南高新区木王科技有限公司是专业从事微电子五金测试探针研发制造及新材料开发应用的国家级高新科技企业。在测试细分领域可为客户提供测试探针、测试夹具、测试设备及测试方案等一体化服务。目前公司自主研发、生产的各型号产品均已达到国际水平，已成为中国具备较强实力的专业探针制造商，为走向全球市场，打造世界级品牌打下了坚实的基础。

易点天下网络科技股份有限公司是一家技术驱动发展的国际化智能营销服务企业，致力于为客户提供全球营销推广服务，通过效果营销、品牌塑造、垂直行业解决方案等一体化服务，帮助企业在全球范围内高效地获取用户、提升品牌知名度、实现商业化变现。作为全球领先的第三方独立广告服务商，易点天下拥有丰富的全球媒体资源。平台数据覆盖全球超过 238 个国家和地区。经过多年的不断积累，公司目前已经和包括 Google、Facebook、Tik Tok for Business、巨量引擎、磁力引擎、Kwai for Business、微软广告、AppleAds 等在内的全球头部媒体及当地特色流量资源保持着长期稳定且良好的合作伙伴关系。构建起以优质头部流量、垂直领域细分流量、长尾流量的移动端全流量覆盖媒体矩阵。易点天下总部设在西安，同时在中国的北京、上海、深圳、香港以及美国、印度、德国、日本、韩国等国家和地区设有子公司。客户涵盖跨境电商、工具应用、内容分发和游戏等行业。目前累计服务客户超过 5000 家，其中包括华为、阿里巴巴、腾讯、网易、字节跳动、百度、快手、爱奇艺、SHEIN、Lazada 等知名企业。

第二章 陕西省优势（支柱）产业品牌发展现状

易点天下在2018年、2019年连续两年荣获"中国软件百强企业"；2018~2020年入榜"中国独角兽企业"；2017年AppsFlyer发布《2017全球移动广告平台排行榜》，易点天下在全球总榜单中排名TOP12，居亚洲TOP1；2019年荣获"2019中国数字服务暨服务外包领军企业百强"。

美林数据技术股份有限公司（以下简称"美林数据"，证券代码：831546）是国内领先的大数据技术咨询与解决方案提供商。公司主营业务专注于数据价值发现，主要为电力、军工制造、公共安全、金融等行业提供数据分析、数据挖掘和数据可视化相关产品及技术服务，处于大数据产业链的核心环节。美林自主产权的数据分析与挖掘产品PLUTO填补了中国在高端数据分析、挖掘领域的空白，树立了该领域的民族品牌。公司拥有国际CMMI ML5级认证、国家武器装备科研生产单位三级保密资质，致力于为客户提供安全、高效的企业级数据分析、应用软件产品和解决方案服务。目前，主要产品包括数据分析平台、数据挖掘平台、数据可视化平台、数据与应用集成平台。

西安奇维科技有限公司（公司官网正在维护）是雷科防务（股票代码：002413）的全资子公司。公司专业从事遥控武器站、智能穿戴系统、制导与控制产品、无人机系统、固态存储系统、高性能计算机、装备综合保障系统的研发、生产和销售。

目前，陕西新一代信息技术产业拥有国家级瞪羚企业108家，占所有产业总和的44.81%；国家级专精特新企业28家，占总数的24.56%，且有22家企业分布在西安地区，2家在宝鸡，分布在西咸、咸阳、渭南、韩城的各1家。其中，西安艾力特电子实业有限公司、西安诺瓦星云科技股份有限公司、陕西天翌天线股份有限公司、艾索信息股份有限公司、西安芯派电子科技有限公司、西安奇维科技有限公司、渭南高新区木王科技有限公司、西安霍威电源有限公司、西安欣创电子技术有限公司这9家企业同时获得国家级专精特新和国家级瞪羚企业称号。具体情况如表 2-59 所示。

表 2-59 陕西省新一代信息技术产业待成长企业

企业名称	主营业务	国家级瞪羚企业评定时间	国家级专精特新评定时间	地区
西安艾力特电子实业有限公司	电子元器件制造；电力电子元器件销售；电子产品销售；货物进出口；电子元器件零售；技术服务、技术开发、技术咨询、技术交流、技术转让、技术推广；专业设计服务；电力电子元器件制造；通信设备制造；技术进出口；通信设备销售	2015 年	2021 年	西安
西安诺瓦星云科技股份有限公司	计算机软硬件及外围设备的开发、生产、销售；电子元器件、电子产品的销售；货物与技术的进出口经营	2015 年	2020 年	西安
陕西天翌天线股份有限公司	通信设备制造；卫星移动通信终端制造；雷达及配套设备制造；合成纤维制造；软件开发；软件外包服务；卫星技术综合应用系统集成；卫星遥感应用系统集成；信息技术咨询服务；通用设备制造	2016 年	2020 年	西安
艾索信息股份有限公司	雷达及配套设备制造；计算机软硬件及外围设备制造；通信设备制造；信息安全设备制造；软件开发；电子产品销售；计算机及通信设备租赁	2016 年	2020 年	西安
西安芯派电子科技有限公司	电子元器件及相关产品、计算机软、硬件及网络产品、电力电子设备的技术研发及销售；电子生物科技产品的开发、生产、销售及技术转让、技术服务	2017 年	2019 年	西安

续表

企业名称	主营业务	国家级瞪羚企业评定时间	国家级专精特新评定时间	地区
西安奇维科技有限公司	遥控武器站、智能穿戴系统、制导与控制产品、无人机系统、固态存储系统、高性能计算机、装备综合保障系统的研发、生产和销售	2017年	2020年	西安
渭南高新区木王科技有限公司	芯片及集成电路封装测试探针、芯片及集成电路封装测试治具、芯片及集成电路封装测试设备、晶圆测试探针卡、精密五金产品、医疗配件、电子元器件、精密连接器、精密仪器、非标设备的研发、设计、生产、销售及技术服务；芯片及集成电路封装测试软件的开发技术服务、成果转让	2018年	2021年	渭南
西安霍威电源有限公司	综合配电系统、电源、机电产品的设计、生产、销售及技术服务；电子元器件、计算机、水泥、钢材的销售；计算机软件开发；检测试验技术服务；检测试验技术咨询；电磁兼容检测服务；电源特性验证试验；靶标的设计、安装	2019年	2021年	西安
西安欣创电子技术有限公司	通信设备、电子产品、电子设备的开发、生产、安装维护；集成电路、电子元器件、仪器仪表的开发、销售、安装维护及技术咨询	2019年	2021年	西安

资料来源：国家工业和信息化部、科学技术部火炬高技术产业开发中心。

西安艾力特电子实业有限公司是专业研发、生产、销售电连接器（射频连接器、微距形、集成式电连接器）、射频电缆组件、波导（同轴波导转换器、波导电缆组件)、多路微波旋转关节和微波传输组合五大门类微波传输产品的国家级高新技术企业。公司现拥有3条"贯标生产线",承担2项"宇高线"科研项目以及1项"波导电缆组件系列型谱平台"项目;承接国家重点科研配套项目200多项。通过高可靠、高频率、高性能、微小型微波传输元器件产品的研发、生产和销售,以替代进口为突破,公司产品广泛应用于航空、航天、航海、电子等领域。在国内拥有300多家客户,被100多家科研院所(厂)认定为合格供应商。公司始终坚持"科技领先"的发展战略,科研经费占比长期在20%以上,拥有专利500多项,先后获得国家、省、市"中国民营科技创新奖""陕西省民营科技企业""陕西省中小企业研发中心""西安市创新型企业"等称号。产品的射频电性能指标处于国内领先水平,占据射频应用领域的核心前沿,能够完全替代进口,实现国产化替换,研制开发的产品多次荣获国家、省、市"科技进步""创新应用""工业设计""创新发明大赛"等奖项。

西安诺瓦星云科技股份有限公司(以下简称"诺瓦科技")是旨在为LED、Mini LED、Micro LED等高端显示和应用行业,提供先进显示技术和行业级软硬件解决方案的高科技公司,是全球极具竞争力的LED显示解决方案服务商。诺瓦科技重视技术研究与开发,坚持以持续的技术创新为客户创造价值。凭借突出的科技创新能力,诺瓦先后被授予"国家专精特新小巨人企业""国家知识产权示范企业""国家知识产权优势企业""西安科技企业小巨人""西安市硬科技之星"等众多荣誉称号。在LED显示控制、视频处理、云服务等领域,拥有超1000项自主知识产权。在LED显示领域申请知识产权1500多项,以每年30%的速度增长,占据细分领域90%以上,稳居细分领域行业第1。2019年被授予"国家知识产权示范企业"称号,全国科技创新综合实力100强,荣获"知乎西安本土独角兽高科技软件公司TOP10"。诺瓦科技凭借不断增强的创新能力、完善的产品解决方案、专业的服务能力，赢得全球客户的信赖。从2008年北京奥运会主背景屏控制，到2016年里约奥运会、2017年建军90周年朱日和大阅兵、2018年俄罗斯世界杯、2019年国庆70周年阅兵庆典、2021年建党100周年庆典、2019~2022年央视春晚、2022年北京冬奥会等。全球顶级活动背后，均有诺瓦进行显示控制。无论是纽约时代广场、巴黎香榭丽舍大街，还是日本东京银座，英超五大联赛赛场；无论是全球大型机场、高速公路铁路、城市地铁交通，还是指挥监控中心、远程会议系统、文娱舞台演艺，城市商业地产，诺瓦的科技与服务，已遍及全球，触达生活的方方面面。

陕西天翌科技股份有限公司（以下简称"天翌科技"）位于西安高新技术产业开发区，专业从事复合材料卫通天线的研发、生产、销售、服务。公司成立以来，先后通过高新技术企业认证，获得科技部中小企业技术创新基金支持，授予亚洲卫星公司入网证书，承担陕西省发改委高技术产业化项目。公司拥有微波、伺服、控制、结构、复合材料的自主知识产权，并且率先将复合材料技术应用于卫通天线，相关产品具有精度高、重量轻、寿命长、耐候性强、射频性能优越等特点，特别是在国防军工领域获得广泛应用，公司现已承担大量国家重点型号项目。拥有市级"碳纤维复合材料卫星通信天线工程研究中心"1个，并通过ISO9001-2015质量体系认证和AS9100D航空体系认证。截至目前，公司已在国内复合材料卫通天线领域占据80%以上市场份额，成为复合材料卫通天线行业的龙头企业。

艾索信息主营业务为信号与信息处理核心技术的开发及应用，主要从事复杂高速信号与信息处理关键技术及其应用系统的研发、生产、销售及服务。公司致力于运用信号与信息处理核心技术提升武器装备性能，主要为雷达装备、雷达对抗装备、信息化指控装备等提供核心模块、系统及解决方案。目前已发展成为在信号与信息处理领域拥有领先核心技术的高新技术企业。公司研发围绕装备信息化发展方向，产品服务广泛应用于雷达、导弹等军用领域及边海防、机场、港口等民用领域。公司主要客户包括中国电科、电子、兵器、兵装、航空、航天等国有大型研究院所。公司不断实施技术创新，实现了业绩的稳步增长和竞争能力的持续提升，先后被评为"高新技术企业"和陕西省"双软"企业，获得"国家火炬计划""青年科技人才创业""创新基金""战略新兴产业"等国家、省、区级荣誉称号，并通过ISO9001等相关资格审查。艾索信息凭借在安全与防务领域的多年经验，不断推出具有行业领先优势的信号与信息处理系列产品及解决方案，未来致力成为信号与信息处理核心技术产品生态圈的缔造者。

西安芯派电子科技有限公司（以下简称"芯派科技"）是一家集研发、生产和销售于一体的高新技术企业，产品包括中、大功率场效应管（MOSFET，低压至高压全系列产品）、绝缘栅双极型晶体管（IGBT）、二极管（含快速恢复二极管及肖特基二极管）、桥堆以及电源管理IC等。公司成立15年来，芯派科技拥有的自主品牌SAMWIN系列产品在充电器、适配器、LED电源、TV电源、PC电源、服务器电源、电机驱动、网通产品（机顶盒）、太阳能逆变电源、UPS电源、通信模块、汽车充电桩模块等多个领域得到广泛应用；华为、APPLE、SAMSUNG、NOKIA、LG、MOTOROLA、ASUS、小米、魅族、OPPO、LENOVO、AMAZON等手机与平板的充电器供应商；PHILIPS节能灯及电子整流器；长城计算机电源；惠普笔记本电源适配器、打印机电源；NFA汽车电子产品；科士达UPS；艾默生工业电源；特锐德充电模块；创维电视机电源；俄罗斯LED电源和印度国内网通电源售后维修市场的电子产品。目前，SAMWIN品牌的产品在中国国内电子元器件市场销量领先，产品率先用在工业电源。

西安欣创电子技术有限公司是陕西省政府和西安市政府重点扶持的电子科技高新技术企业，主要从事电磁信号探测及模拟、卫星通信及导航等专业领域的产品总体论证、研制生产和工程建设。公司是"国家高新企业"，拥有数十项专利,拥有质量管理体系认证证书、北斗导航服务资质证书等。公司长期致力于阵列天线和核心芯片的技术研发和生产。在高精度卫星导航、高速 AD/DA 芯片、宽带数字波束合成、宽带空间谱估计、智能信号处理等方面拥有自己的核心技术,自主开发了软/硬件可重构的无线电收发平台。具备大空域、大带宽、全极化、全时域、高增益、多动态、多目标、多任务电磁空间感知和构建的成熟系统解决方案。

2. 有待提高的成长型企业

仅获得国家级专精特新的其他企业目录如表 2-60 所示。

表 2-60 新一代信息技术产业国家级瞪羚企业

评定时间	地区	企业名录
2015 年	西安(16 家)	西安炬光科技股份有限公司*、陕西天思信息科技有限公司、赛尔通信服务技术股份有限公司、陕西天基通信科技有限责任公司、西安天一世纪电气设备有限公司、西安普瑞米特科技有限公司、西安交大长天软件股份有限公司、西安凯翔计算机软件有限责任公司、陕西颐信网络科技有限责任公司、西安沃泰科技有限公司、陕西中科网络科技发展有限公司、陕西利安信息传播有限公司、西安海数多媒体技术有限公司、四联智能技术股份有限公司、陕西海通天线有限责任公司、西安威尔罗根能源科技有限公司
2016 年	西安(19 家)	陕西四菱电子科技股份有限公司、西安中星伟业通信科技有限公司、陕西万德信息科技股份有限公司、天元瑞信通信技术股份有限公司、西安光谷防务技术股份有限公司、陕西光电科技有限公司、西安泽源信息科技有限公司、陕西华晨石油科技有限公司、西安易朴通讯技术有限公司、西安中兴新软件有限责任公司、西安元智系统技术有限公司、天网软件股份有限公司、西安诺文电子科技股份有限公司、西安博彦信息技术有限公司、西安华为技术有限公司、中软国际科技服务有限公司、西安复华网络技术有限公司、陕西电子信息集团有限公司、西安比亚迪电子有限公司
	宝鸡(1 家)	陕西烽火电子股份有限公司*(上市企业)(单项冠军)

续表

评定时间	地区	企业名录
2017年	西安（25家）	西安艾索信息技术有限公司、迈隆（西安）电子技术有限公司、西安彩晶光电科技股份有限公司、西安诺瓦电子科技有限公司、西安伟电子制造有限公司、西安易诺敬业电子科技有限公司、西安远古信息科技股份有限公司、西安龙飞网络科技有限公司、西安绿点信息科技有限公司、西安创汇网络通信有限责任公司、陕西亚成微电子股份有限公司、西安兖矿科技研发设计有限公司、西安兴汇电力科技有限公司、陕西德飞新能源科技集团有限公司、西安紫光国芯半导体有限公司、西安锐益达风电技术有限公司、西安索普电气技术有限公司、西安亿阳信通软件科技发展有限公司、联咏电子科技西安有限公司、信泰电子（西安）有限公司、西安活跃网络有限公司、西安中兴通讯终端科技有限公司、西安克瑞斯半导体技术有限公司、西安西岳电子技术有限公司、西安星展测控科技股份有限公司
	宝鸡（1家）	宝鸡烽火诺信科技有限公司
2018年	西安（14家）	易点天下网络科技股份有限公司*（独角兽）、中电科西北集团有限公司、西安荣大信息技术有限公司、陕西瑞迅电子信息技术有限公司、西安青松光电技术有限公司、西安博科思网络通信股份有限公司、西安天和防务技术股份有限公司、西安旭彤电子科技股份有限公司、陕西金合信息科技股份有限公司、西安华众电子科技股份有限公司、西安闻泰电子科技有限公司、西安非凡士机器人科技有限公司、西安合众思壮导航技术有限公司、西安创亿达微电子测控系统有限公司
	宝鸡（1家）	陕西烽火诺信科技有限公司

续表

评定时间	地区	企业名录
2019 年	西安（22 家）	陕西万盛达信息科技有限公司、陕西天诚软件有限公司、陕西云创网络科技股份有限公司、西安中颖电子有限公司、西安思丹德信息技术有限公司、西安富士达微波技术有限公司、西安精雕软件科技有限公司、西安闻泰电子科技有限公司、西安欣源测控技术有限公司、西安富成防务科技有限公司、西安瑞日电子发展有限公司、西安富立叶微电子有限责任公司、西安博深安全科技股份有限公司、西安绿创电子科技有限公司、西安格蒂电力有限公司、陕西纷腾互动网络科技有限公司、西安远古信息科技股份有限公司、陕西瑞达沣通信技术有限公司、西安融联网络科技有限公司、西安丰树电子科技发展有限公司、陕西万德信息科技股份有限公司、西安银信博锐信息科技有限公司

资料来源：科学技术部火炬高技术产业开发中心。

仅获得国家级专精特新的其他企业的目录如表 2-61 所示。

表 2-61 新一代信息技术产业国家级专精特新企业

评定时间	地区	企业名录
2019 年	西安（1 家）	西安特锐德智能充电科技有限公司
2020 年	西安（3 家）	西安宏星电子浆料科技股份有限公司、陕西华星电子开发有限公司、龙腾半导体股份有限公司
2020 年	宝鸡（11 家）	麦克传感器股份有限公司（上市企业）、飞秒光电科技（西安）有限公司、西安中科立德红外科技有限公司、星展测控科技股份有限公司、西安蜂语信息科技有限公司、西安拓尔微电子有限责任公司、中科星图空间技术有限公司、陕西山利科技发展有限责任公司、西安交大捷普网络科技有限公司、西安四叶草信息技术有限公司、陕西益华电气股份有限公司
2021 年	西安（1 家）	美林数据技术股份有限公司 *（上市企业）

续表

评定时间	地区	企业名录
2021年	咸阳（1家）	陕西华星电子集团有限公司
	宝鸡（1家）	陕西长岭迈腾电子股份有限公司
	韩城（1家）	陕西红马科技有限公司

资料来源：国家工业和信息化部。

第五节 医药产业

一、产业基本情况

（一）定义及作用

医药产业是我国国民经济的重要组成部分，覆盖第一、第二、第三产业。医药领域包括从上游的药品研发制造到中游的药品流通，再到下游的医疗服务行业，细分行业众多，且差异巨大。医药产业链主要分为三大板块，即医药研发制造业、医药流通行业和医疗服务行业，如图2-9所示。本书主要分析位于产业链上游的医药研发制造业，包括化学药、中药、生物医药和医疗器械。其中，化学药占据药品市场的主体，分为原料药和制剂2个部分；生物药包括疫苗、抗体、血制品、细胞治疗等；中药包括传统中药和现代中药；医疗器械产业链主要包括上游器械零组件制造、中游医疗器械研发、制造、销售和服务以及下游医疗卫生行业和家庭用户。本书主要集中在医疗器械产业链的中游，重点分析医疗器械研发制造企业。

医药产业是关系国计民生的重要产业，是培育战略性新兴产业的重要领域。改革开放以来，随着国内人民生活水平的不断提高和医疗保健需求的增加，我国医药行业越来越受到公众和政府的关注，在国民经济中占据着越来越重要的位置。

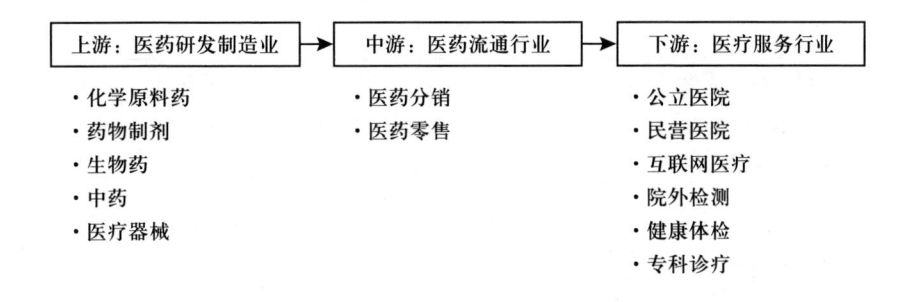

第二章 陕西省优势（支柱）产业品牌发展现状

```
上游：医药研发制造业 → 中游：医药流通行业 → 下游：医疗服务行业
·化学原料药              ·医药分销              ·公立医院
·药物制剂                ·医药零售              ·民营医院
·生物药                                         ·互联网医疗
·中药                                           ·院外检测
·医疗器械                                       ·健康体检
                                                ·专科诊疗
```

图 2-9 医药产业链

（二）产业集群

2021年，陕西将加快打造产业集群和重点产业链，实施制造业"强链群"行动，全力打造高端装备、电子信息、汽车、现代化工、医药、新材料等产业集群。医药产业重点形成以西安为核心，咸阳、汉中、铜川、安康、商洛和杨凌示范区为支撑的产业发展格局。其中，重点推动西安现代中药、化学药、生物制品、高端医疗器械、医药研发与医疗服务等产业发展，加快推动咸阳现代中药、生物制品、高端医疗器械发展，支持汉中、杨凌示范区等市（区）建设全省重要的中成药生产基地，引导铜川、安康、商洛等市（区）现代中药创新发展，其中陕西重点培育中医药产业链和生物医药产业链。陕西医药产业重点形成以西安为核心，咸阳、汉中、铜川、安康、商洛和杨凌示范区为支撑的产业发展格局。

陕西医药产业园区主要以生物医药和现代中药为主，其中国家级和省级产业园区各有2家，特色产业园区有6家，如表2-62所示。

表 2-62 陕西省医药产业园区

基地、园区名称	重点领域	所在地	等级
咸阳生物医药及医疗器械产业园	生物医药及医疗器械	咸阳	国家级
杨凌示范区生物医药产业基地	生物医药	杨凌	国家级
西安蓝田工业园	生物制药	西安	省级
商丹循环工业经济园区	现代中药	商洛	省级
西安周至县集贤工业集中区	生物医药	西安	特色

续表

基地、园区名称	重点领域	所在地	等级
商洛金川生物医药循环经济产业园	生物医药	商洛	特色
安康高新区生物医药产业园区	生物医药	安康	特色
旬邑中医药健康产业园	现代中药	咸阳	特色
国家火炬咸阳中医药特色产业基地	现代中药	咸阳	特色
西北国际中医药产业园	现代中药	西安	特色

资料来源：陕西省"十三五"工业和信息化规划汇编。

（三）经济现状

近年来，陕西依托资源优势，加大产业结构调整力度，生产能力显著提高，从"八大工业传统支柱产业"到"七大战略性新兴产业"，再到"六大新支柱产业"，医药产业始终在陕西经济发展中占据重要地位。随着我国工业经济发展不断深化绿色环保转型和医药供给侧改革，陕西医药产业正处于从高速发展向高质量发展的转换阶段。

从医药产业的经济数据看，2016~2019年医药总产值呈上升趋势，但增长速度逐年放缓，一方面，受医药领域相关政策性因素、企业生产安排及产品结构调整等综合因素影响，生产增速放缓；另一方面，随着近年来一系列药品价格调控政策的实施，药品整体价格水平持续下降，制药企业面临较大的生产经营压力，如图2-10所示。

（四）发展现状及规划

目前，陕西在医药产业方面，化学药主要依托力邦、利君等骨干企业，重点推进化学药物新产品和新制剂的产业化，扩大化药制剂生产能力，打造原料药基地；现代中药主要依托幸福制药、东泰、世纪盛康等骨干企业，实施中药大品种战略，充分发挥陕西中药材资源优势，促进生物技术与传统生产工业的融合，走中药现代化之路。鼓励中药制造重点企业参与中药材基地建设，提高大宗道地药材规范化种植（养殖）规模和品质，建成国内优质药

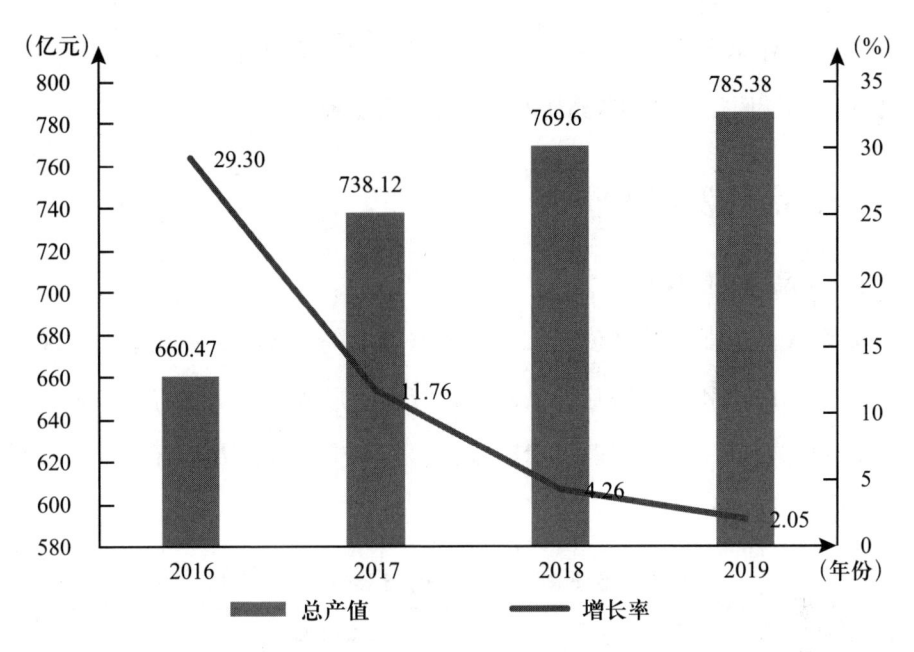

图 2-10 陕西医药产业总产值及增速（2016~2019 年）

资料来源：陕西省统计局。

源基地；生物医药主要依托艾尔肤、金花、迪赛等生物医药企业，围绕省内优势医药创新资源，大力发展生物技术和生物药品，推动抗体药物、重组蛋白质药物、生物疫苗等生物技术药物研发；高端医疗器械主要依托陕西秦明、蓝港数字、华海盈泰等骨干企业，瞄准国际先进水平，重点开发新型数字影像设备、临床检验设备、抗体检测试剂盒、光声诊疗设备等高端医疗诊断设备，充分发挥增材制造（3D 打印）产业优势，探索非标医疗器械和耗材研发生产。

《陕西省"十四五"制造业高质量发展规划》指出，医药产业的未来发展思路是紧抓健康中国建设机遇，聚焦生物药、创新药、高端医疗器械、医药研发及医疗服务等重点领域和重大项目，集聚全球医药产业资源及创新要素，不断提升医药产业基础能力和产业链现代化水平，推动全省医药产业规模化、集群化、高端化跨越式发展，做大做强"陕药"品牌。力争到 2025

年，医药产业总产值年均增长 7% 左右。重点发展现代中药、化学制药、生物制品、高端医疗器械和医药研发与医疗健康服务。

二、品牌发展现状

（一）品牌发展现状

陕西医药产业的品牌创建工作已经取得了一定成效，在化学药、现代中药、生物医药和高端医疗器械制造领域逐渐形成了一批自有医药企业品牌，如力邦制药、利君制药、幸福制药、巨子生物等，并具有一定的市场影响力（见表 2-63）。

表 2-63　医药产业陕西省自主品牌创建企业简表

行业分类	重点企业
化学药（11 家）	西安力邦制药有限公司、西安利君制药有限责任公司、陕西医药控股集团有限责任公司、陕西海天制药有限公司、陕西康惠制药股份有限公司、陕西丽彩医药有限公司、陕西摩美得制药有限公司、陕西白鹿制药股份有限公司、陕西宝新药业有限公司、陕西西岳制药有限公司、陕西郝其军制药股份有限公司
现代中药（22 家）	清华德人西安幸福制药有限公司、西安世纪盛康药业有限公司、金花企业（集团）股份有限公司西安金花制药厂、西安碑林药业股份有限公司、陕西华氏医药有限公司、西安天一秦昆制药有限责任公司、西安千禾药业股份有限公司、陕西汉唐制药有限公司、西安藻露堂药业集团达仁堂药品有限公司、陕西东科制药有限责任公司、陕西东泰制药有限公司、陕西健民制药有限公司、陕西紫光辰济药业有限公司、陕西香菊药业集团有限公司、陕西盘龙制药集团有限公司、陕西唐王天洋制药有限公司、陕西汉王药业有限公司、陕西欧珂药业有限公司、延安必康制药股份有限公司、延安制药股份有限公司、陕西方舟制药有限公司、陕西兴盛德药业有限责任公司

第二章 陕西省优势（支柱）产业品牌发展现状

续表

行业分类	重点企业
生物医药（8家）	陕西艾尔肤组织工程有限公司、西安迪赛生物药业有限责任公司、陕西巨子生物技术有限公司、陕西嘉禾生物科技股份有限公司、陕西博森生物制药股份集团有限公司、西安万隆制药股份有限公司、陕西麦可罗生物科技有限公司、陕西佰美基因股份有限公司
高端医疗器械（7家）	陕西秦明医学仪器股份有限公司、西安蓝港数字医疗科技股份有限公司、西安华海盈泰医疗信息技术有限公司、西安大医集团股份有限公司、西诺医疗器械集团有限公司、西安汇智医疗集团有限公司、陕西华远医药集团有限公司

医药产业中非陕西省自主品牌有4家企业，其所属品牌商标、所在地、主导产业、品牌情况如表2-64所示。

表2-64　医药产业非陕西省自主品牌创建一览表

企业名称	地区	主导产业	品牌	公司简介	品牌LOGO
国药控股陕西有限公司（由中国医药集团总公司（控股）、陕西医药控股集团有限责任公司（参股）共同出资组建）	西安	药品分销、零售、医疗器械	国药集团	2020年12月，入选"2020陕西百强企业"，排名第69	
上药科园信海陕西医药有限公司（上海医药集团股份有限公司旗下全资子公司）	西安	以药品、器械为主的流通企业	SPH	被陕西省企业家协会授予"2014年陕西企业100强"单位	

续表

企业名称	地区	主导产业	品牌	公司简介	品牌LOGO
西安杨森制药有限公司（美国强生公司子公司，总部在北京，生产基地在西安）	西安	药品、医疗器械、保健食品等的生产与加工	吗丁啉牌、派瑞松牌、西比灵牌、达克宁牌、伊曲康诺	荣获中国化学制药工业协会、中国医药商业协会、中国非处方药物协会、中国医药企业发展促进会、国药励展展览公司共同颁发的"2013中国化学制药行业两化融合标杆企业品牌"	西安杨森 XIAN JANSSEN
陕西步长制药有限公司（品牌属于山东步长制药有限公司）	西安	药品生产；药品批发；药品委托生产	步长制药	以专利中成药为核心，致力于中药现代化，充分发挥中药在心脑血管这一"大病、慢病"领域中的重要作用，形成了立足心脑血管市场、覆盖中成药传统优势领域、聚焦大病种、培育大品种的立体产品格局	ZBT 步长制药 BUCHANG PHARMA

目前，陕西医药产业已形成以化学药、现代中药、生物医药、高端医疗器械四大行业为主的产业布局，拥有一批产值超亿元、成长潜力大的优势企业。其所属品牌商标、所在地、主导产业、创牌成就汇总如表2-65所示。

表 2-65　医药产业陕西省自主品牌创建一览表

企业名称	地区	主导产业	品牌	创牌成就	品牌 LOGO
西安力邦制药有限公司	西安	药品的生产、研发精细化工产品的生产、研发	力蒙欣	力邦开发了中国首个静脉麻醉类产品——丙泊酚注射液"力蒙欣",成为中国丙泊酚标准的制定者。"力蒙欣"开创了国产麻醉药品的里程碑,为广大民众带来了福音,是静脉麻醉的首选,也是中国丙泊酚的第一品牌,被授予"陕西省名牌产品"称号	
西安利君制药有限责任公司	西安	主要经营新型制剂、医药原料和高质保健品	利君	拥有"利君沙、派奇、多贝斯"等中国驰名商标。公司又陆续向市场推出了广谱抗菌、长效消炎的中国驰名商标"派奇"系列产品;毛细血管微循环改善剂"多贝斯";三效合一治感冒的"好感感冒药"等一系列精品高质药	
陕西医药控股集团有限责任公司（省属国有）	西安	医药工业、医药流通、医药包装、中药材种植、保健医疗、产品研发	陕药集团	2016年新增陕西省著名商标8个,西安市名牌产品1个,专利6项,著作权3项	

续表

企业名称	地区	主导产业	品牌	创牌成就	品牌LOGO
陕西海天制药有限公司	西咸新区	颗粒剂、栓剂、胶囊剂、黄豆苷元的生产	海天	复方沙棘籽油栓获得国家中药保护品种证书，进入国家基本用药目录，并获得国家发明专利证书，被列为中药保护品种，被科技部等部委联合认定为国家重点新产品，荣获陕西省科技进步二等奖、陕西省名牌产品，列入陕西省火炬计划项目	陕西海天制药有限公司
陕西康惠制药股份有限公司	咸阳	片剂、胶囊剂、颗粒剂、口服液、软膏药的生产	万花山	万花山牌复方双花片获陕西省名牌产品	康惠制药 Kanghui
陕西丽彩医药有限公司	咸阳	化工产品销售；药品生产；药品委托生产	丽彩医药	为陕西丽彩实业集团下属子公司，旗下妇可靖胶囊荣获"2017年度最具市场潜力妇科疾病用药金砖品种"称号。补肺丸名列"2020年中国医药品牌榜（零售终端榜）"	丽彩医药 LICAMEDICINE
陕西摩美得制药有限公司	咸阳	片剂、胶囊剂、颗粒剂、栓剂、贴膏剂、滴丸剂、丸剂的生产	摩美得	心速宁胶囊荣获第四届中国工业大奖提名奖	MW

续表

企业名称	地区	主导产业	品牌	创牌成就	品牌LOGO
陕西白鹿制药股份有限公司	咸阳	药品研发、生产、销售	白鹿制药	是陕西省第一家非公有制药品企业，连续十多年是三原县纳税大户，连续三次被评定为省级高新技术企业	
陕西宝新药业有限公司	宝鸡	原料药（凭许可证经营）制造；中间体（不含危险化学品）制造	宝新	公司与全球知名制药辉瑞、赛诺菲、诺华、蓝十字等世界著名企业保持长期合作，在国内外赢得了良好的声誉	
陕西省西岳制药有限公司	渭南	原料药、片剂、医药中间体及医疗器械的生产	西岳	先后获"优秀企业""科技型中小企业"称号	
陕西郝其军制药股份有限公司	杨凌示范区	血液病药物研究、生产、销售和医疗服务	郝其军	主导产品复方皂矾丸获得"国家保密发明专利证书"，被科技部、国家保密局联合评定为"国家秘密技术项目"，荣获"国家重点新产品证书""国家中药保护品种证书""陕西省科学技术奖"	
清华德人西安幸福制药有限公司	西安	研发、生产、销售现代中药制剂、生物制剂、功能性保健食品	茎锥牌健得牌追风牌	先后获得了"中国驰名商标企业""省级工业品牌培育示范企业""西安市质量奖提名奖"和"国家工业品牌示范企业"等称号	

189

续表

企业名称	地区	主导产业	品牌	创牌成就	品牌LOGO
金花企业（集团）股份有限公司西安金花制药厂	西安	中成药、生物药、化学药的研发、生产	金花	"金花"牌转移因子系列药作为人体免疫调节类药品，以其高品质和安全性，销量一直在全国市场稳居前列，获陕西省名牌产品证书	
西安世纪盛康药业有限公司	西安	小容量注射剂、栓剂的生产、销售	世纪盛康	2012年被认定为西安市著名商标，2013年认定为陕西省著名商标，2015年被认定为"中国驰名商标"	
西安碑林药业股份有限公司	西安	研制、生产、销售中成药	碑林	金嗓灵系列产品被评为陕西省名牌产品，复明片等眼科系列产品和补肾康乐胶囊被评为西安市名牌产品，"碑林"牌商标、"秦俑"牌商标被认定为陕西省著名商标。2020年，入选"2019年度中华民族医药百强品牌企业"	
陕西华氏医药有限公司	西安	中成药、中药材、中药饮片、化学原料药、化学药制剂	华氏	多次获得西安市"守合同，重信用"单位荣誉称号。被多家医疗机构和药品生产企业评定为"最佳合作伙伴"。公司具备完善的质量管理体系，2014年率先通过新版GSP认证	

续表

企业名称	地区	主导产业	品牌	创牌成就	品牌LOGO
西安天一秦昆制药有限责任公司	西安	片剂、硬胶囊剂、丸剂、合剂、糖浆剂、颗粒剂的生产	天一秦昆	注册商标"必能"获陕西省著名商标	
西安千禾药业股份有限公司	西安	药品的研发、生产、销售；中药提取物、保健食品生产	致康	2000年、2003年"致康"牌胶囊获得西安名牌产品；2000年、2006年"致康"被评为陕西省著名商标	
陕西汉唐制药有限公司	西安	集研发生产销售于一体的现代化中医药股份制企业	汉唐	"汉唐"荣获"西安市著名商标"和"陕西省著名商标"	
西安藻露堂药业集团达仁堂药品有限公司	西安	中药材、中成药、中药饮片、化学药制剂、抗生素、生化药品的批发	藻露堂	是西安医药行业的龙头骨干企业，为国内外广大用户提供优质医药原料产品和服务，是国家定点供应单位	
陕西东科制药有限责任公司	咸阳	片剂、硬胶囊剂、颗粒剂、散剂、软膏剂、贴膏剂、贴剂的开发	药王山东科	"东科"和"药王山"被评为陕西省著名商标	

续表

企业名称	地区	主导产业	品牌	创牌成就	品牌LOGO
陕西东泰制药有限公司	咸阳	从事胶囊剂、片剂、颗粒剂、栓剂系列的研发、生产	东泰	荣获中国知名品牌、中国诚信品牌、2016年度自主创新领军品牌、2016年度优秀民族品牌，2018年度中国自主品牌领军企业等称号。华蟾素胶囊、脉管复康胶囊、妇乐片被评为陕西省名牌产品	
陕西健民制药有限公司	咸阳	片剂、硬胶囊剂、颗粒剂、小容量注射剂、原料药的生产	健民制药	公司连续多年被评为国家高新技术企业，已经形成了以中药为主、化药为辅的8大类132个品种和规格，自主研发了参龙宁心胶囊、益宫颗粒、参芎胶囊、参茯胶囊、蛭蛇通络胶囊等国家级新药和以依达拉奉注射液为代表的化药注射剂	
陕西紫光辰济药业有限公司	宝鸡	现代制药、医药药材种植	紫光辰济	公司恪守诚信质量的经营理念，先后获得"GMP认证先进企业""药品安全生产示范单位""省级优秀企业""质量信得过企业""陕西省高新技术企业"等多项殊荣	

续表

企业名称	地区	主导产业	品牌	创牌成就	品牌LOGO
陕西香菊药业集团有限公司	商洛	药品生产；药品批发；药品进出口	东秦	"香菊片""恩普洛"被评为陕西省名牌产品；"东秦"牌与"香菊制药"被认定为陕西省著名商标	
陕西盘龙制药集团有限公司	商洛	中药材种植、中成药生产、研发	盘龙	"盘龙七片"被评为陕西省名牌产品	
陕西唐王天洋制药有限公司	汉中	中药丸剂，颗粒剂，硬胶囊剂和片剂等生产	唐王、汉源、长卫0号、益铭博大、必尔、健康福等	"唐王六味地黄丸"连续多年被评定为陕西省名牌产品	
陕西汉王药业有限公司	汉中	颗粒剂、胶囊剂、片剂生产	汉王牌汉钟牌	"漢王"被认定为中国驰名商标；"漢王"牌和"汉钟"牌商标获省市著名商标；"漢王"牌强力定眩片被评为陕西省名牌产品	
陕西欧珂药业有限公司	汉中	中药研发、生产、销售	欧珂药业	抗癌专家——食道平散荣获陕西省中小企业名优产品、陕西省名牌产品。食道平散、蟾马正痛酊被列入陕西省优势品种目录。公司先后荣获西部大开发鼓励类企业、陕西省认定企业技术中心、陕西省社会诚信单位、陕西省生产质量信用A级企业、银行信用AAA级、陕西省著名商标	

续表

企业名称	地区	主导产业	品牌	创牌成就	品牌LOGO
延安必康制药股份有限公司有限	延安	原料药、中成药、化学药品、生物制剂、健康产品生产	必康唯正、古到金牌、心荣牌	"心荣"品牌被认定为西安市著名商标;"必康唯正"和"博士宝宝"被认定为陕西省著名商标。主要产品以"必康唯正"为品牌打造的多种药品组合,具有广泛的市场知名度,"必康唯正牌感冒清热颗粒""必康唯正安胃胶囊""古到金牌补肾强身胶囊"被授予陕西省名牌产品称号	九九久 延安必康品牌LOGO/图标展示
延安制药股份有限公司	延安	中药材、中成药、中药饮片产、供、销	常泰仙术鸿雁心神宁片	公司的注册商标"常泰""仙术""鸿雁"被评为"陕西著名商标",公司"常泰"牌商标于2012年被评为"国家驰名商标"。公司核心产品"心神宁片"多次被陕西省人民政府授予"名牌产品"	
陕西方舟制药有限公司	铜川	研发、生产、经营、销售、中药材种植	方舟	方舟复方斑蝥胶囊以疗效与质量塑造口服抗肿瘤用药第一品牌"方舟氧氟沙星胶囊""方舟氨咖甘片"为国家质量标准	方舟制药 ARK PHA.LTD
陕西兴盛德药业有限责任公司	铜川	中药饮片生产加工	兴盛德	2010年,"兴盛德"牌中药饮片全系列产品获得"西安市名牌产品"称号	兴盛德 SCIENDAN

续表

企业名称	地区	主导产业	品牌	创牌成就	品牌 LOGO
陕西艾尔肤组织工程有限公司	西安	医用工程、生物工程、组织工程、生物材料、生物技术（包括皮肤产品）开发	安体肤	作为从事再生医学研究的高科技民营企业，陕西艾尔肤是中国"制造器官"的"领头羊"。安体肤作为公司承担的国家"863 计划"项目、国内唯一的组织工程产品，是中国组织工程领域唯一获准注册的产品，并成功实现产业化	
西安迪赛生物药业有限责任公司	西安	片剂生产销售、化学药制剂、中成药	迪赛	陕西省药品生产骨干企业。目前，公司所有生产剂型均已通过 2010 版 GMP 认证，为生产高质量、高科技的产品奠定了坚实基础。公司研发中心被陕西省政府认定为省级企业技术中心	
陕西巨子生物技术有限公司	西安	护肤品、医用材料、保健品的开发	可复美	系列产品可丽金、可复美、可愈等被授予西安市名牌产品、陕西省名牌产品、陕西省著名商标等多个殊荣	
陕西嘉禾生物科技股份有限公司	西安	植物提取物、植物化工产品、化工合成产品的开发、生产、销售	嘉禾	植物药用活性成分鉴别、研究、开发与生产经验，专注于为制药、保健食品及化妆品等行业客户提供革新性的产品和创新性的服务	JIAHERB essentials of nature

195

续表

企业名称	地区	主导产业	品牌	创牌成就	品牌LOGO
陕西博森生物制药股份集团有限公司	西安	药品生产、零售、批发；食品生产；保健食品生产	博森制药	公司拥有完全符合GMP要求的生产化原料提取纯化车间、口服固体制剂车间和小容量注射剂、胶囊剂、片剂、颗粒剂、散剂、冻干粉剂七大系列几十种产品	博森制药
西安万隆制药股份有限公司	西安	抗感染制剂系列、血容量扩充剂系列、肿瘤用微生物制剂、肠外营养液系列等	万隆	曾获陕西省慈善协会"慈善事业突出贡献奖"、西安市高新区"优秀瞪羚企业""最具自主创新能力企业""生物医药十强企业"等荣誉	VERTEX
陕西麦可罗生物科技有限公司	渭南	生物农药原料药，生物医药中间体研发、生产	麦克罗	先后被工业和信息化部认定为"绿色工厂""绿色制造""绿色产品""绿色示范"专精特新"小巨人"企业，被省工信厅认定为"质量标杆"企业	MICROBE 麦可罗
陕西佰美基因股份有限公司	咸阳	人体基因诊断与治疗技术开发；医学研究和试验发展	佰美基因	获得陕西省专精特新中小企业、陕西省新互联时代创新企业、纳税信用A级纳税人、综合治税优秀纳税企业、西安市硬科技重点企业和重点项目单位、西安市"龙门计划"重点后备上市企业"未来之星"、陕西省中小企业创新研发中心等荣誉	Lifegen 佰美基因

续表

企业名称	地区	主导产业	品牌	创牌成就	品牌LOGO
陕西秦明医学仪器股份有限公司	西安	制造、经营心脏起搏器及相关医疗器械产品的高科技企业	秦明医学	曾多次荣获国家/省部级科技成果奖，被授予"高新技术企业"，产品被授予"国家重点新产品"。经过20多年的心脏起搏器生产经营实践，建立了一套完善的产品制造体系和严格的质量控制体系	
西安蓝港数字医疗科技股份有限公司	西安	医疗专用车、心电测量分析设备、医用磁共振成像设备、远程医疗等4大类医疗产品的研发、生产	蓝港、landcom	公司"蓝港""landcom"已经发展成为医疗行业的著名品牌，1999年顺利通过英国国家NQA ISO 9001标准质量认证，塑造独特新颖的高科技民营企业形象	
西安华海盈泰医疗信息技术有限公司	西安	医疗信息化数字化技术、远程医疗、移动医疗、互联网健康等方面	华海银泰	华海公司拥有医学影像信息化平台、临床信息化平台、远程会诊平台、区域医疗信息化平台、心电系统、电子病历等数百项自主知识产权的优秀软件产品，先后承担了国家发展与改革主管部门高技术示范工程，通过卫生主管部门首批产品评审、荣获总后卫生主管部门指定选型产品	

续表

企业名称	地区	主导产业	品牌	创牌成就	品牌LOGO
西安大医集团股份有限公司	西安	第一类医疗器械生产；第一类医疗器械销售等	OUR	2019年大医集团荣获陕西省"五一劳动奖状"，并被西安市政府认定为"独角兽成长企业"。旗下的OUR品牌在放射治疗领域具有超过25年的历史，是伽马刀产品制造商及服务提供商	OUR
西诺医疗器械集团有限公司	西安	一类、二类医疗器械的生产销售；一类、二类、三类医疗器械	西诺	形成了以西诺（Sinol）为核心品牌，以牙科综合治疗机和牙科手机为主导，涵盖清洗灭菌系列、口腔教学模拟系统和技工系列、临床器械设备系列、数字影像设备系列、集成服务在内的七大系列，以及口腔材料种植体销售等多类产品，目前已发展成为业内的知名品牌	SINOL 西诺
西安汇智医疗集团有限公司	西安	第二类医疗器械销售；第一类医疗器械生产	汇智	先后被认定为国家高新技术企业、国家专精特新"小巨人"企业、陕西省知识产权优势企业、陕西省民营科技企业、陕西省中小企业创新研发中心等	Winziss 汇智

续表

企业名称	地区	主导产业	品牌	创牌成就	品牌LOGO
陕西华远医药集团有限公司	西安	药品和医疗器械销售	华远医药	陕西省人民政府指定并直接监管的唯一的药品、医疗器械应急救灾储备单位，承担着全省多种药品及医疗器械储备任务	HYMG 华远医药集团 HUAYUAN MEDICINE GROUP

综上所述，医药产业非陕品牌有国药控股陕西有限公司、上药科园信海陕西医药有限公司、西安杨森制药有限公司、陕西步长制药有限公司4家企业；陕西省医药企业品牌主要包括西安力邦制药有限公司、西安利君制药有限责任公司、陕西东泰制药有限公司等48家企业，其中现代中药企业22家、化学药企业11家、生物医药企业8家、高端医疗器械企业7家，陕西省依托丰富的中药材资源，大力发展现代中药，打造"秦药"品牌，品牌建设存量较为丰富。

（二）具有品牌竞争力的优势品牌存量

1. 按经济效益维度

本书列示了陕西省医药营收排名靠前的企业及其上榜的榜单，这些榜单由不同主体根据营业收入进行排名（见表2-66）。

表2-66　陕西省医药营收上榜企业一览表　　　　单位：亿元

公司名称	榜单一	榜单二	榜单三	榜单四
陕西医药控股集团有限责任公司	—	—	—	16
陕西华氏医药有限公司	—	—	—	95
西安利君制药有限责任公司	43	—	—	—
金花企业（集团）股份有限公司	46	79	—	—
陕西丽彩集团股份有限公司	—	56	—	—

续表

公司名称	榜单一	榜单二	榜单三	榜单四
陕西东泰制药有限公司	—	57	—	—
西安世纪盛康药业有限公司	—	58	—	—
陕西盘龙药业集团股份有限公司	—	88	—	—
西安千禾药业股份有限公司	—	93	—	—
西安力邦制药有限公司	—	—	70	—

资料来源：榜单一，2020第六届中国最具影响力医药企业百强；榜单二，2020年中国中药企业百强；榜单三，2020年中国化药企业百强；榜单四，2020陕西企业100强。

其中："2020陕西企业100强"榜单由陕西省企业家协会发布，以2019年营业收入为主要依据，综合评选出省内前100强企业；"2020第六届中国最具影响力医药企业百强"榜单由中国董事局网与中国数据研究中心共同发布，榜单以在沪深主板、中小板、创业板及新三板上市的医药企业为基础，从药企的营销管理指标、财务指标及创新指标入手进行综合评选；"2020年中国医药工业百强系列榜单"，从各大医药企业的研发投入和专业推广等方面进行综合评选，最终确定中国化药企业100强、中国中药企业100强等系列名单、2020年度中国医疗器械企业20强、2020年度中国生物医药企业20强。

从榜单一可以看出，陕西有西安利君制药有限责任公司和金花企业（集团）股份有限公司2家企业上榜；从地区分布看，上海和深圳以9家上榜企业并列排行榜榜首；其次是杭州、广州和北京，均有5家医药企业上榜；江苏和武汉均有4家医药企业上榜，成都、陕西等地区均有1~3家企业上榜；从企业来看，西安利君制药有限责任公司和金花企业（集团）股份有限公司在榜单中分别排第43名和第46名，总体排名中等。

从榜单二不难发现，陕西有陕西丽彩集团股份有限公司和陕西东泰制药有限公司等6家企业入选。从地区分布看，中药企业主要集中在广东（13

家)、湖南（7家）、陕西（6家），山东、江苏、江西和贵州各有5家企业入选，陕西在中药企业总数上位列第3，仅次于广东和湖南，说明陕西中药企业具有较大优势。通过分析近3年来中国中药企业百强榜单，2019年中国中药百强企业中，陕西入选5家，2018年中国中药百强企业中，陕西入选5家，可以发现近3年来的入选数量趋于稳定，其中西安世纪盛康药业有限公司、西安千禾药业股份有限公司、金花企业（集团）股份有限公司和陕西东泰制药有限公司4家企业均连续3年入选。

从榜单三可以看出，陕西仅有西安力邦制药1家企业入选。从地区分布看，浙江以15家企业上榜位列第1，其次是山东和江苏分别上榜14家和12家企业，数量前三的省份占据榜单企业总数的41%。从企业来看，西安力邦制药有限公司排名第70，排名靠后，说明在化学药方面与其他省份和企业相比不占优势。

从榜单四不难发现，陕西有3家医药企业入选2020年陕西省百强企业，其中陕西医药控股集团有限责任公司排名第16，在2018年陕西省百强企业中排名第20，在2019年陕西省百强企业中排名第16，连续三年持续入选并且稳定位列前20强，营收位于陕西企业前列。

2. 按技术创新维度

近年来，我国医药产业积极寻求技术、商业模式及企业管理创新。政府出台多项改革政策全方位支持创新，加上数字化技术的快速发展，令世界各国看好中国医药市场前景。陕西省贯彻落实《医药产业发展实施方案》和"115551"工程项目，发挥基金带动作用，促进医药工业转型升级。本书列示了陕西省医药企业在科技创新方面处于领先地位的企业，从企业创新综合能力和省工信厅的评定结果来进行分析。

（1）省科技厅评定的创新综合实力百强企业 "2020年陕西高新技术企业创新综合能力100强"中，生物医药行业有3家企业上榜，且均排名较靠后。具体如表 2-67 所示。

表 2-67 医药产业创新综合能力榜单

公司名称	排名	行业分类
西安力邦制药有限公司	72	化学药
西安大医集团股份有限公司	82	高端医疗器械
陕西嘉禾生物科技股份有限公司	85	生物医药

资料来源：陕西省科技厅发布的 2020 年陕西高新技术企业创新综合能力 100 强。

（2）国家工业和信息化部、省工信厅评定的创新企业陕西省工信厅参照工业和信息化部、财政部《技术创新示范企业认定管理办法（试行）》，评定陕西企业技术中心及技术创新示范企业。医药产业中，被认定为国家级企业技术名单的企业仅有西安利君制药有限责任公司 1 家，认定为省级企业技术中心名单的企业有 28 家。其中，现代医药行业的企业数量最多，占企业技术中心总数的 53.6%。医药产业中被认定为省级技术创新示范企业的共有 9 家，其中现代医药行业有 6 家，占总数的 66.7%，如表 2-68 所示。

表 2-68 医药产业陕西省国家级、省级企业技术中心名单

类别	序号	企业名称	地区	行业分类
陕西省国家级、省级企业技术中心名单	1	西安利君制药有限责任公司（国家级）	西安	化学药
	2	陕西医药控股集团有限责任公司	西安	化学药
	3	西安力邦制药有限公司	西安	化学药
	4	陕西白鹿制药股份有限公司	咸阳	化学药
	5	陕西康惠制药股份有限公司	咸阳	化学药
	6	陕西郝其军制药股份有限公司	杨凌	化学药
	7	西安碑林药业股份有限公司	西安	现代中药
	8	清华德人西安幸福制药有限公司	西安	现代中药
	9	陕西汉唐制药有限公司	西安	现代中药
	10	西安世纪盛康药业有限公司	西安	现代中药
	11	金花企业（集团）股份有限公司	西安	现代中药
	12	陕西紫光辰济药业有限公司	宝鸡	现代中药

续表

类别	序号	企业名称	地区	行业分类
陕西省国家级、省级企业技术中心名单	13	陕西东泰制药有限公司	咸阳	现代中药
	14	陕西汉江药业集团股份有限公司	汉中	现代中药
	15	陕西汉王药业股份有限公司	汉中	现代中药
	16	陕西香菊制药有限责任公司	商洛	现代中药
	17	陕西盘龙药业集团股份有限公司	商洛	现代中药
	18	陕西欧珂药业有限公司	商洛	现代中药
	19	陕西天士力植物药业有限责任公司	商洛	现代中药
陕西省国家级、省级企业技术中心名单	20	陕西必康制药集团控股有限公司	商洛	现代中药
	21	陕西东科制药有限责任公司	杨凌	现代中药
	22	安康北医大制药股份有限公司	安康	现代中药
	23	陕西嘉禾生物科技股份有限公司	西安	生物医药
	24	陕西博森生物制药股份集团有限公司	西安	生物医药
	25	西安万隆制药股份有限公司	西安	生物医药
	26	西安迪赛生物制药有限责任公司	西安	生物医药
	27	陕西麦可罗生物科技有限公司	渭南	生物医药
	28	西诺医疗器械集团有限公司	咸阳	高端医疗器械
陕西省省级技术创新示范企业名单	1	西安力邦制药有限公司	西安	化学药
	2	清华德人西安幸福制药有限公司	西安	现代中药
	3	西安碑林药业股份有限公司	西安	现代中药
	4	陕西汉江药业集团股份有限公司	汉中	现代中药
	5	陕西盘龙药业集团股份有限公司	商洛	现代中药
	6	延安常泰药业有限责任公司	延安	现代中药
	7	杨凌东科麦迪森制药有限公司	杨凌	现代中药
	8	陕西麦可罗生物科技有限公司	渭南	生物医药
	9	陕西海斯夫生物工程有限公司	杨凌	生物医药

资料来源：陕西省工信厅。

3. 按品牌价值维度

本部分从品牌价值榜上榜企业和工信厅评定的省级工业品牌培育示范企业两方面进行分析。

2020年中国上市公司品牌价值榜对A股上市公司的品牌价值进行了排名,其中,陕西省生物医药产业仅延安必康1家上市企业上榜;在2021中国品牌价值评价信息榜单中,陕西省共上榜11个企业品牌,其中医药产业有2家企业上榜。具体如表2-69所示。

表2-69 医药产业企业品牌价值榜单

榜单名称	榜单类别	排序	证券简称	品牌价值（亿元）
2020年中国上市公司品牌价值榜	医药	43	延安必康	31.52
2021中国品牌价值评价信息	医疗健康	14	陕西步长制药有限公司	61.77
2021中国品牌价值评价信息	自主创新	48	陕西盘龙药业集团股份有限公司	5.03

资料来源：上市公司品牌价值榜蓝皮书。

陕西医药行业共有6家工业培育示范企业,数量与其他行业相比较少,但是其中包括清华德人西安幸福制药有限公司和陕西健民制药有限公司2家国家级工业品牌培育示范企业,具体如表2-70所示。

表2-70 医药产业国家级、省级工业品牌培育示范企业

企业名称	地区	行业类别
清华德人西安幸福制药有限公司（国家级）	西安	现代中药
陕西健民制药有限公司（国家级）	咸阳	现代中药
西安碑林药业股份有限公司	西安	现代中药
陕西必康制药集团控股有限公司	商洛	现代中药
陕西香菊药业集团有限公司	商洛	现代中药
陕西佰美基因股份有限公司	咸阳	生物医药

资料来源：陕西省工信厅。

4. 优势品牌筛选

综合上述各维度分析结果,本书将同时在不同维度出现2次和2次以上

的企业定义为该行业内的优势企业,将仅在一个维度的企业认定为综合发展有待提高的企业。

陕西盘龙药业集团股份有限公司在营业收入、技术创新和品牌价值方面均处于前列,在品牌价值方面以61.77亿元居医疗健康类第14位,优势显著。该公司是集药材GAP种植,药品生产、研发、销售和医药物流为核心产业的现代高新技术企业,2016年入选"陕西百强企业",2017年11月在深交所A股挂牌上市。2018~2020年,3次蝉联中国医药工业百强榜单。公司拥有通过新版国家GMP认证的片剂、胶囊等11条生产线及配套检验、科研设备,有九大功能100多个类别的强大产品阵容,已形成年产值达10多亿元的生产经营规模,其产品盘龙七片、盘龙七药酒、克比热提、三七伤药片被评为陕西省名牌产品。

西安利君制药有限责任公司和金花企业(集团)股份有限公司不仅在营业收入方面上榜中国最具影响力医药企业百强榜,而且在技术创新方面均具有显著优势,分别被评为国家级和省级企业技术中心。西安利君制药有限责任公司目前主要经营新型制剂、医药原料和高质保健品。秉承"卓越品质、孜孜追求"的企业理念,产品以过硬的质量、卓越的品质,深受市场和消费者青睐,主导产品"利君沙"是抗菌消炎药中的领军品牌。继"利君沙"驰名全国之后,公司又陆续向市场推出了中国驰名商标"派奇"系列产品,"多贝斯""好感感冒药""维口佳""利君可好""升态""利君钙""青春态"等产品品牌。此外,在中国品牌价值研究院发布的《2016年中国品牌500强》排行榜中,利君制药凭借"利君沙"品牌排第466名。据悉,利君制药是西北地区唯一入围的医药品牌。金花企业(集团)股份有限公司是一家以中成药、生物药、化学药的研发、生产和营销为主导,涉及医药物流领域的上市公司,下属西安金花制药厂"金花"牌转移因子系列药作为人体免疫调节类药品,以其高品质和安全性,销量一直在全国市场稳居前列;"金花"牌儿童系列药在多年的持续运营中形成了质量稳、价格优、安全可靠的竞争优势，受到广大患者的认可和信赖。

西安力邦制药有限公司入选中国化药企业百强，并在技术创新方面具有显著优势，是一家集药品研发、生产、销售于一体的高新技术企业。作为陕西省重点扶持的医药企业，力邦是科技部认定的国家级企业研究开发中心，陕西省脂质体工程技术研究中心，西安高新区生物医药公共技术服务平台颁发的缓控释递药技术研究中心，承担863等科技项目多项，同时承担了9项市级以上科研立项项目。公司拥有授权专利证书46项，新药证书9份，国药准字号产品62个，陕药准字号产品2个，中国驰名商标2个，出口欧盟的原料药1个。

延安必康制药股份有限公司入选了中国上市公司品牌价值榜，在品牌价值方面具有较大优势，公司为集原料药、中成药、化学药品、生物制剂、健康产品生产和营销于一体的现代化大型医药企业集团，拥有下属子公司40余家。2019年，延安必康与中央电视台合作，签约"国家品牌计划"项目，在国家平台塑造国家品牌。必康制药和"必康唯正"荣登央视，进一步强化了企业品牌，使"必康唯正"药品组合市场知名度提升。由中国人民大学和中华商标协会共建的中国人民大学中国商标品牌研究院发布的《2019年中国沪深上市公司商标品牌价值排行榜》，延安必康以161.87亿元的品牌价值位列第87名。延安必康的上榜，代表着先进制造业的商标品牌价值获得了市场各方的认可，也是公司长期深耕市场积累口碑的必然结果。延安必康全资子公司陕西必康拥有丰富的产品系列及品牌，其中"心荣"系列产品以其独特的修复心肌功能优势的疗效在心脑血管领域取得了良好的口碑。"心荣"品牌被认定为西安市著名商标。"必康唯正"和"博士宝宝"被认定为陕西省著名商标，"必康唯正牌感冒清热颗粒""必康唯正安胃胶囊""古到金牌补肾强身胶囊"被授予陕西省名牌产品称号，"必康唯正牌安胃胶囊""必康

第二章　陕西省优势（支柱）产业品牌发展现状

唯正牌八正片"在消费者市场具有较高的美誉度；以"博士宝宝"小儿感冒颗粒、小儿止咳糖浆、小儿化痰止咳颗粒为核心的儿科系列产品组合，在儿科用药中拥有良好的口碑。

清华德人西安幸福制药有限公司被评为国家级工业品牌培育示范企业，代表该企业品牌价值较高，品牌竞争力较强。公司是国家火炬计划重点高新技术企业、中国驰名商标企业、陕西省创新型企业、西安市生物医药龙头企业。幸福制药拥有陕西省创新生物技术研究院、陕西省创新药物中试工程中心、陕西省企业技术中心、西安市企业技术中心，并与西安交大共建有血管性药物筛选与分析国家地方联合工程中心，被陕西省人民政府认定为"第二批省级制造业创新中心"。

综上所述，以上6家企业为陕西省生物医药行业领域具有强劲品牌优势的企业。同时，报告还筛选出11家创新能力较强，但综合发展有待提高的企业包括陕西汉唐制药有限公司、西安世纪盛康药业有限公司、陕西嘉禾生物科技股份有限公司、陕西博森生物制药股份集团有限公司、西安万隆制药股份有限公司、陕西紫光辰济药业有限公司、宝鸡阜丰生物科技有限公司、陕西白鹿制药股份有限公司、西诺医疗器械集团有限公司、陕西康惠制药股份有限公司。总的来看，优势品牌主要集中在现代中药制药企业；从数量上看，具有强劲优势的品牌较少；从质量上看，现有企业有较强的创新能力，但品牌优势不明显，品牌综合竞争力有待提高。

（三）具有发展潜力的成长品牌存量

1. 发展潜力巨大的成长型企业

本部分将被工业和信息化部评定为制造业单项冠军的企业或上市企业定义为医药产业中发展潜力巨大的成长型企业。

制造业单项冠军企业遴选指标包括长期专注于制造业某些特定细分产品市场，生产技术或工艺先进，市场占有率高、抗风险能力强。陕西医药产业未有企业入选国家级制造业单项冠军企业名单，有3家企业入选陕西省制造业单项冠军企业名单，有2家企业被认定为单项冠军培育企业。如表2-71所示。

表2-71　陕西医药产业发展潜力巨大的成长型企业

品牌归属	企业名称	产品名称	级别	获奖年份	地区
非陕西省	陕西步长制药有限公司	脑心通胶囊	省级	2021	咸阳
陕西省	陕西麦可罗生物科技有限公司	春雷万素原药及制剂系列产品	省级	2021	渭南
	西诺医疗器械集团有限公司	牙科综合治疗机	省级	2022	西安
	陕西东泰制药有限公司*	华蟾素胶囊	省级	2021	咸阳
	陕西香菊药业集团有限公司*	香菊片	省级	2021	商洛

注：*为单项冠军培育企业。
资料来源：陕西省工信厅。

在"专精特新"和瞪羚企业中上市的企业仅有西安康拓医疗技术股份有限公司1家，该公司于2021年在上海证券交易所科创板上市，证券简称为"康拓医疗"。

陕西麦可罗生物科技有限公司是专业从事生物农药原料药，生物医药中间体研发、生产、销售的国家高新技术企业。拥有"国家企业技术中心""生物农药国家地方联合工程研究中心"，牵头制定的春雷霉素原药及制剂等产品的国家标准已颁布实施，2020年牵头制定了中生菌素行业标准；正在牵头制定多抗霉素国家标准。先后被工业和信息化部认定为"绿色工厂""绿色制造""绿色产品""绿色示范"专精特新"小巨人"企业，被省工信厅认定为"质量标杆"企业。面对新形势新要求，公司将加快生物医药中间体强链补链建设，以科技成果转化和技术领先创造优质品牌服务，为构建新发展格局、推动高质量发展作出更大贡献。

西诺医疗器械集团有限公司在口腔医疗设备领域取得了显著的成就，形成了以西诺为核心品牌，涵盖清洗灭菌系列、口腔教学模拟系统和技工系列等在内的七大系列,以及口腔材料种植体销售等产品,目前已发展成为行业内名副其实的知名品牌。西诺在产品开发上始终坚持科技创新为本,采取自主研发与技术引进相结合的技术研发策略,公司建有省级企业技术中心和陕西省口腔医疗设备工程技术研究中心,重视研发和工艺处理能力的发展与创新。未来,西诺将在做大做强口腔医疗业务的同时,不断提升自身在高端制造、创新发展、整合营销等方面的优势,努力成为国际知名品牌的口腔医疗设备制造商和系统集成服务商。

西安康拓医疗技术股份有限公司专注于神经外科、心血管外科、颅颌面外科、口腔科等专业领域,是一家集三类植入医疗器械的研发、生产和销售服务于一体的高新技术企业。植根于医用钛金属和高分子材料的研发、加工和生产,目前取得植入类医疗器械专利10余项和产品注册证多项;西安康拓在自主研发生产的同时放眼国际,在全球范围内寻求新技术、新产品,力求为中国的医生与患者提供更好的产品及服务。

2. 成长有待提高的企业

本部分将被仅认定为专精特新"小巨人"企业或国家高新区瞪羚企业的企业定义为成长有待提高的企业。

将工业和信息化部对于专精特新定义和医药行业细分领域标签特征进行匹配,不难发现,专业化对应化学原料,精细化对应化学制剂和医药商业,特色化对应中药和医疗服务,创新化对应医疗器械和生物制品。"专精特新"企业"小而尖""小而专",长期专注于某些细分领域,在技术工艺、产品质量上深耕细作,具有专业程度高、创新能力强、发展潜力大等特点,有些企业因为突破关键核心技术,一跃成为行业中的"小巨人"。从表2-71可以看出,在医药产业中,陕西有专精特新"小巨人"企业6家,占陕西省国家级专精特新企业总数的5.26%。企业主要集中在关中地区,其中3家分布在西安,2家分布在咸阳,1家分布在渭南,如表2-72所示。

表 2-72　陕西省医药产业专精特新"小巨人"企业

行业分类	企业名称	主营业务	地区
化学药	陕西天宇制药有限公司	医用口罩批发；医用口罩零售；第一类医疗器械生产；第二类医疗器械生产；第三类医疗器械经营	西安
现代中药	陕西东科制药有限责任公司	片剂、硬胶囊剂、颗粒剂、散剂（含外用）、软膏剂、贴膏剂（橡胶膏剂）、贴剂的开发、生产；小型医疗器械的研发	咸阳
生物医药	陕西麦可罗生物科技有限公司	活菌制剂、酶制剂的研发、制造、销售	渭南
高端医疗器械	西安天隆科技有限公司	第一类医疗器械生产；第一类医疗器械销售；第二类医疗器械销售	西安
高端医疗器械	西诺医疗器械集团有限公司	第一类、第二类医疗器械的生产销售；第一类、第二类、第三类医疗器械销售	咸阳
高端医疗器械	西安汇智医疗集团有限公司	第二类医疗器械销售；第一类医疗器械生产；第一类医疗器械销售	西安

资料来源：国家工业和信息化部。

瞪羚企业是新兴产业的引领者，若能够在良好产业生态环境和资金链支持下，围绕一种新的商业模式或一条新的技术路线健康发展，不仅会进化成为独角兽，甚至可以直接带出一个主导产业，医药中的瞪羚企业是陕西省应大力扶持的重点之一。从表 2-73 可以看出，在陕西的 240 家国家高新区瞪羚企业中，医药企业共 12 家，占据陕西省国家高新区瞪羚企业数量的 4.98%。企业主要集中分布在关中地区，少数企业分布在陕南地区，其中 9 家企业在西安，咸阳、杨凌、渭南和安康各有 1 家企业。

表 2-73　陕西省医药产业国家高新区瞪羚企业

行业分类	企业名称	主营业务	地区
化学药	杨凌大西农动物药业有限公司	兽药散剂、粉剂、预混剂与添加剂预混合饲料、混合型饲料添加剂的生产与销售	杨凌
化学药	陕西步长高新制药有限公司	片剂、颗粒剂、胶囊剂、洗剂、熨剂的生产、销售	西安

续表

行业分类	企业名称	主营业务	地区
化学药	陕西合成药业股份有限公司	药物研究及技术转让；化工产品的销售及进出口业务	西安
现代中药	陕西利君现代中药有限公司	药物制剂、保健品、保健食品、消毒产品、医疗器械（第一类、第二类、第三类）、中药材、中药饮片的生产及销售	渭南
	安康中科麦迪森天然药业有限公司	中药原药（药品除外）的研制、开发及相关技术的转让、咨询、服务；商品进出口贸易	安康
生物医药	西安天一生物技术股份有限公司	植物提取物、动物提取物、医药中间体、精细化工产品的研发、生产、销售	西安
	西安远大德天药业股份有限公司	医药制造业	西安
	西安正浩生物制药有限公司	硬胶囊剂（外用）的生产；保健品（不含保健食品）的研究、生产、销售	西安
	陕西巨子生物技术有限公司	护肤品、医用材料、保健品的开发	西安
高端医疗器械	陕西博森生物制药股份集团有限公司	第一类医疗器械销售；第一类医疗器械生产；化妆品批发	西安
	西安康拓医疗技术股份有限公司	医疗器械的研究、生产和销售；货物与技术的进出口经营	西安
	西安岳达生物科技股份有限公司	医疗器械的研究、生产和销售；货物与技术的进出口经营	西安

资料来源：科学技术部火炬高技术产业开发中心。

第六节 原材料产业

一、产业基本情况

（一）定义及作用

原材料产业是先进制造业的基础产业，对工业转型升级具有重要的推动作用，是发展新能源、高端装备制造等其他战略性新兴产业，实现中国制造重大国家战略目标的支撑和保障。本书中的原材料产业包括钢铁、有色金属工业等，也包括新材料产业，如超导材料、新能源材料等。其中，有色金属工业可进一步细分为有色金属矿采选业、黑色金属矿采选业、橡胶和塑料制品业、黑色金属冶炼及压延加工业、有色金属冶炼及压延加工业、金属制品业等。原材料产业是实体经济的根基，是支撑国民经济发展的基础性产业和赢得国际竞争优势的关键领域，是产业基础再造的主力军和工业绿色发展的主战场。原材料产业链的构成，从原材料的加工、生产到最终消费，一般分为3个部分，具体如图2-11所示。

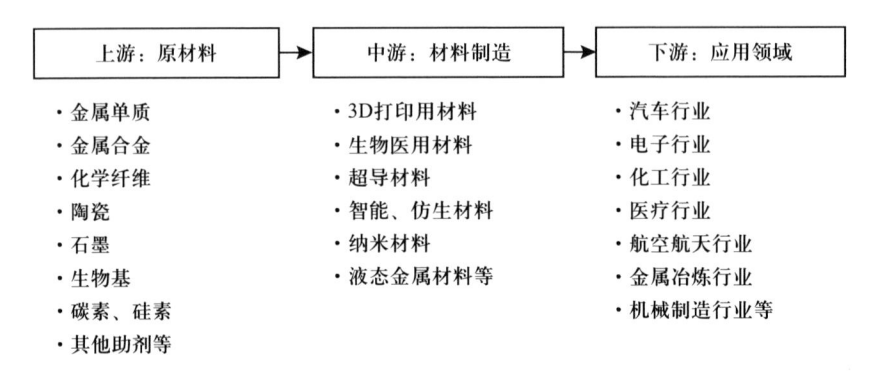

图2-11 原材料产业链

（二）资源禀赋

从资源看，有色金属是陕西原材料的"陕西特色"，其主要分布在宝鸡、铜川、汉中、商洛、渭南等地。关中地区有煤、钼、金、非金属建材、地热等矿产；陕南地区出产有色金属、贵金属、黑色金属及各类非金属矿产。全省已发现各类矿产138种（含亚矿种），已查明有资源储量的矿产91种，探明矿产地1057处。其中，大型矿产地245处，中型矿产地237处，小型矿产地559处。陕西省在钛金属、钨、钼难熔金属以及稀贵金属原材料领域具有优势，钛材产量约占世界产量的20%，国内产量的80%。钛材料加工量占全国六成以上，钼金属深加工量也占到全国的一半，技术水平、产业规模均居国内领先地位。

（三）产业集群

陕西在钛、钼、铅锌、钒等领域的研发和生产处于国内领先地位，初步形成了以西安经开区、宝鸡高新区、咸阳泾渭新区、西咸渭商榆光伏产业聚集区以及安康材料基地、商洛现代材料产业基地为核心的材料产业聚集区。陕西省重点产业园区分布如表2-74所示。

表2-74 陕西省原材料产业基地园区情况

基地、园区名称	重点领域	等级
西安高新区新材料产业园	液晶材料、电子信息材料	国家级
西安经济开发区新材料产业园	超导材料、高性能金属复合材料、新能源材料	国家级
安康高新区先进复合材料基地	新型金属材料、无机非金属材料、硅材料	国家级
宝鸡高新技术产业开发区	新型材料	国家级
咸阳高新技术产业开发区	新型合成材料	国家级
商丹循环工业经济区新材料产业园	光伏产业、氟材料、锌及锌合金材料	省级
汉中洋县现代材料产业园	有色金属新材料、新型建筑材料产业、非金属新材料产业	省级

资料来源：陕西省"十三五"工业和信息化规划汇编。

（四）经济现状

陕西是国家重点打造的原材料特色产业基地，近几年陕西原材料产业规模有所壮大，但受原材料价格影响，原材料产业总产值有所下降，从陕西省原材料产业的经济数据来看，从2017年开始原材料产业的总产值有所下降，增长率为-12.71%，直到2019年才开始有所回升，2019年原材料产业的增速由负转正，比上年增长1.03%，发展势头有所回升，如图2-12所示。

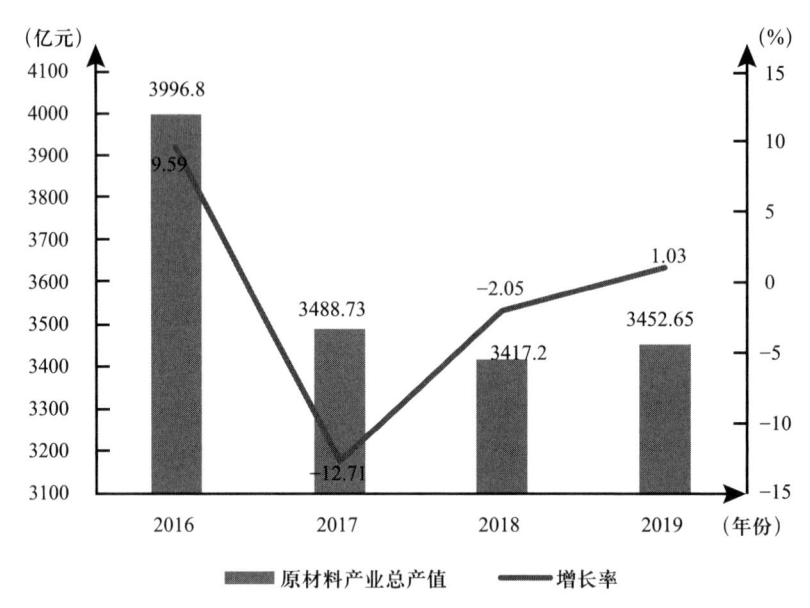

图 2-12 陕西原材料产业总产值及增长率（2016~2019 年）

资料来源：陕西省统计局。

（五）发展现状及规划

陕西是原材料研发强省，其研发创新能力居全国前列。西北工业大学、西安交通大学、西北有色金属研究院、中科院西安光机所、西安建筑科技大学、西安墙体材料研究设计院、咸阳陶瓷研究设计院等高校、科研院所和军工科研院所，构成了具有较强竞争力的原材料科技研发体系。

根据"十三五"规划，陕西原材料产业依托陕西有色集团、西北有色金属研究院等龙头企业，重点发展以钛、镁、铝等轻质合金为主的高端金属结构材料；以钨、钽、铌、钼及稀贵金属为主的高端金属功能材料；锆钛合金为主的核电用乏燃料后处理材料；以碳纤维、超导材料、晶体材料为主的前沿新材料；以特种玻璃及玻璃纤维、新型建材为主的无机非金属新材料。

以西安、宝鸡国家新材料基地建设为支撑，发挥西北有色金属研究院、陕西有色金属集团等龙头企业的引领作用，聚焦航空航天、兵器船舶、核电等国家重点战略需求，以及半导体、冶金、汽车、医疗等民用市场领域需求，发展金属纤维、超导材料、高温合金等金属材料，碳材料、高性能弹性体等非金属材料和生物医药、新能源领域前沿新材料，加快核心技术、关键工艺、生产设备突破升级，推动形成上下游企业互动对接、区域间协作配套的产业集群。推进超导产业创新中心、钛谷新材料基地、航空航天高性能金属材料产业园、氟硅新材料等项目投产建设。

二、品牌发展现状

（一）品牌发展现状

陕西原材料产业在近年来的发展中形成了一大批知名企业，如陕西有色金属控股集团有限责任公司、陕西钢铁集团有限公司等大型国有企业，其旗下子公司生产的相关产品形成了众多知名品牌（见表2-75）。共41家陕西省原材料企业，其所属品牌商标、所在地、主导产业、创牌成就汇总如表2-76所示。

表2-75 原材料产业陕西省自主品牌创建企业简表

行业分类	重点企业
钛产业（12家）	西北有色金属研究院、西部钛业有限责任公司、西部金属材料股份有限公司、西部超导材料科技股份有限公司、西安赛特思迈钛业有限公司、西安天力金属复合材料股份有限公司、国核宝钛锆业股份公司、西部新锆核材料科技有限公司、宝鸡巨成钛业股份有限公司、陕西斯瑞新材料股份有限公司、西安超晶科技有限公司、宝钛集团有限公司（陕西有色集团子公司）
钼及稀贵金属产业（7家）	陕西华银科技股份有限公司、西安瑞福莱钨钼有限公司、西安凯立新材料股份有限公司、陕西丰源钒业科技发展有限公司、西安诺博尔稀贵金属材料股份有限公司、金堆城钼业集团有限公司（陕西有色集团子公司）、金堆城钼业股份有限公司（陕西有色集团子公司）

续表

行业分类	重点企业
铝产业（4家）	陕西铭帝铝业有限公司、陕西天元智能再制造股份有限公司、陕西大秦铝业有限责任公司、陕西有色榆林新材料有限责任公司（陕西有色集团子公司）
镁产业（3家）	神木市东风金属镁有限公司、陕西绥德臻梦镁合金材料有限公司、西安海镁特镁业有限公司
铅锌冶炼（3家）	东岭集团股份有限公司、汉中锌业有限责任公司（陕西有色集团子公司）、陕西锌业有限公司（陕西有色集团子公司）
其他金属（4家）	陕西华泽镍钴金属有限公司、陕西天沐有限公司、西安迈科金属国际集团有限公司、陕西有色金属控股集团有限责任公司
钢铁行业（3家）	陕西龙门钢铁有限责任公司、陕钢集团汉中钢铁有限责任公司、陕钢集团韩城钢铁有限责任公司
铁合金行业（1家）	咸阳宝石钢管钢绳有限公司

表2-76 陕西省原材料产业自主品牌创建情况

企业名称	地区	主导产业	品牌	创牌成就	LOGO
西北有色金属研究院	西安	重要的稀有金属材料、钛及钛合金材料、超导材料、稀有金属装备及材料、生物材料、金属陶瓷及制品、一次性锂电池绝端子等	西北有色金属	先后获"全国五一劳动奖状""全国先进基层党组织""国家科技计划执行优秀团队""国家工程中心重大成就奖""全国模范劳动关系和谐企业"等殊荣	西北有色金属研究院
西部钛业有限责任公司	西安	稀有金属钛、锆及其合金加工材料生产	西部钛业	先后通过了ISO 9001质量管理体系认证、AS9100D质量管理体系认证和欧盟PED/CE认证，是"钛合金加工技术国家地方联合工程研究中心""陕西省钛合金加工工程研究中心"	西部钛业有限责任公司

第二章　陕西省优势（支柱）产业品牌发展现状

续表

企业名称	地区	主导产业	品牌	创牌成就	LOGO
西部金属材料股份有限公司	西安	钛及钛合金加工、层状金属复合材料、金属纤维及制品、稀有金属装备制造及管道管件等业务	西部材料	生产的大规格锆板获陕西省名牌产品，西安市名牌产品，全国有色金属工业卓越品牌，陕西省和西安市著名商标	西部材料
西部超导材料科技股份有限公司	西安	超导材料、钛合金等	西部超导	是我国航空用特种钛合金材料的主要研发生产基地，先后建成了航空用高端钛合金棒材专业化生产线，以及国内唯一的 NbTi 和 Nb3Sn 低温超导线材生产线。已具备年产棒材 3500 吨、NbTi、Nb3Sn 低温超导线材 400 吨的生产能力	西部超导材料科技股份有限公司
咸阳宝石钢管钢绳有限公司	咸阳	生产钢丝绳、索具（浇注索具、插编索具、挤压索具）、钢丝（镀锌钢丝、锌铝合金钢丝、录井钢丝）、钢管机械（精密钢管、泵筒、抽油泵、电机壳）、H 形钢等	宝石	先后荣获"中国石油石化装备驰名品牌""陕西省名牌产品""国家高新技术企业""中国石油石化装备制造五十强企业""陕西装备制造业明星企业"	咸阳宝石钢管钢绳有限公司

217

续表

企业名称	地区	主导产业	品牌	创牌成就	LOGO
西安赛特思迈钛业有限公司	西安	专业从事研发、生产和销售生物医用、形状记忆、航空舰船、装备制造等领域以钛及钛合金为主的稀有金属加工材料	赛特思迈	陕西省技术创新示范企业、陕西省行业之星、西安市创新型企业、西安市科技企业"小巨人"领军企业，2020年被国家工业和信息化部授予国家级专精特新"小巨人"企业称号	
西安天力金属复合材料股份有限公司	西安	专业从事层状金属复合材料研究及生产	西安天力	陕西省认定的高新技术企业和省市著名商标。具有完善的科技创新体系和雄厚的科研实力，已获得省部级一等奖2项、二等奖12项、三等奖8项	
国核宝钛锆业股份公司	宝鸡	锆铪金属制品、海绵锆、海绵铪、锆铪制品、稀有金属、有色金属材料深加工制品、不锈钢制品的研制、生产及销售	宝钛锆业	依托于国核宝钛锆业股份公司而设立的"国家能源核级锆材研发中心"于2009年11月被国家能源局正式批准授牌	
宝鸡巨成钛业股份有限公司	宝鸡	主要从事有色金属设备制造，有色金属材料及制品的加工、开发、销售及进出口业务	巨成钛业	已通过ISO9001：2008质量管理体系认证，获得发明专利3项，实用新型专利11项，并取得知识产权管理体系认证证书，2008年被陕西省科技厅等四部门联合认定为高新技术企业	

续表

企业名称	地区	主导产业	品牌	创牌成就	LOGO
西部新锆核材料科技有限公司	西安	金属材料、复合材料	西部新锆	国内唯一自主化核级锆材生产企业	
陕西斯瑞新材料股份有限公司	西安	钛及钛合金产品、真空镀膜靶材、镍钛合金材料、有色金属材料及其制品（专控除外）、低铬铜、铬锆铜、纯铜及铜合金、铝及铝合金、铬及铬合金、钨及钨合金材料的开发、研制、生产、销售及技术开发	斯瑞	核心产品"铜铬电触头"，喜获"单项冠军产品"称号。"单项冠军产品"称号是国家对斯瑞长年专注于细分产品领域创新能力、产品质量提升和品牌培育实力，以及国际知名度与竞争力的肯定	Sirui
西安超晶科技有限公司	西安	致力于高纯高导单晶铜、铝合金铸锭及铸件；钛、锆、钨、钼稀贵金属铸锭、加工材及其深加工制品的设计开发、生产和服务	超晶科技	2017年获中国专利优秀奖；2018年获陕西省国防科技技术进步奖励；2013~2016年获得西安市著名商标	超晶科技
陕西华银科技股份有限公司	安康	钒氮合金研发、生产、销售	华银科技	公司先后荣获国家发明专利3件，2013年陕西省科学技术二等奖和安康市科学技术特等奖	华银科技

续表

企业名称	地区	主导产业	品牌	创牌成就	LOGO
西安瑞福莱钨钼有限公司	西安	钨钼矩形靶、宽幅高精度钨钼板片材、钨及钨合金、钼及钼合金、钽铌等难熔金属材料的板、带、箔、丝、棒、管及其深加工	瑞福莱		
西安凯立新材料股份有限公司	西安	主要从事贵金属催化剂的研发与生产、催化应用技术的研究开发、废旧贵金属催化剂的回收及再加工等业务	凯立新材	先后获得授权专利91项；获陕西省科技进步一等奖、中国材料研究学会科学技术奖一等奖、陕西省科学技术二等奖2项、中国有色金属工业科学技术奖二等奖、陕西省专利二等奖等省部级奖励	西安凯立新材料
陕西丰源钒业科技发展有限公司	商洛	公司是以有色金属钒采选、冶炼、购销、钒业科技与研发、贵金属贸易等为主营业务的高科技型民营企业，主营以钒氮合金为龙头的全产业链钒系列产品	丰源	"丰源牌钒氮合金"被评为"陕西省名牌产品"	FY

续表

企业名称	地区	主导产业	品牌	创牌成就	LOGO
西安诺博尔稀贵金属材料股份有限公司	西安	稀贵金属材料及相关产品的研发、生产和销售	诺博尔		
西安蓝晓科技新材料股份有限公司	西安	吸附及离子交换树脂、新能源及稀有金属提取分离材料、固相合成树脂、层析树脂、核级树脂和生物医药酶载体的研发、生产和销售	蓝晓SERLITE	2次荣获国家科技进步二等奖；完成科技部创新基金2项；获得国家重点新产品3项	
陕西铭帝铝业有限公司	铜川	生产铝合金节能门窗型材、幕墙型材、工业型材和装饰型材	铭帝	2012年企业被评为"中国建筑铝型材二十强企业""全国低碳产业发展杰出示范企业""中国有色金属工业卓越品牌"，2013年"中国建筑铝型材十强企业"，"2014中国建材企业500强""中国民营建材企业100强"，2013~2015年度"中国铝工业百强"，2015年被评为"中国有色金属工业卓越品牌"	

221

续表

企业名称	地区	主导产业	品牌	创牌成就	LOGO
陕西大秦铝业有限责任公司	铜川	铝制品及原材料的销售	大秦铝业	2014年通过了ISO9001质量体系认证，2016年12月成为国家高新技术企业，2018年10月通过AS9100D航空质量管理体系认证，2019年1月取得国家统一颁发的排污许可证，2019年6月通过IATF16949汽车质量管理体系认证	
陕西天元智能再制造股份有限公司	西安	公司主要从事增材制造、智能再制造、先进表面工程及智能维护系统领域的技术开发、技术咨询、技术转让；设备、软件、金属粉末与丝材的生产、销售	天元智造	获得2021年国家级"专精特新"和2019年国家级瞪羚企业称号	

续表

企业名称	地区	主导产业	品牌	创牌成就	LOGO
神木市东风金属镁有限公司	榆林	炼焦；煤制品制造；砖瓦制造；铁合金冶炼；有色金属合金制造；有色金属铸造；金属材料制造；金属制品销售；砖瓦销售；有色金属合金销售；常用有色金属冶炼；安全、消防用金属制品制造	东风镁业	2016年被榆林市人民政府评为"榆林市工业转型升级示范企业"，2018年被认定为省级高新技术企业，2018年被评为省级"优秀民营企业"	
陕西绥德臻梦镁合金材料有限公司	榆林	高精度宽幅镁合金板材及镁合金制品	臻梦镁业	2019年被评为陕西省省级院士专家工作站	
西安海镁特镁业有限公司	西安	生产并销售镁合金制品	海镁特	公司通过DNV的ISO9001质量管理体系认证、TS16949（国际汽车行业质量管理体系）认证、ISO14001安全环境标准认证	
东岭集团股份有限公司	宝鸡	有色金属铅锌冶炼、黑色金属钢铁冶炼等	东岭	"东岭"牌锌锭荣获"高新技术产品""中国有色金属实物质量金杯奖""质量信誉AAA等级"等殊荣；钢铁冶炼企业拥有采选矿、烧结、炼铁、炼钢和轧材等现代化冶炼工艺和设备	

续表

企业名称	地区	主导产业	品牌	创牌成就	LOGO
陕西华泽镍钴金属有限公司	西安	电解镍、氯化钴、氧化钴的专业生产	华泽镍钴		
陕西天沐有限公司	安康	有色金属、黑色金属、重金属、硫铁矿、石灰石矿的销售及技术转让；金属制品、化工产品（危化品除外）的销售	天沐		
西安迈科金属国际集团有限公司	西安	致力于电解铜、铜精矿等商品的进出口业务	迈科集团	入选"2021年中国民营企业500强"榜单	
陕西华特新材料股份有限公司	咸阳	保温、隔热材料；耐火、防火材料；其他绝缘材料；隔音、吸声材料；壁纸、壁布；风能设备	HuaTek	玻璃纤维湿法薄毡和无碱玻璃纤维布2个产品被评为陕西省名牌产品，HuaTek商标被评为陕西省著名商标，2008年2月被中国玻璃纤维工业协会命名为"中国特种玻纤生产基地"	
杨凌美畅新材料股份有限公司	杨凌	主要从事电镀金刚石线及其他金刚石超硬工具研发、生产、销售	美畅	2018年入选中国独角兽企业，成为陕西省首家独角兽企业；先后被评为陕西省企业技术中心、杨凌示范区工程技术中心	

续表

企业名称	地区	主导产业	品牌	创牌成就	LOGO
西安华捷科技发展有限责任公司	西安	公司主要产品和项目是：功能性面料及服装、吸波材料类产品、重防腐防锈类功能材料涂料、功能建材类产品	华捷科技	承担国家和省级多项攻关项目，获2006年科技进步二等奖；2006年"抗油拒水整理剂"列入陕西省火炬计划项目；在新材料、环保、化工3大领域不断创新，取得了国家级新产品1项，国家、省、市科研成果多项，获得国家发明专利6项	
陕西有色金属控股集团有限责任公司	西安	钼精矿、高溶氧化钼、钼酸铵以及钼金属材料制品、钛、钛合金材及稀有金属加工材料	有色集团	2019中国企业500强中排名第137；2019中国战略性新兴产业领军企业100强中排名第19	
陕西有色金属控股集团有限责任公司（政府投资入股）旗下子公司					
宝钛集团有限公司	宝鸡	钛、镍、锆、钨、钼、钽、铌、铪、铝、镁、钢等金属及深加工、各种金属复合材料的研发与生产销售等业务	宝钛	"宝钛"牌钛及钛合金加工材荣获中国名牌产品称号，是中国钛行业唯一入选品牌，荣膺中国知名品牌500强。"宝钛"牌钛及钛合金加工材在国际市场上也已成为"中国钛"的代名词	

续表

企业名称	地区	主导产业	品牌	创牌成就	LOGO
金堆城钼业集团有限公司	渭南	生产钼炉料、钼化工和钼金属制品；药剂化工：异丁基黄原酸钠（钾）、乙基黄原酸钠（钾）等；以及机械加工产品	JDC	"JDC"品牌已享誉全球。1994年，金钼集团的钼精矿和工业氧化钼获中国名牌产品称号，1998年经国家复查确认为国优产品，被定为出境放行免检产品，并多次被评为陕西省优质产品。2005年，在北京人民大会堂，金钼集团钼系列产品获得国家质检总局"产品质量国家免检"称号，其涵盖了所有钼炉料产品、钼金属产品和钼化工产品	
汉中锌业有限责任公司	汉中	铅、锌、工业硫酸及贵金属系列产品的生产与销售	BYXY	公司"BYXY"牌锌锭、铅锭通过了ISO9001、ISO14001及GB/T28001管理体系认证，锌锭连续6年获得中国有色金属工业协会产品实物质量"金杯奖"，并荣获"陕西省名牌产品"称号，是上海期货交易所和伦敦有色金属交易所的注册产品	
陕西锌业有限公司	商洛	生产锌锭、硫酸、硫酸锌、锌粉、镉锭、电瓶酸等	秦锌	主产品"秦锌"牌锌锭获得陕西省名牌产品称号，"秦锌"商标被授予陕西省著名商标，在用户中享有很高声誉，畅销全国20多个省、区、市	

续表

企业名称	地区	主导产业	品牌	创牌成就	LOGO
陕西有色榆林新材料有限责任公司	榆林	铝、铝基合金、碳素产品、化工产品、自备电厂经营；有色金属及原料、贵金属、机电产品的销售；黄金的加工、销售	榆林新材料		youser 陕西有色
金堆城钼业股份有限公司	西安	钼系列产品的生产、销售、研发及钼相关产品贸易经营业务	JDC	"JDC"品牌已享誉全球	JDC 金堆城钼业股份有限公司
陕西钢铁集团有限公司旗下子公司					
陕西龙门钢铁有限责任公司	韩城	集采矿、选矿、烧结、炼铁、炼钢、轧钢于一体	禹龙	主要产品有"禹龙"牌系列棒材、线材、抗震高强度钢筋和热轧带钢、六角钢、弹簧钢、锚杆钢、钢结构、钢丝钢绞线、PC钢筋盘条等，广泛应用于国家及省级重点项目工程，先后获"陕西省著名商标""陕西省名牌产品""国家冶金产品实物质量金杯奖""全国免检产品""全国十大卓越建筑用钢生产企业品牌""全国螺纹钢A级生产企业"等荣誉	陕西龙门钢铁（集团）有限责任公司
陕钢集团汉中钢铁有限责任公司	汉中	^	^	^	陕钢集团汉中钢铁有限责任公司
陕钢集团韩城钢铁有限责任公司	韩城	^	^	^	陕西钢铁集团有限公司

（二）具有品牌竞争力的优势品牌存量

1. 按经济水平维度

报告通过对陕西原材料行业营收排名靠前的企业及其上榜的榜单来对陕西原材料产业企业进行分析，这些榜单由不同主体根据营业收入进行排名，如表 2-77 所示。

表 2-77　陕西原材料产业营收上榜企业情况

公司名称	2019 年营业收入（万元）	榜单一	榜单二
陕西有色金属控股集团有限责任公司	13713247	149	3
东岭集团股份有限公司	12602834	169	4
西安迈科金属国际集团有限公司	11218875	191	6

资料来源：榜单一，"2020 年中国企业 500 强"；榜单二，"2020 年陕西省企业 100 强"。

其中，"2020 中国企业 500 强"榜单由中国企业联合会、中国企业家协会发布。"2020 陕西企业 100 强"榜单由陕西省企业家协会发布，以 2019 年营业收入为主要依据，综合评选出前 100 强企业。从榜单一看，入选 2020 年中国企业 500 强榜单的陕西省原材料产业企业有 3 家，分别为陕西有色金属控股集团有限责任公司、东岭集团股份有限公司、西安迈科金属国际集团有限公司。上述 3 家企业在 2019 年的营业收入均超过 1000 亿元，表明陕西省原材料产业在全国的重要地位。从榜单二看，共有 3 家原材料产业企业入选 2020 年陕西省百强企业，占比 3%。与其他行业相比，原材料产业入选企业数量较少，但这些企业的排名均比较靠前，均排在前 10 名，其营收能力在全省各行业中也居于前列，这充分反映出原材料企业在全省企业中的重要地位。

2. 按技术创新维度

原材料产业是战略性、基础性产业，也是高技术竞争的关键领域，是技术和资金密集型产业，具有高投入、高风险、高产出的特点。在当前新发展阶段背景下，原材料产业面临着转型升级的巨大挑战，同时迎来了创新发展的重大历史机遇。目前陕西原材料产业创新能力不足。因此，提升自主创新能力对陕西原材料产业未来发展具有十分重要的意义。

本书从两个视角分析陕西原材料产业企业的技术创新水平。一是陕西省科技厅评定的"2020年陕西高新技术企业创新综合能力100强"榜单。该榜单根据火炬统计中高新技术企业年报数据，对全省6126家有效期内高新技术企业的科技创新能力进行评价，评价指标包括科技经费投入、科技活动人员、新产品销售收入、有效发明专利拥有量、技术合同成交金额等。二是通过列示陕西原材料行业在科技创新方面处于领先地位的企业，主要从工信厅评定的国家级、省级企业技术中心、省级制造业创新中心和省级技术创新示范企业来分析。

（1）省科技厅评定的创新综合实力百强企业在"2020年陕西省高新技术企业创新综合能力100强"榜单中，原材料产业有7家企业上榜，占总数的7%，如表2-78所示。

表2-78 陕西原材料产业上榜企业

公司名称	排名
西部超导材料科技股份有限公司	16
西北有色金属研究院	28
陕西莱特光电材料股份有限公司	51
西安凯立新材料股份有限公司	58
宝鸡钛业股份有限公司	59
宝钛集团有限公司	94
西安瑞联新材料股份有限公司	95

资料来源：陕西省科技厅发布的2020年陕西高新技术企业创新综合能力100强。

（2）国家工业和信息化部、省工信厅评定的国家级、省级企业技术中心和省级技术创新示范企业。通过对陕西企业技术中心及技术创新示范企业榜单上榜企业的分析，不难发现，陕西材料产业企业有3家国家级企业技术名单上榜企业，上榜省级企业技术中心名单的企业有 27 家，省级制造业创新中心名单企业有 3 家，省级技术创新示范企业名单有 11 家。如表 2-79～表 2-81 所示。

表 2-79 陕西省国家级、省级原材料产业企业技术中心名单

企业名称	地区
陕西钢铁集团有限公司	西安
西安汉港新材料科技有限公司	西安
西安瑞联新材料股份有限公司	西安
西部金属材料股份有限公司	西安
西部超导材料科技股份有限公司（国家级）	西安
西安高科建材科技有限公司	西安
达刚控股集团股份有限公司	西安
西安经建油漆股份有限公司	西安
西安向阳航天材料股份有限公司	西安
陕西斯瑞新材料股份有限公司	西安
西安泰力松新材料股份有限公司	西安
西安凯立新材料股份有限公司	西安
西部钛业有限责任公司	西安
西安康本材料有限公司	西安
西安益晓科技新材料股份有限公司	西安
西安诺博尔稀贵金属材料股份有限公司	西安
西安菲尔特金属过滤材料股份有限公司	西安
陕西黄金集团股份有限公司	西安
宝钛集团有限公司（国家级）	宝鸡
陕西瑞科新材料股份有限公司	宝鸡
陕西华特新材料股份有限公司	咸阳
陕西科隆新材料科技股份有限公司	咸阳
陕西彩虹新材料有限公司	咸阳
陕西盛华冶化有限公司	汉中
金堆城钼业股份有限公司（国家级）	渭南

第二章　陕西省优势（支柱）产业品牌发展现状

续表

企业名称	地区
潼关中金冶炼有限责任公司	渭南
陕西锌业有限公司	商洛
陕西丰源钒业科技发展有限公司	商洛
杨凌美畅新材料股份有限公司	杨凌
陕西铭帝铝业有限公司	铜川

资料来源：陕西省工信厅。

表 2-80　省级制造业创新中心名单

企业名称	地区
陕西省贵金属材料创新中心（陕西省黄金集团）	西安
陕西省稀有金属材料创新中心（西北有色金属研究院）	西安
陕西省贵金属材料创新中心（陕西省黄金集团）	西安

资料来源：陕西省工信厅。

表 2-81　省级原材料产业技术创新示范企业名单

企业名称	地区
西部超导材料科技股份有限公司	西安
西部钛业有限责任公司	西安
西安华科光电有限公司	西安
西安凯立新材料股份有限公司	西安
西安赛特思迈钛业有限公司	西安
金堆城钼业股份有限公司	西安
陕西长美科技有限责任公司	宝鸡
陕西彩虹电子玻璃有限公司	咸阳
金堆城钼业集团有限公司	渭南
陕西锌业有限公司	商洛
陕西铭帝铝业有限公司	铜川

资料来源：陕西省工信厅。

为进一步推动陕西工业企业品牌培育能力，提升品牌竞争力，陕西省工信厅从2014年起陆续开展了工业品牌培育试点工作，且每年都会评定一批陕西省省级工业品牌培育示范企业，如表2-82所示：

表2-82 陕西原材料产业省级工业品牌培育示范企业

企业名称	地区
西安凯立新材料股份有限公司	西安
宝钛集团有限公司（国家级）	宝鸡
陕西银河消防科技装备股份有限公司	宝鸡
陕西盛华冶化有限公司	汉中
汉中万目仪电有限责任公司	汉中

资料来源：陕西省工信厅。

目前，陕西原材料产业共有5家工业品牌培育示范企业，其中包括1个国家级工业品牌培育示范企业（宝钛集团有限公司），以及西安凯立新材料股份有限公司等4个省级工业品牌培育示范企业。

3. 按品牌价值维度

陕西原材料产业在品牌价值方面处于领先地位的企业，从工信厅评定的省级工业品牌培育示范企业和2020中国上市公司品牌价值蓝皮书上榜企业情况看。陕西原材料产业共有2家企业上榜，分别是居于第42位的金堆城钼业股份有限公司和第75位的宝鸡钛业股份有限公司，如表2-83所示。

表2-83 陕西省2020年中国上市公司品牌价值蓝皮书上榜企业

排序	企业名称	品牌价值	企业名称
42	金钼股份	14.81亿元	金堆城钼业股份有限公司
75	宝钛股份	4.63亿元	宝鸡钛业股份有限公司

资料来源：上市公司品牌价值榜蓝皮书。

4. 优势品牌筛选

综合上述各维度分析结果，本书将同时在不同维度出现2次和2次以上

第二章 陕西省优势（支柱）产业品牌发展现状

的企业定义为该行业内的优势企业，将仅在一个维度的企业认定为综合发展有待提高的企业。

陕西有色集团在省内，不论是在企业规模、研发能力，还是在品牌价值方面均拥有绝对优势。该集团是集国有资产运营及产权管理和有色金属资源开发于一体的产业集团。具有自主开发国内外有色金属资源的实力，在中国企业500强和陕西省100强企业榜单中均名列前茅。集团工业生产和科研力量雄厚，品牌价值巨大。所属企业及控股公司中，金堆城钼业集团有限公司和宝钛集团有限公司等多家企业被省工信厅评为国家级、省级企业技术中心和省级工业品牌培育示范企业，金堆城钼业集团有限公司以14.8亿元的品牌价值上榜2020中国上市公司品牌价值蓝皮书，"JDC"牌钼精矿及其工业氧化钼，远销全球40多个国家和地区；宝钛集团有限公司主导产品钛材在国内市场占有率达80%以上，公司致力于"宝钛"品牌价值的提升，在2020年以4.63亿元的价值上榜品牌价值榜。公司充分利用陕西有色的优势，以新材料产业为引领，抓好产品深加工，以原材料带动传统产业转型升级，促进有色金属行业结构调整，并以绿色发展理念为核心，使产业实现可持续发展。

陕钢集团在省内综合实力处于前列，其品牌竞争优势较强。集团经济规模较大，具备千万吨级粗钢综合生产能力，行业竞争力排名A级（特强），入选国企改革"双百行动"，是中国西部最大的精品建材生产基地。陕西钢铁集团有限公司包含陕西龙门钢铁（集团）有限责任公司（韩城）、汉中钢铁有限公司（汉中勉县）等多个成员单位，是陕西省内最大的钢铁集团。近年来，陕钢集团技术创新能力不断增强，被工信厅评为省级企业技术中心。产品品牌日趋成熟，旗下子公司龙门钢铁生产的"禹龙"牌钢材和炼钢生铁为陕西省名牌产品。"禹龙"牌钢材被认定为"国家免检产品""全国用户满意产品""中国建材质量信得过知名品牌""全国十大卓越建筑用钢生产企业品牌"，并荣获全国冶金产品实物质量"金杯奖"，畅销陕西及周边省份，出口日本、韩国及东南亚等国家及地区。在第四个中国品牌日，中国冶金报社隆重发布2020年中国钢铁行业品牌榜，陕钢集团上榜"中国卓越钢铁企业品牌"，"禹龙"牌荣获"中国钢材市场优秀品牌"。总的来看，陕西钢铁产品主要以建筑用钢长材为主，占全省钢材产量的70%以上，产品附加值不高，结构单一，为满足"中国制造2025"陕西行动方案需求，还需立足地区需要调整产品结构，通过满足区域及周边中高端钢铁产品需求来实现产业转型升级。

东岭集团股份有限公司、西安迈科金属国际集团有限公司在企业规模方面均优势显著。从营收标准看，其规模均为陕西省内企业中的佼佼者。此外，陕西还出现了一批技术创新能力较强的企业，如西部超导材料科技股份有限公司、陕西莱特光电材料股份有限公司、西安凯立新材料股份有限公司、西安瑞联新材料股份有限公司、西部金属材料股份有限公司等，虽然目前其品牌价值不高，但是相信其未来会有较大的发展潜力。

（三）具有发展潜力的成长品牌存量

1. 发展潜力巨大的成长企业

本书将被工业和信息化部评定为制造业单项冠军的企业、被称为"独角兽"或"上市企业"，或被同时认定为国家级专精特新"小巨人"企业和国家高新区瞪羚企业的企业定义为原材料产业中发展潜力巨大的成长型企业。

制造业单项冠军企业遴选的标准包括长期专注于制造业某些特定细分产品市场，生产技术或工艺先进，市场占有率高、抗风险能力强。陕西省原材料产业共有3家企业入选国家级制造业单项冠军企业名单，9家企业入选陕西省制造业单项冠军企业名单。如表2-84所示。

表2-84 陕西省原材料产业单项冠军企业

企业名称	主营业务	单项制造冠军类型	地区
西部超导材料科技股份有限公司*	航空用钛合金棒材	单项制造冠军（国家级）	西安

续表

企业名称	主营业务	单项制造冠军类型	地区
陕西斯瑞新材料股份有限公司**	铜铬电触头	产品单项生产冠军（国家级）	西安
陕西莱特光电材料股份有限公司**	OLED 有机空穴传输材料（Red Prime）	产品单项生产冠军（国家级）	西安
陕西三毅有岩材料科技有限公司	依钽竭	省级	西安
咸阳宝石钢管钢绳有限公司	石油工业用钢丝绳	省级	咸阳
陕西丰源钒业科技发展有限公司	钒氮合金	省级	商洛
陕西瑞科新材料股份有限公司	金属化合物	省级	宝鸡
陕西天成航空材料有限公司*	钛棒材	省级	咸阳
杨凌美畅新材料股份有限公司	微米级金刚石线	省级	杨凌
西安凯立新材料股份有限公司	钯炭催化剂	省级	西安
陕西科隆新材料科技股份有限公司	密封件	省级	咸阳
西安蓝晓科技新材料股份有限公司	吸附分离树脂与装置	省级	西安

注：* 为单项冠军培育企业，** 为产品单项冠军生产企业。
资料来源：国家工业和信息化部。

陕西省有 4 家独角兽企业（度小满、英雄互娱、易点天下、杨凌美畅），在原材料领域有 1 家独角兽企业（杨凌美畅新材料股份有限公司）。如表 2-85 所示。

表 2-85 陕西原材料产业独角兽企业

行业分类	企业名称	主营业务	荣誉称号	地区
非金属矿采选加工	杨凌美畅新材料股份有限公司	金刚石工具及相关产业链中材料和制品的研发、生产、销售	中国独角兽企业	西安

资料来源：科学技术部火炬高技术产业开发中心。

杨凌美畅新材料股份有限公司是一家主要从事电镀金刚石线及其他金刚石超硬工具研发、生产、销售一体化的高科技创新型企业，目前全球生产规模最大、市场份额领先的金刚石线生产企业。2018 年入选中国独角兽企业，是陕西省首家独角兽企业。公司专注于电镀金刚石线的应用和创新，凭借自身规模化的生产、研发、产业链整合优势为社会创造更大的价值。目前产品广泛应用于光伏产业（单晶、多晶硅切方切片）、蓝宝石、磁性材料、陶瓷、水晶等硬脆材料的切割。与传统砂浆切割方式相比，金刚石线切割方法效率高、出片率高、环境污染小、产品损伤少、切割成本低。与同行业相比，公司产品表面的金刚石颗粒分布均匀，结合力强，质量稳定，整体一致性高，金刚石线切割力大，效率高，单片线耗率低。公司以技术为驱动，通过持续的创新开发，不断提升工艺、延伸产业链、开拓应用领域，为美畅的蓬勃发展提供了强劲动力。与此同时，公司科研能力也得到了政府相关部门的高度认可，先后被评定为陕西省企业技术中心、杨凌示范区工程技术中心。

陕西原材料产业有15家上市企业，分别是西部超导材料科技股份有限公司、陕西斯瑞新材料股份有限公司、西安凯立新材料股份有限公司、陕西莱特光电材料股份有限公司、陕西瑞科新材料股份有限公司、杨凌美畅新材料股份有限公司、陕西科隆新材料科技股份有限公司、西安蓝晓科技新材料股份有限公司、陕西华银科技股份有限公司、陕西兴盛新材料股份有限公司、西安超滤环保科技股份有限公司、西安诺博尔稀贵金属材料股份有限公司、西部宝德科技股份有限公司、宝鸡巨成钛业股份有限公司、陕西华秦科技实业股份有限公司。具体如表2-86所示。

表2-86 陕西省原材料产业上市企业

企业名称	主营业务	地区
西部超导材料科技股份有限公司	航空用钛合金棒材	西安
陕西斯瑞新材料股份有限公司	铜铬电触头	西安
西安凯立新材料股份有限公司	钯炭催化剂	西安
陕西莱特光电材料股份有限公司	OLED有机空穴传输材料（Red Prime）	西安
陕西瑞科新材料股份有限公司	金属化合物	宝鸡
杨凌美畅新材料股份有限公司	微米级金刚石线	杨凌

续表

企业名称	主营业务	地区
陕西科隆新材料科技股份有限公司	密封件	咸阳
西安蓝晓科技新材料股份有限公司	吸附分离树脂与装置	西安
陕西华银科技股份有限公司	钒氮合金、钒铝合金、钒铁、氮化钒铁等含钒产品等	安康
陕西兴盛新材料股份有限公司	钛、镍、锆、钨、钼、钽、铌、铪、铝、镁、钢及深加工制品、金属材料、稀贵金属、新型材料的研发、设计、制造、销售及技术开发、技术服务咨询	宝鸡
西安超滤环保科技股份有限公司	分离过滤装置设备、自动智能化成套控制装置、过滤材料的研发、设计、生产、销售、系统集成	西安
西安诺博尔稀贵金属材料股份有限公司	金属材料、稀有金属材料、贵金属材料及其合金材料的研发、生产和销售及加工	西安
西部宝德科技股份有限公司	过滤分离系统及设备、稀有金属粉末、金属多孔材料设计、研发与制造	西安
陕西华秦科技实业股份有限公司	隐身材料、伪装材料及防护材料研发、生产和销售	西安
宝鸡巨成钛业股份有限公司	有色金属设备加工、有色金属材料及制品的加工、开发、销售	宝鸡

资料来源：国家工业和信息化部、科学技术部火炬高技术产业开发中心。

西部超导材料科技股份有限公司是主要从事集高端钛合金材料、高性能高温合金材料、超导材料研发、生产和销售于一体的企业，是我国航空用钛合金棒丝材的主要研发生产基地，是目前国内唯一实现超导线材商业化生产的企业，也是国际上唯一的铌钛铸锭、棒材、超导线材生产及超导磁体制造全流程企业。公司依托"超导材料制备国家工程实验室""特种钛合金材料制备技术国家地方联合工程实验室""国家认定企业技术中心""博士后科研工作站""国家引进境外技术、管理人才项目计划重点单位""西安市人才工作创新试验基地"

等成果转化平台，开展新材料、新工艺、新装备的研发和工程化，先后承担国家、省、区、市各类科技项目100余项，取得222项发明专利。先后获国家技术发明奖（二等奖）、国家科学技术进步奖（二等奖）等多项重要荣誉。

陕西斯瑞新材料股份有限公司是一家专注于高性能铜合金材料、制品及其他特殊铜合金系列材料研发和制造的企业。公司拥有核心发明专利150余项。建有铜铬系列触头材料、铜钨系列触头材料生产线、铜铬锆合金材料生产线、医疗影像零组件用铜合金材料生产线。公司产品广泛服务于中高压电力开关、轨道交通电机、新能源汽车、高端医疗设备、模具制造、钢铁冶金结晶器、新一代电子信息产业等领域。公司服务的客户主要有西门子电力、ABB、施耐德、东芝、伊顿、美国GE交通、法国阿尔斯通、中车、国家电网、西门子医疗等世界500强企业。公司拥有健全的管理体系，覆盖了质量管理、环境管理、职业健康安全管理、能源管理、信息安全、知识产权等多个领域。核心产品"铜铬电触头"，喜获"单项冠军产品"称号。这是国家对西瑞长年专注于细分产品领域创新能力、提升产品质量和品牌培育实力、国际知名度与竞争力的肯定。

西安凯立新材料股份有限公司是西北有色金属研究院控股的国家级高新技术企业，主要从事贵金属多相催化剂、贵金属均相催化剂（含贵金属化合物）、催化应用技术、贵金属回收再加工的研究开发、生产和销售，并提供新型环保催化材料和催化技术的研发和服务。产品被广泛应用于基础化工、精细化工（医药、农药、颜料、染料、液晶材料、化工新材料等）、环保、新能源、气体净化等诸多领域。公司拥有新型贵金属催化剂研发技术国家地方联合工程研究中心、陕西省催化材料与技术重点实验室、陕西省院士专家工作站、陕西省企业技术中心、陕西省工业（稀贵金属催化材料）产品质量控制和技术评价实验室、西安市博士后创新工作基地等多个研发平台。先后承担了国家"十五"科技攻关计划、国家重点产业振兴和技术改造项目、国家中小企业创新基金、国家火炬计划产业化示范项目、"中国制造2025"工业和信息化部绿色制造系统集成项目、科技部"科技助力经济2020"重点专项、陕西省重大科技创新专项、新材料首批次应用产品等项目的研发、技术推广和产业运行工作，持续引领我国精细化工领域贵金属催化剂行业的技术进步和产业化发展水平。先后获得授权专利91项（授权发明专利76项），主持或参与国家、行业标准50余项，以第一完成单位获陕西省科技进步一等奖、中国材料研究学会科学技术奖一等奖、陕西省科学技术二等奖2项、中国有色金属工业科学技术奖二等奖、陕西省专利二等奖等省部级奖项。近年来先后获得国家绿色工厂、国家知识产权优势企业、国家专精特新"小巨人"企业、陕西省单项冠军示范企业、陕西省质量标杆、陕西省知识产权示范企业、陕西省技术创新示范企业、中国石油和化工行业技术创新示范企业等称号，是我国精细化工领域具有技术优势的贵金属催化剂供应商。

西安蓝晓科技新材料股份有限公司是一家专业从事吸附分离材料研发、生产与销售的企业，能提供以特种吸附分离材料为核心的配套系统装置和整体解决方案。蓝晓科技是国家重点高新技术企业，国家级专精特新"小巨人"企业，中国离子交换树脂行业副理事长单位，国家科技进步二等奖获得者。公司建有陕西省功能高分子吸附分离工程技术研究中心，与南开大学共建分离材料联合实验室。蓝晓科技在核心材料创新、新兴应用领域拓展、专业化销售与服务等方面具有综合技术优势，核心技术全部为自主知识产权，拥有中国专利以及国际专利42项，2次荣获国家科技进步二等奖，完成科技部创新基金2项，获得国家重点新产品3项。蓝晓科技先后通过ISO9001：2015质量管理体系认证，ISO14001：2015环境管理体系认证，OHSAS18001：2007职业健康安全体系认证，并拥有WQA金印、Kosher、FDA注册、CE、REACH等国际资质，能够确保向客户提供优质稳定的产品。公司生产的吸附分离材料包括30多个系列100余个品种，广泛应用于食品、制药、植物提取、离子膜烧碱、环保、化工催化、湿法冶金、水处理等工业领域。市场覆盖中国、美洲、欧洲、东南亚等国家和地区。

宝鸡巨成钛业股份有限公司是一家主要从事有色金属设备制造，有色金属材料及制品加工、开发、销售及进出口业务的企业。已通过ISO9001：2008质量管理体系认证，已获得国家发明专利3项，实用新型专利11项，并取得知识产权管理体系认证证书（编号：18118IP1122R0M），2008年被陕西省科技厅等四部门联合认定为高新技术企业，已取得压力容器制造许可证（D1、D2类），2017年6月在全国中小企业股转系统（新三板）成功挂牌。成为陕西省内首家民营钛企业在新三板挂牌的公司。近几年被陕西省科技厅评为"陕西省钛及钛合金科技产业示范基地骨干企业"，陕西第五批"创新型试点"企业。被陕西省知识产权局评为"陕西省专利奖三等奖"，公司的注册商标"巨成钛业"被陕西省工商行政管理局认定为"陕西省著名商标"。"高精度钛种板研制"及"包覆法特异型钛铜复合棒"项目分别获得宝鸡市科学技术奖二等奖和三等奖，被宝鸡市总工会授予"宝鸡市职工经济技术创新优秀成果奖"，被宝鸡市工业和信息化局认定为"宝鸡市企业技术中心"。获"宝鸡国家高新技术产业开发区十五周年建设功勋奖"，连续多年被宝鸡市委组织部、高新开发区党工委评为"先进基层党组织"。

此外，陕西原材料产业企业在国家级专精特新与国家级瞪羚企业评定中，陕西天元智能再制造股份有限公司同时获国家级专精特新和国家级瞪羚企业荣誉称号，如表2-87所示。

表2-87 陕西省同时获得国家级专精特新和国家级瞪羚企业的企业

行业分类	企业	主营业务	地区
铝产业	陕西天元智能再制造股份有限公司	增材制造、智能再制造、先进表面工程及智能维护系统领域的技术开发、技术咨询、技术转让；设备、软件、金属粉末与丝材的生产、销售	西安

资料来源：国家工业和信息化部、科学技术部火炬高技术产业开发中心。

陕西天元智能再制造股份有限公司荣获2021年国家级专精特新和2019年国家级瞪羚企业称号。公司主要从事增材制造、智能再制造、先进表面工程及智能维护系统领域的技术开发、技术咨询、技术转让；设备、软件、金属粉末与丝材的生产、销售。经过十多年的持续投入和探索，天元智造已攻克多个再制造技术难题，产品和技术已广泛应用于煤炭、石油、冶金、轨道交通等行业，取得了显著的经济和社会效益。"十四五"期间，在国家大力倡导构建循环经济体系，推动再制造产业高质量发展政策引领下，天元智造将加大人才和科研投入，用更好的技术和产品服务于客户，为客户降本增效、低碳高质量发展，提供可靠的技术和产品支撑。

2. 有待提高的成长型企业

本书将被仅认定为专精特新"小巨人"企业或国家高新区瞪羚企业的企业定义为原材料产业中有待提高的成长型企业：

专精特新企业具有推动行业发展，提升社会整体生产效率，引领产业升级的特点。通过表2-88不难发现，陕西原材料产业共有18家专精特新"小巨人"企业，占陕西省国家级专精特新企业总数的16.67%，陕西原材料产业企业在专精特新方面与其他行业相比优势较大。从地区分布看，有9家企业分布在西安地区，6家企业分布在宝鸡地区，2家企业分布在咸阳地区，1家企业分布在铜川，均集中在关中地区。

表2-88 陕西省原材料产业国家级专精特新企业

行业分类	企业	主营业务	地区
铝产业	陕西天元智能再制造股份有限公司	增材制造、智能再制造、先进表面工程及智能维护系统领域的技术开发、技术咨询、技术转让；设备、软件、金属粉末与丝材的生产、销售	西安
铝产业	陕西铭帝铝业有限公司	专业生产铝合金型材	铜川

续表

行业分类	企业	主营业务	地区
钼及稀贵金属产业	西安凯立新材料股份有限公司	贵金属催化剂的研发与生产、催化应用技术的研究开发、废旧贵金属催化剂的回收及再加工	西安
钼及稀贵金属产业	陕西瑞科新材料股份有限公司	金属材料制造；电子专用材料销售；基础化学原料制造	宝鸡
钼及稀贵金属产业	西安诺博尔稀贵金属材料股份有限公司	金属材料、稀有金属材料、贵金属材料及其合金材料的研发、生产和销售及来料加工	西安
钛产业	西安赛特思迈钛业有限公司	有色金属压延加工	西安
钛产业	西部宝德科技股份有限公司	过滤分离系统及设备、稀有金属粉末、金属多孔材料设计、研发与制造	西安
钛产业	西安欧中材料科技有限公司	钛合金、高温合金及其他金属球形粉末制备	西安
钛产业	陕西天成航空材料有限公司	钛、钛合金的加工、销售；钛设备的制造、销售；钛合金产品的研发、技术服务、技术转让	咸阳
钛产业	宝鸡宝冶钛镍制造有限责任公司	生产钛板材、钛管材、镍及镍合金板材、镍及镍合金管材、钛钢复合板材、镍钢复合板材和锆材料	宝鸡
钛产业	宝鸡拓普达钛业有限公司	金属材料及金属复合材料（爆炸复合板除外）的研发、生产、加工、销售	宝鸡
钛产业	宝鸡巨成钛业股份有限公司	有色金属设备加工、有色金属材料及制品的加工、开发、销售；经营本公司生产所需原辅材料、设备、技术的进口业务	宝鸡
钛产业	宝鸡市创信金属材料有限公司	钛、镍、锆、铪、钨、钼、钽、铌及其合金制品的研发、生产、销售	宝鸡

续表

行业分类	企业	主营业务	地区
橡胶和塑料制品业	西安蓝晓科技新材料股份有限公司	吸附及离子交换树脂、新能源及稀有金属提取分离材料、固相合成树脂、层析树脂、核级树脂和生物医药酶载体的研发、生产和销售	西安
其他材料	陕西华秦科技实业有限公司	公司主要从事特种功能材料,包括隐身材料、伪装材料及防护材料的研发、生产和销售	西安
其他材料	北方长龙新材料技术股份有限公司	复合材料的研发、设计、生产、技术服务;特种车辆的改装;汽车零部件的制造及销售	西安
其他材料	宝鸡天联汇通复合材料有限公司	非金属复合材料技术、高分子改性材料及配套设备开发	宝鸡
铁合金行业	咸阳宝石钢管钢绳有限公司	生产钢丝绳、索具(浇注索具、插编索具、挤压索具)、钢丝(镀锌钢丝、锌铝合金钢丝、录井钢丝)、钢管机械(精密钢管、泵筒、抽油泵、电机壳)、H形钢等	咸阳

资料来源:国家工业和信息化部。

一个地区拥有瞪羚企业的数量可以反映该地区的创新活力及发展速度。成长速度快、创新能力强、专业领域新、发展潜力大、人才密集,技术密集是瞪羚企业最显著的特征。企业若是能够在良好产业生态环境和资金链支持下,围绕一种新的商业模式或一条新的技术路线持续健康发展,不仅会进化成为独角兽企业,甚至可以直接带出一个主导产业。通过表2-89可以看出,在陕西省240家国家高新区瞪羚企业中,原材料企业有12家,占据陕西省国家高新区瞪羚企业总数的5%。从地区分布来看,主要集中在关中地区,少数分布在陕南地区。在陕西原材料产业12家国家高新区瞪羚企业中,有3家企业分布在西安地区,5家企业分布在宝鸡地区,2家企业分布在咸阳地区，分布在杨凌、安康的企业各1家。

表2-89 陕西原材料产业国家级瞪羚企业

行业分类	企业名称	主营业务	地区
铝产业	陕西天元智能再制造股份有限公司	增材制造、智能再制造、先进表面工程及智能维护系统领域的技术开发、技术咨询、技术转让；设备、软件、金属粉末与丝材的生产、销售	西安
钼及稀贵金属产业	陕西华银科技股份有限公司	钒氮合金、钒铝合金、钒铁、氮化钒铁等含钒产品等	安康
钛产业	西安航天博诚新材料有限公司	钛及相关金属材料制备与加工新技术、新工艺的研究、开发与技术服务	西安
钛产业	宝鸡海吉钛镍有限公司	有色金属合金制造；有色金属压延加工；金属切削加工服务；金属材料制造	宝鸡
钛产业	陕西兴盛新材料股份有限公司	钛、镍、锆、钨、钼、钽、铌、铪、铝、镁、钢及深加工制品、金属材料、稀贵金属、新型材料的研发、设计、制造、销售及技术开发、技术服务咨询	宝鸡
钛产业	宝鸡市蕴杰金属制品有限公司	钨、钼、钽、铌、钛、锆、镍及稀有金属、黑色金属加工、销售；有色金属材料销售	宝鸡
钛产业	宝鸡富士特钛业（集团）有限公司	钛、钛合金、钨、钼、钽、银、钴等有色金属、钛设备的加工、制造、销售；自有房产、土地、设备及工具器具租赁业务	宝鸡
其他材料	西安超滤环保科技股份有限公司	分离过滤装置设备、自动智能化成套控制装置、过滤材料的研发、设计、生产、销售、系统集成；环保设备、防腐设备、防腐管道、钢衬设备、钢衬管道、泵阀及配件、非标金属结构件、低碳节能设备及环保产品、新材料的研发、设计、销售、安装	西安

第二章　陕西省优势（支柱）产业品牌发展现状

续表

行业分类	企业名称	主营业务	地区
其他材料	陕西捷瑞德新能源科技有限公司	新能源材料、设备、零部件的开发、生产、销售，化工新材料的销售	咸阳
橡胶和塑料制品业	咸阳华电电子材料科技有限公司	覆铜箔板、绝缘板、电子化工材料产品的生产、销售、技术开发	咸阳
铁合金行业	宝鸡市宇生焊接材料有限公司	焊剂、焊丝、焊条、机电产品、金属结构件、五金电料、化工产品的生产、销售	宝鸡
非金属矿采选加工	杨凌美畅新材料股份有限公司	金刚石工具及相关产业链中材料和制品的研发、生产、销售	杨凌

资料来源：科学技术部火炬高技术产业开发中心。

第七节　小结

通过调研分析，现将陕西六大支柱产业企业品牌数量进行分类汇总，如表2-90所示。

表2-90　陕西六大支柱产业企业品牌数量　　　　　单位：家

产业	具有竞争优势的品牌企业	发展潜力巨大的企业数量	具有发展潜力的品牌企业数量
能源化工	陕西煤业化工集团有限责任公司、陕西延长石油（集团）有限责任公司、隆基绿能科技股份有限公司、陕西黑猫焦化股份有限公司、陕西未来能源化工有限公司	4	29
汽车制造	陕西汽车控股集团有限公司、陕西法士特汽车传动集团有限责任公司	3	10

续表

产业	具有竞争优势的品牌企业	发展潜力巨大的企业数量	具有发展潜力的品牌企业数量
装备制造	陕西鼓风机（集团）有限公司、秦川机床工具集团，宝鸡石油机械有限公司、宝鸡石油钢管有限责任公司	26	76
新一代信息技术	陕西电子信息集团、陕西长岭电子科技有限责任公司、陕西山利科技发展有限公司、西安炬光科技股份有限公司、彩虹显示器件股份有限公司	19	118
医药	陕西盘龙药业集团股份有限公司、西安利君制药有限责任公司、金花企业（集团）股份有限公司、西安力邦制药有限公司、延安必康制药股份有限公司、清华德人西安幸福制药有限公司	5	15
原材料	陕西有色集团、陕钢集团、东岭集团股份有限公司、西安迈科金属国际集团有限公司	20	15

第三章 陕西省其他产业品牌发展现状

第一节 食品加工产业

一、产业基本情况

（一）定义及作用

食品加工产业链有狭义和广义之分。广义的食品加工产业链通常指由上游的农业种（养）业、捕捞业等，中游的粮食、蔬菜、肉制品、乳制品等食品加工，以及下游的流通、餐饮业等所组成的"农业生产—食品工业—商品流通"体系，具体如图3-1所示。狭义的食品加工业主要指产业链的中游。

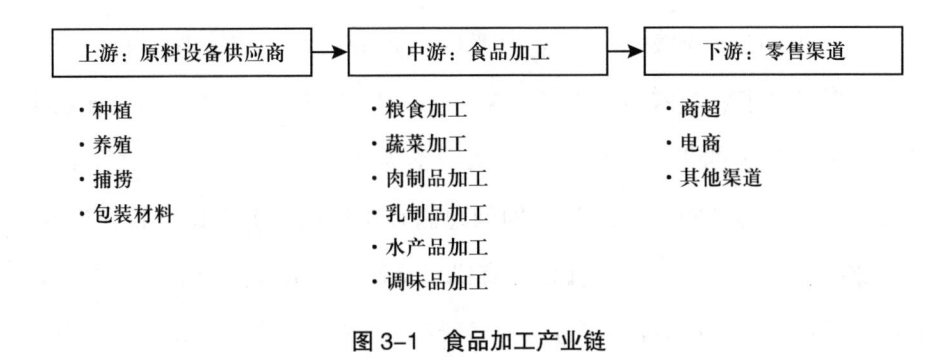

上游：原料设备供应商	中游：食品加工	下游：零售渠道
·种植 ·养殖 ·捕捞 ·包装材料	·粮食加工 ·蔬菜加工 ·肉制品加工 ·乳制品加工 ·水产品加工 ·调味品加工	·商超 ·电商 ·其他渠道

图3-1 食品加工产业链

本书主要基于狭义的定义。主要包括粮油食品加工、肉制品加工、乳制品制造、酒、饮料和精制茶制造业、焙烤和方便食品制造以及果蔬加工等行业。其中，粮油食品加工包括面粉、饲料和油脂加工等；肉制品加工包括猪、牛、羊等畜禽肉类加工；乳制品制造是指以生鲜牛、羊乳及其制品为主要原料，经加工制成的液体乳及固体乳（如乳粉、炼乳、乳脂肪、干酪等）制品的生产活动；精制茶加工包括精制红茶、绿茶、花茶、乌龙茶、紧压茶等。焙烤和方便食品制造中，焙烤食品是指以谷物或谷物粉为基础原料，加上油、糖、蛋、奶等中的一种或几种辅料，采用焙烤工艺定型和成熟的一大类固态方便食品，方便食品是指以米、面、杂粮等粮食为主要原料加工制成的只需简单烹制即可作为主食食用的食品，具有食用简便、携带方便、易于储藏等特点。

食品消费是人类生存的第一需求，我国食品极具中国文化特色和饮食偏好。因此，食品加工业不仅是刚性需求较强的行业，也是弘扬中国饮食文化的重要途径，更是事关国计民生和国民健康的重要产业，发展食品工业对促进农业高质高效、乡村宜居宜业、农民富裕富足，对全面推进乡村振兴、巩固脱贫攻坚成果、加快农业农村现代化等方面具有十分重要的意义。

（二）资源禀赋

2018年，陕西省委、省政府立足陕西资源禀赋、产业基础和比较优势，谋划提出了农业特色产业"3+X"的总体布局。"3"即大力发展以千亿级苹果为代表的果业、以千亿级奶山羊为代表的畜牧业、以千亿级棚室栽培为代表的设施农业；"X"即因地制宜做优做强若干区域特色产业，比如魔芋、中药材、核桃、红枣和有机、富硒、林特系列产品等。"3+X"工程目标是"果业打造百年产业、羊乳打造世界级产业、建设设施农业西部强省"。

果业是陕西最具国际竞争优势的产业之一，陕西是世界上唯一符合苹果最佳优生区7个最佳气象指标的地区，建成有黄土高原千万亩苹果集中优势产业带。陕西苹果的产量和质量均居全国第一，产量占全国的1/4和世界的1/7。此外，陕西猕猴桃种植面积也不断增加，全省产量达130万吨，占全国的1/2和世界产量的1/3。陕西猕猴桃和陕西果汁产量均占世界产量的1/3，作为全球苹果最大的集中产区，陕西是中国浓缩苹果汁最大的加工和出口基地，每年出口总量约占中国的60%、全球市场的36%，陕西省目前已成为全球名副其实的"苹果汁之都"。

此外，陕西是全国最大的奶山羊养殖基地、羊乳加工基地，羊乳产业在国际市场具有一定的话语权，在国内拥有绝对优势。全省奶山羊存栏、羊奶产量、羊乳品市场份额分别占到全国的36%、46%和85%，羊乳企业具备100万吨年加工能力。

(三) 产业集群

目前，陕西食品加工产业重点打造"一体两翼"的发展格局。"一体"即以关中为主体，推动西安重点发展功能食品、乳业，宝鸡重点发展粮油、酒水饮料和乳业，咸阳重点发展粮油、乳业，杨凌示范区重点发展酒水饮料、功能食品和乳业。"两翼"即以陕南为主体，推动安康重点发展富硒食品、功能食品等；以陕北为主体，推动延安重点发展粮油、果业等。陕西食品工业企业在做好果品加工、乳品加工等传统产业的同时，大力推进陕南富硒茶、银杏提取物、绞股蓝、魔芋、葛根产品和陕北大红枣、马铃薯、小杂粮及南瓜深加工等，打响陕西特色食品金字招牌。

陕西规划发展食品产业园区320余个，形成了果业、乳品、烟酒、肉制品、红枣制品、方便食品和烘焙业七大集群齐头并进的发展格局。具体而言，有国家级产业特色园区2家，省级特色产业园区1家，市级特色产业园区13家，如表3-1所示。

表 3-1 陕西省食品加工产业园区

基地、园区名称	重点领域	所在地	等级
安康高新技术开发区	富硒食品	安康	国家级
汉中经济技术开发区	富硒食品	汉中	国家级
铜川经济技术开发区	食品产业	铜川	省级
西安临潼区代新工业集中区	乳制品加工	西安	市级特色
咸阳武功县工业集中区	食品	咸阳	市级特色
咸阳礼泉县工业集中区	食品饮料	咸阳	市级特色
宝鸡扶风县科技工业集中区	食品加工	宝鸡	市级特色
宝鸡凤翔县西凤酒业工业园区	白酒产业	宝鸡	市级特色
渭南市白水县苹果科技产业集中区	苹果	渭南	市级特色
汉中镇巴县绿色产业集中区	农产品加工	汉中	市级特色
汉中汉台区老君食品工业集中区	食品	汉中	市级特色
汉中西乡县特色食品加工工业园	食品	汉中	市级特色
商洛镇安县绿色产品工业集中区	食品	商洛	市级特色
安康汉滨区五里工业集中区	富硒食品	安康	市级特色
安康汉阴县月河工业集中区	富硒食品	安康	市级特色
安康紫阳县硒谷工业集中区	富硒食品	安康	市级特色

资料来源：陕西省"十三五"工业和信息化规划汇编。

（四）经济现状

"十三五"期间，陕西食品工业发展总产值稳步上升，增长保持稳定，主要集中在5%左右（2020年由于新冠疫情影响，数据不具有代表性）。总的来看，陕西食品工业主要经济指标在全国处于中等偏上水平（见图3-2）。一方面得益于陕西拥有丰富的农产品资源，另一方面得益于近年来陕西食品工业加大资源转化力度，将资源优势转换成为产业优势。

（五）发展现状及规划

陕西食品加工产业围绕增品种、提品质、创品牌的"三品"战略，重点推动粮油、乳制品、肉制品、饮料、精制茶、酿酒等重点行业突破发展，加

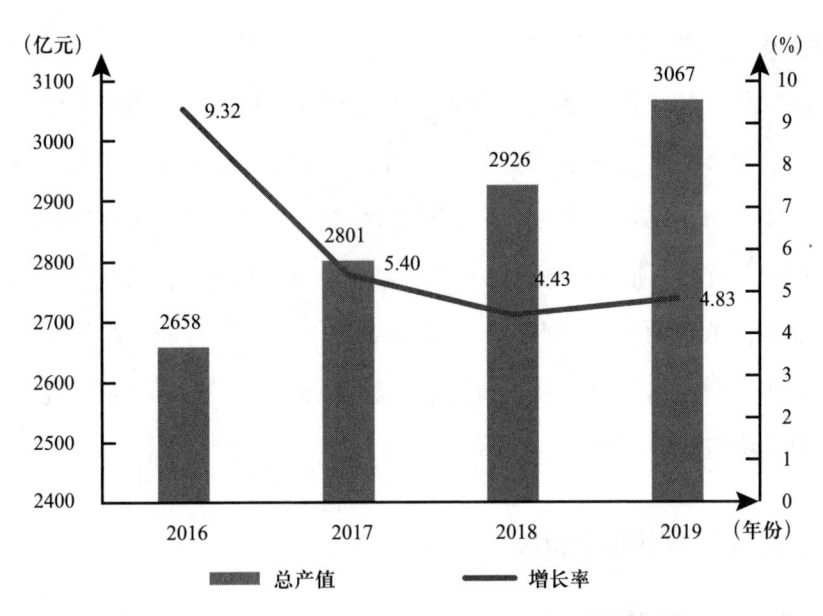

图3-2 食品工业总产值及增长率（2016~2020年）

资料来源：陕西省统计局。

强有效供给。粮油食品加工依托陕西粮农集团有限责任公司、西安爱菊粮油工业集团等重点企业，大力发展油脂、面粉和饲料加工业；肉制品加工依托石羊农业控股集团股份有限公司、杨凌本香农业产业集团有限公司等重点猪肉、牛羊肉加工企业，依托陕西丰富的畜牧业资源，着力打造高端肉制品品牌；乳制品制造业依托西安银桥股份有限公司为代表的重点企业，以打造国际领先、国内一流乳制品产业为目标，完善奶粉、酸羊奶、功能性羊乳制品标准和质量体系建设，培育形成高端乳制品品牌；酒、饮料和精制茶制造业依托西安市糖酒集团有限公司和陕西西凤酒厂集团有限公司等重点企业，大力创建品牌，其中以陕西海升果业发展股份有限公司、陕西恒通果汁集团股份有限公司为代表的浓缩苹果汁加工企业获得世界、中国果汁市场的霸主地位；焙烤和方便食品制造业依托陕西红星软香酥食品集团有限责任公司和西安米旗食品有限公司等重点企业，重点发展各式中西糕点、方便主食、休闲食品、即食食品等，利用现代信息化手段提升地方特色产品知名度，不断扩展销售渠道，持续推动行业转型升级。

《陕西省"十四五"制造业高质量发展规划》指出，以满足人民群众日益增长的健康需求为目标，聚焦特色羊乳、富硒食品、粮油、果蔬、酒水饮料和功能食品等领域，重点发展安全健康、营养方便、休闲养生型产品，积极发展绿色食品，推动富硒食品和乳制品产业链规模化、高端化发展，加快促进食品产业迈向中高端水平。力争到2025年，食品产业总产值实现稳定增长，年均增速达到5%左右。重点发展富硒食品、粮油、果蔬、乳业、酒水饮料及功能食品。

二、品牌发展现状

（一）品牌发展现状

陕西省食品加工产业有50家重点龙头企业，其中酒、饮料和精制茶制造业有12家、粮油食品加工业有12家、乳制品制造业有11家、焙烤和方便食品领域有9家、肉制品加工业有6家，如表3-2所示。

表3-2 食品加工业陕西省自主品牌创建企业情况

行业分类	企业名称
粮油食品加工（12家）	陕西粮农集团有限责任公司、西安爱菊粮油工业集团、陕西陕富面业有限责任公司、陕西老牛面粉有限公司、陕西西瑞（集团）有限责任公司（陕西粮农集团子公司）、西安国维淀粉有限责任公司、陕西建兴农业科技有限公司、陕西汉晶粮油股份有限公司、陕西春光油脂有限公司、宝鸡祥和面粉有限责任公司、宝鸡凤友油脂有限公司、陕西省饲料厂
肉制品加工（6家）	石羊农业控股集团股份有限公司、西安永信清真肉类食品有限公司、陕西秦宝牧业股份有限公司、陕西华茂牧业科技发展有限责任公司、陕西富强宏图牧业有限公司、杨凌本香农业产业集团有限公司

续表

行业分类	企业名称
乳制品制造（11家）	西安银桥股份有限公司、西安百跃羊乳集团有限公司、陕西秦龙乳业集团有限公司、西安宏兴乳业有限公司、陕西和氏乳品有限责任公司、宝鸡惠民乳品（集团）有限公司、陕西欢恩宝乳业股份有限公司、陕西优利士乳业集团有限责任公司、陕西红星美羚乳业股份有限公司、陕西省定边县乳品实业有限公司、陕西神果股份有限公司
酒、饮料和精制茶制造（12家）	西安市糖酒集团有限公司、西安冰峰饮料股份有限公司、陕西海升果业发展股份有限公司、陕西恒通果汁集团股份有限公司、陕西省太白酒业有限责任公司、陕西西凤酒厂集团有限公司、陕西秦川酒有限公司、陕西杜康酒业集团有限公司、陕西秦洋长生酒业有限公司、陕西省城固酒业有限公司、陕西东裕生物科技股份有限公司、陕西苍山秦茶集团有限公司
焙烤和方便食品（9家）	西安米旗食品有限公司、陕西红星食品企业集团、陕西三丰食品有限公司、西安华荣魏家餐饮管理有限公司、陕西振彰食品有限公司、西安市德懋恭食品商店、陕西竹园村餐饮有限责任公司、陕西德富祥食品餐饮有限公司、西安太阳食品有限责任公司

陕西食品加工业50家自主品牌企业，其所属品牌商标、所在地、创牌成就汇总结果如表3-3所示。

表3-3 食品加工陕西省自主品牌创建一览

企业名称	地区	品牌	创牌成就	品牌LOGO
陕西粮农集团有限责任公司	西安	陕粮农天山军星	"西瑞"牌星级特一粉获得了国家绿色食品A级产品认证标志，入选2020中国农产品百强标志性品牌，获得第十届中国粮油榜"中国粮油领军品牌"等多项殊荣，"天山"面粉入选天猫正宗原产地严选唯一面粉品牌	

续表

企业名称	地区	品牌	创牌成就	品牌 LOGO
西安爱菊粮油工业集团	西安	爱菊群众	爱菊集团现为农业产业化国家重点龙头企业、全国主食加工业重点示范企业、全国中小学生社会实践教育基地、全国粮食安全教育基地,集团先后实施政府放心粮油等惠民工程,是西北地区大型综合性粮油集团,其发展模式被中国粮食行业誉为粮企发展的"爱菊模式"。爱菊产品曾荣获"中国好粮油"、中国粮食行业"放心面""放心米""放心油"等称号	
陕西陕富面业有限责任公司	渭南	陕富中富三富千雪富民	"陕富"牌系列面粉销售以关中为中心,辐射陕北、陕南、甘肃、青海、宁夏等西北地区,远销上海、湖北、湖南、贵州、四川、重庆、安徽、北京等20多个省市,凭借可靠的产品质量和售后服务,赢得了消费者的赞誉,产销量翘楚西北,跻身全国面粉加工业前4强	
陕西老牛面粉有限公司	宝鸡	老牛	公司已通过ISO9001:2000质量管理体系认证、HACCP食品安全体系认证、测量管理体系认证和标准化良好行为企业AAA认证,先后获得"陕西省名牌产品"和"陕西省著名商标"称号,2005年获"国家免检产品"和"绿色食品"证书。"老牛"被授予驰名商标	

续表

企业名称	地区	品牌	创牌成就	品牌LOGO
陕西西瑞（集团）有限责任公司（陕西粮农集团子公司）	西安	西瑞秦力	西瑞品牌多次荣获"陕西省名牌产品""中国十佳粮油（食品）影响力品牌""中国行业领军品牌"等称号	
西安国维淀粉有限责任公司	西安	国维	"国维"牌食用玉米淀粉被评为省、市名牌产品。"国维"被认定为省、市著名商标	
陕西建兴农业科技有限公司	汉中	建兴	加工生产的"建兴"牌系列菜籽油，质纯味正，深受广大消费者的信赖，取得了较好的社会效益和经济效益	
陕西汉晶粮油股份有限公司	汉中	汉晶	2012年"汉晶"牌菜籽油被陕西省粮食协会授予"放心油"称号，2014年被陕西省工商局授予"陕西省著名"商标，2015年被陕西省政府认定为"陕西省名牌"产品	
陕西春光油脂有限公司	汉中	定军春	"定军春"牌被评定为陕西省著名商标，采用国际先进工艺生产的"定军春"牌系列菜籽油，被认定为"绿色食品""陕西省名牌产品"	
宝鸡祥和面粉有限责任公司	宝鸡	祥和秦玉 祥和人家	主导产品"祥和""秦玉""祥和人家""祥和麦黄金"系列小麦粉，精选宝鸡川原硬质冬小麦，采用国际先进工艺流程加工生产，近100个品种规格包装，以"安全营养、绿色健康"而著称，以生产工艺先进、品质天然纯正、口感筋道、味美	

续表

企业名称	地区	品牌	创牌成就	品牌LOGO
宝鸡凤友油脂有限公司	宝鸡	凤友	"凤友"牌系列菜籽油荣获陕西省名牌产品,"凤友"食用油荣获陕西省"放心油",企业先后被认定为省、市级农业产业化经营重点龙头企业	
陕西省饲料厂	杨凌示范区	华秦	华秦牌系列饲料荣获"全国名牌饲料"、"陕西省著名商标"	暂无
石羊农业控股集团股份有限公司	西安	石羊长安花邦淇	拥有"石羊"安心肉、"石羊"饲料、"长安花"菜籽油、"邦淇"食用油等品牌产品。全国农产品加工业100强企业、中国食用油加工企业50强、中国菜籽油加工企业10强	
西安永信清真肉类食品有限公司	西安	贾永信	荣获中华人民共和国商务部颁发的"中华老字号"、西安市人民政府颁发的"西安市名牌产品"称号;获得陕西省著名商标、西安市著名商标以及中华名吃荣誉	
陕西秦宝牧业股份有限公司	宝鸡	秦宝	公司产学研紧密结合,着力打造中高档肉牛的良种选育、标准化繁育、规模化育肥、现代化屠宰分割、精深化加工及品牌化营销一体化的科技型现代肉牛企业。秦宝牧业已成为国内肉牛行业品牌知名度高、市场覆盖宽广、产品线丰富、产业链完整的中高档牛肉企业	

续表

企业名称	地区	品牌	创牌成就	品牌LOGO
陕西华茂牧业科技发展有限责任公司	商洛	商凤	公司生产的"商凤"牌鸡肉产品已通过无公害产地认定,华茂牧业集团公司系列产品(食品)已通过QS认证,"商凤"牌商标被陕西省工商局命名为"陕西省著名商标"	
陕西富强宏图牧业有限公司	渭南	富强宏图	获得了陕西民营科技企业、陕西农业产业化重点龙头企业、陕西创业孵化示范基地,被市委、市政府授予"蹬羚企业""韩城市创业孵化基地"等荣誉称号,公司致力打造"富强宏图"在全国乃至全球知名品牌	
杨凌本香农业产业集团有限公司	杨凌示范区	本香	陕西优秀民营企业,陕西省名牌产品,陕西省著名商标,杨凌示范区农村发展农民增收先进龙头企业,杨凌示范区金融诚信企业,第十三届中国杨凌农业高新科技成果博览会"后稷奖"	
西安银桥股份有限公司	西安	银桥牌秦俑牌阳光宝宝牌艾宝瑞牌	集团旗下主导产品"秦俑"牌、"阳光宝宝"牌以及"艾宝瑞"牌系列奶粉和"银桥"牌系列液态奶,以专业的品质、过硬的质量和良好的信誉享誉海内外	
西安百跃羊乳集团有限公司	西安	百跃御宝羊奶	造就了百跃、御宝羊奶等知名品牌,全面贯彻"以质量求生存,以信誉求发展"的指导思想,牢固树立质量意识、品牌意识,坚持质量第一、顾客至上的发展理念	

续表

企业名称	地区	品牌	创牌成就	品牌LOGO
陕西秦龙乳业集团有限公司	西安	秦龙杰赋	公司是一家集优质牧草种植、奶山羊良种繁育及羊乳制品研发、生产、销售于一体的智能化羊乳生产企业,目前已成为陕西省农业产业化重点龙头企业,包含"杰赋、卡倍多、欧能达、雅慧、贝贝羊、纽贝兰朵、爱典、欧瑞兹、秦龙"9大婴幼儿品牌系列以及"卡倍多、一生一养、万龙"等多个成人粉系列	
西安宏兴乳业有限公司	西安	宏兴	宏兴乳业拥有成人奶粉、婴幼儿配方奶粉各品牌事业部,营销网络辐射全国,宏兴旗下品牌羊奶粉已进入千家万户	
陕西和氏乳品有限责任公司	宝鸡	和氏	公司先后获"农业产业化重点龙头企业""陕西省智能制造试点示范企业""高新技术企业""质量管理先进单位"等多项殊荣	
宝鸡惠民乳品(集团)有限公司	宝鸡	惠民	先后被评为"省级先进企业""陕西省优秀民营企业""乳制品生产安全信用等级AAA级企业""全国优秀食品企业"	
陕西欢恩宝乳业股份有限公司	咸阳	欢恩宝	公司是一家集科研、开发、生产、销售、服务于一体的专业化、综合性、高科技乳业集团公司,从奶源、生产、包装到上市保持全过程品质管控,成就中国羊乳企业安全生产品质典范	

续表

企业名称	地区	品牌	创牌成就	品牌 LOGO
陕西优利士乳业集团有限责任公司	咸阳	优利士	公司是专业从事奶山羊养殖、羊奶粉研发、生产、检测、经营的专业羊奶企业。优利士建有"零距离牧场""奶山羊博物馆",实现了"种植、养殖、加工、检测、经营"全产业链一体化	
陕西红星美羚乳业股份有限公司	渭南	红星美羚	红星美羚地处"奶山羊之乡""中国羊乳之都"陕西富平,是集奶山羊良种繁育、羊乳制品研发、生产加工与销售于一体的全产业链经营企业。红星美羚通过了 ISO9001 管理体系、乳制品 HACCP、GMP 认证和 HALAL(国际清真食品)认证。获评国家地理标志保护产品、生态原产地保护产品、陕西省名牌产品	
陕西省定边县乳品实业有限公司	榆林	三边秦乳爱贝聪爱贝优	公司旗下品牌三边、秦乳、爱贝聪、爱贝优、SMART BABY,荣获"中国食品工业协会推荐产品"和"省食品协会推荐产品","三边"牌商标于 2005 年荣获陕西省"著名商标"称号,是省级绿色文明示范"农业产业化龙头企业"	

续表

企业名称	地区	品牌	创牌成就	品牌LOGO
陕西神果股份有限公司	杨凌示范区	神果羊百慧	"神果"被评为"陕西省著名商标"。2004年被选为"陕西百强民营科技企业",2003年被陕西省人民政府授予"陕西省优秀龙头食品企业",2000年被陕西省科学技术厅认定为"高新技术企业",连续多年获"陕西省质量管理先进企业"称号。被陕西省人民政府认定为"陕西著名产品",陕西省消费者协会、陕西省质量监督检验所分别授予"推荐品牌"和"消费者喜爱的品牌"	
西安市糖酒集团有限公司	西安	秦俑西安特曲秦王中华	旗下的"冰峰"汽水、"秦俑"牌金箔酒、"西安特曲"系列白酒、"兵马俑"酒,以及"秦王"牌、"中华"牌水晶饼、月饼、绿豆糕,连续多年被评为"国家及陕西省、西安市著名商标、名牌产品",深受广大消费者喜爱,在陕西省内乃至全国影响深远。其"冰峰"系列饮品在陕西省内同类产品中销售独占鳌头,作为陕西名片的传播者遍布全国各地,远销多个国家和地区	

续表

企业名称	地区	品牌	创牌成就	品牌 LOGO
西安冰峰饮料股份有限公司	西安	冰峰	"冰峰"注重本土化、亲情化市场营销理念,"冰峰"汽水在西安玻璃瓶装饮料市场占有率一直保持在 80% 以上,在玻璃瓶碳酸饮料市场独占鳌头。近年来,冰峰除连续保持"省市名牌产品""省市著名商标"外,先后被评为"国家高新技术企业""陕西老字号""西安老字号"	
陕西海升果业发展股份有限公司	西安	海升清谷田园 C 菓语	创建"清谷田园""edenview""米奇拉""自然主义""吮指甜心""妈妈的故事""C 菓语""Chorle"等果蔬和饮品品牌,提升产品附加值。致力于将海升产品品牌打造为中国高端果蔬著名品牌	
陕西恒通果汁集团股份有限公司	西安	恒通	公司采用国际标准化质量管理模式,已获得 ISO9001、HACCP、FSSC22000、BRC 等质量管理体系及食品安全体系认证,通过了美国 FDA 审核,是 SGF 成员,产品质量符合欧美标准	
陕西省太白酒业有限责任公司	宝鸡	太白	公司被评为"陕西名酒"、"陕西名牌产品"、"中国优质酒、银质奖"、"中国名优食品"、"全国食品行业诚信企业放心食品"、中国驰名商标、中华老字号等 50 多项大奖	

续表

企业名称	地区	品牌	创牌成就	品牌LOGO
陕西西凤酒厂集团有限公司	宝鸡	西凤	西凤酒曾获1915年美国旧金山巴拿马万国博览会金质奖、1992年第十五届法国巴黎国际食品博览会金奖等8项国际大奖，蝉联4届全国评酒会"国家名酒"称号，先后荣获"中华老字号""中国驰名商标"国家原产地域保护产品"国家地理标志产品"等称号	
陕西秦川酒有限公司	宝鸡	秦川	秦川牌秦川王、精品兰盒秦川大曲、秦川喜酒分别荣获陕西省世纪王牌酒、世纪明星酒、世纪精品酒。2002年45度秦川王、50度秦川大曲、50度秦川魂获陕西省食品工业协会"质量信得过产品"	
陕西杜康酒业集团有限公司	渭南	白水杜康	陕西老字号	
陕西秦洋长生酒业有限公司	汉中	秦洋谢村桥	"秦洋""谢村桥"先后荣获"陕西省名牌产品""陕西省著名商标""中华老字号""陕西十大金口碑农产品""优秀创新产品""白酒香型融合典范产品"	
陕西省城固酒业有限公司	汉中	城古·天汉坊城古特曲	产品"城古·天汉坊"继"城古特曲"之后又获得了"陕西省名牌产品"称号	

续表

企业名称	地区	品牌	创牌成就	品牌LOGO
陕西东裕生物科技股份有限公司	汉中	东裕茗茶	2014年"東"牌汉中仙毫获陕西省名牌产品称号，2015年被国务院参事室华鼎国学研究基金会推选为"中华好茶"。2017年"東"牌汉中仙毫被评为享有茶界品牌"奥斯卡"之称的"金芽奖"，公司荣获汉中市首届市长质量奖、被中国商业联合会评为"中国绿茶（汉中仙毫）标志性品牌"。2018中国茶叶企业产品品牌价值评估中，"東"品牌价值为1.09亿元人民币，居中国茶叶品牌企业第91位。2019年荣获新中国70年中国茶业品牌70强称号	東裕茗茶 Dongyu Tea
陕西苍山秦茶集团有限公司	汉中	苍山秦茶	泾渭茯茶产品获"中国茶叶流通协会十大品牌"，入选"陕西省非物质文化遗产名录"，泾渭茯茶生产园区已被授予"国家级AAA景区"，荣获陕西省文化产业示范单位、咸阳市旅游示范单位；现已申报国家级企业技术中心、国家级非物质文化遗产项目	苍山茶業
西安米旗食品有限公司	西安	米旗	旗下拥有米旗、享+、太氏、国子轩、焙爱时光、3.9度等多个子品牌。米旗月饼连续8年获得中国"国饼十佳"称号，成为"中国名牌"。企业被誉为"中国焙烤食品的领头羊""中国食品业的一面旗帜"，先后获得陕西省著名商标、消费者信得过品牌，"米旗"牌月饼先后获陕西省名牌产品、中国最佳月饼、西安名牌产品	MAKIY 米旗

续表

企业名称	地区	品牌	创牌成就	品牌LOGO
陕西红星食品企业集团	咸阳	红星	红星软香酥被授予"中国名优产品""中华国饼""陕西省名牌产品"	
陕西三丰食品有限公司	西安	三丰	获"金牌糕点"称号	
西安华荣魏家餐饮管理有限公司	西安	魏家凉皮	魏家凉皮经过10年的发展，获得了多项荣誉以及专利权。拥有西北地区规模最大的凉皮生产线，形成了从原料采购、产品研发生产、品质检测控制、物流配送销售，全部自主一体化的生产销售体系。2014年魏家凉皮在西安缔造了单日接待顾客超过20万余人次的最高纪录，成为了西安市场占有率最高的快餐品牌	
陕西振彰食品有限公司	西安	御品轩	获陕西省著名商标、西安市著名商标、西安市名牌产品等荣誉	
西安市德懋恭食品商店	西安	德懋恭	"德懋恭"是陕西省、西安市著名商标；是陕西食品糕点行业唯一入选的老字号企业	
陕西竹园村餐饮有限责任公司	西安	竹园村	公司注册的"竹园村"和"竹园"商标为陕西省和西安市著名商标，公司正在积极申报国家驰名商标	

续表

企业名称	地区	品牌	创牌成就	品牌LOGO
陕西德富祥食品餐饮有限公司	西安	德富祥	2006年6月德富祥牌油茶获西安名牌产品，成为西北地区生产清真食品的知名企业之一	
西安太阳食品有限责任公司	西安	太阳阿香婆	"阿香婆"品牌先后获陕西省著名商标、西安名牌产品	

在陕西食品加工业企业中，有部分属于国家/省级农业产业化重点龙头企业，如陕西石羊农业科技股份有限公司、西安爱菊粮油工业集团等；有部分属于商务部及省商务厅评定的"中华老字号"和"陕西老字号"企业。随着陕西食品工业领域龙头企业的不断发展壮大，石羊集团、西凤酒集团、银桥集团、米旗公司等一大批企业不断做大做强，陕西食品工业品牌培育成效显著，涌现出一批在国内叫得响的知名品牌，如西凤、银桥、石羊、陕富、西瑞、百跃、海升、恒通等。

（二）具有品牌竞争力的优势品牌存量

食品加工产业品牌竞争力评价主要从经济效益、技术创新和品牌价值三个维度进行分析。

1. 按经济效益维度

本书列示了陕西省食品加工行业营收、市值等经济维度排名靠前的企业及其上榜的榜单，这些榜单由不同主体根据要求进行排名，如表3-4所示。

表3-4 陕西省食品加工业营收上榜企业

公司名称	2019年营业收入（万元）	榜单一	榜单二	榜单三	榜单四
陕西粮农集团有限责任公司	1361647	—	—	47	30
石羊农业集团股份有限公司	872343	—	—	—	48

续表

公司名称	2019年营业收入（万元）	榜单一	榜单二	榜单三	榜单四
陕西西凤酒厂集团有限公司	490779	74	51	—	76
西安银桥乳业（集团）有限公司	375665	—	80	—	85

注：榜单一，2021年胡润中国食品行业百强榜；榜单二，2020年中国食品饮料排行榜；榜单三，2020第五届中国最受消费者信赖食品企业100强；榜单四，2020年陕西省企业100强。

其中，2021年胡润中国食品行业百强榜由胡润研究院与环球集团联合发布，按照企业市值或估值进行排名，上榜的100家食品企业涵盖食品综合、酒类、软饮料、乳制品、肉制品、调味品、粮油、保健品和农牧行业；2020年中国食品饮料排行榜由FBIF以食品饮料相关业绩为依据，中国本土（包括港澳台）企业为对象，在调研了362家企业后，评选出上年食品饮料业务营收前100名的中国企业；"2020第五届中国最受消费者信赖食品企业100强"是由中国董事局网、中国数据研究中心共同组织评选。前期通过资料分析、消费者网络问卷调研、企业问卷调研等方法，进行系统的调研和分析，获得300余家候选中国食品企业。最后经由中国数据研究中心专家及食品领域专家组成的评委会计分加权、汇总得出百强榜单；"2020陕西企业100强名单"由陕西省企业家协会发布，以2019年营业收入为主要依据，综合评选出前100强企业。

从全国范围的榜单看，"2020中国制造业企业500强"中食品制造企业共29家，"2020中国民营企业500强"中食品领域企业25家，均集中在四川、江西、山东等省份，陕西无上榜企业。

从榜单一可以看出，陕西西凤酒厂集团有限公司是陕西仅有的进入"中国食品行业百强榜"的企业。从地区分布来看，四川和广东均以10家企业的数量位居榜首，其次是上海和北京等地区，陕西在数量方面不占优势。陕西西凤酒厂集团有限公司以180亿元的市值在整体排名中位列第73。从行业分布看，食品行业百强 25 家白酒企业中，陕西西凤酒厂集团有限公司在白酒行业中位列第 22，企业市值是贵州茅台（排名第一）的 0.8%、五粮液（排名第二）的 2.1%、山西杏花村汾酒（排名第三）的 4.5%。

从榜单二可以看出，陕西仅有陕西西凤酒厂集团有限公司和西安银桥乳业（集团）有限公司 2 家企业入选中国食品饮料排行榜。从行业看，2020 年陕西西凤酒厂集团有限公司以 60.3 亿元的营业收入在白酒行业中排名第 10，是贵州茅台营业收入的 7% 左右；西安银桥乳业（集团）有限公司以 39.37 亿元的业绩在乳制品行业中排名第 9，是伊利集团的 4% 左右。

从榜单三可以看出，陕西粮农集团有限责任公司以第 47 位的排名上榜，为陕西食品行业唯一上榜企业。榜单中的前十强为海天味业、伊利股份、颐海国际、贵州茅台、双汇发展、中国飞鹤、五粮液、农夫山泉、娃哈哈、达利食品等知名食品企业，均为价值超千亿的集团型食品企业，产品优质率颇高，深受媒体及消费者的信赖。上榜企业主要分布在广东（15 家）、浙江（8 家）、山东（8 家）和北京（6 家）等地。

从榜单四可以看出，有 5 家食品加工企业入选 2020 年陕西省百强企业，其中，陕西粮农集团有限责任公司和石羊农业集团股份有限公司均位于全省前 50 企业行列，营收能力方面在全省各行业中居于前列。

2. 按技术创新维度

本书列示了陕西食品加工行业在科技创新方面处于领先地位的企业，主要从工信厅评定的国家级、省级企业技术中心和省级技术创新示范企业两方面进行分析。

（1）国家工业和信息化部、省工信厅评定的创新企业。在技术创新方面，陕西省食品加工行业共有 18 家省级企业技术中心、4 家省级技术创新示范企业，但没有国家级企业技术中心，技术创新能力与全国相比具有较大差距。如表 3-5 所示。

表 3-5 陕西省食品加工业国家级、省级企业技术中心名单

类别	企业名称	地区	行业分类
陕西省省级企业技术中心	陕西陕富面业有限责任公司	渭南	粮油食品加工
	陕西老牛面粉有限公司	宝鸡	粮油食品加工
	西安银桥乳业（集团）有限公司	西安	乳制品制造
	西安百跃羊乳集团有限公司	西安	乳制品制造
	陕西和氏乳业集团有限公司	宝鸡	乳制品制造
	陕西欢恩宝乳业股份有限公司	咸阳	乳制品制造
	陕西优利士乳业集团有限责任公司	咸阳	乳制品制造
	陕西红星美羚乳业股份有限公司	渭南	乳制品制造
	陕西省定边县乳品实业有限公司	榆林	乳制品制造
	陕西苍山秦茶集团有限公司	西安	酒、饮料及精制茶制造
	陕西海升果业发展股份有限公司	西安	酒、饮料及精制茶制造
	陕西省太白酒业有限责任公司	宝鸡	酒、饮料及精制茶制造
	陕西西凤酒厂集团有限公司	宝鸡	酒、饮料及精制茶制造
	陕西省城固酒业股份有限公司	汉中	酒、饮料及精制茶制造
	陕西秦洋长生酒业有限公司	汉中	酒、饮料及精制茶制造
	陕西白水杜康酒业有限责任公司	渭南	酒、饮料及精制茶制造
	陕西正大有限公司	咸阳	肉制品加工
	陕西秦宝牧业股份有限公司	杨凌	肉制品加工
陕西省省级技术创新示范企业	陕西西凤酒股份有限公司	宝鸡	酒、饮料及精制茶制造
	陕西苍山茶叶有限责任公司	咸阳	酒、饮料及精制茶制造
	陕西石羊农业科技有限公司	西安	肉制品加工
	陕西竹园村食品科技股份有限公司	西安	焙烤和方便食品

资料来源：陕西省工信厅。

在 18 家陕西省级企业技术中心中，乳制品制造和酒、饮料及精制茶制造企业有 7 家，在陕西省级 4 家技术创新示范企业名单中，酒、饮料及精制茶制造企业有 2 家，从以上数据可以看出，陕西在乳制品制造和酒、饮料及精制茶制造行业中具有较大的创新优势。

（2）省级技术创新示范企业。在食品加工业领域，陕西还没有技术创新示范企业。

3. 按品牌价值维度

本部分主要从国家工业和信息化部/省工信厅评定的国家级/省级工业品牌培育示范企业两方面来进行分析。

从品牌价值看，在"2021中国品牌价值评价信息发布暨中国品牌建设高峰论坛"上，中国品牌建设促进会、中国资产评估协会等单位联合发布了"2021中国品牌价值评价信息榜"。该榜单已经连续发布8年，覆盖了第一、第二、第三产业及部分区域品牌。陕西西凤酒厂集团有限公司以79.89亿元的品牌价值，在轻工类榜单中排名第17，品牌价值较高。

从国家级、省级工业品牌培育示范企业来看，陕西省食品加工行业共有13家工业培育示范企业，其中有2家国家级工业品牌培育示范企业，分别为陕西石羊（集团）股份有限公司和陕西省太白酒业有限责任公司，同时还有西安百跃羊乳集团有限公司等11家省级工业品牌培育示范企业，如表3–6所示。

表3–6 省级工业品牌培育示范企业

企业	地区	行业领域
陕西西瑞（集团）有限责任公司	西安	粮油食品加工
长安花粮油股份有限公司（属于陕西石羊集团）	西安	粮油食品加工
陕西石羊邦淇食品有限公司（属于陕西石羊集团）	渭南	粮油食品加工
宝鸡凤友油脂有限公司	宝鸡	粮油食品加工
宝鸡祥和面粉有限责任公司	宝鸡	粮油食品加工
陕西石羊（集团）股份有限公司（国家级）	西安	肉制品加工
陕西和氏乳业集团有限公司	宝鸡	乳制品制造
西安百跃羊乳集团有限公司	西安	乳制品制造
陕西省太白酒业有限责任公司（国家级）	宝鸡	酒、饮料及精制茶制造
陕西秦洋长生酒业有限公司	汉中	酒、饮料及精制茶制造

续表

企业	地区	行业领域
陕西省城固酒业股份有限公司	汉中	酒、饮料及精制茶制造
陕西省紫阳县焕古庄园富硒茶业科技有限公司	安康	酒、饮料及精制茶制造
陕西安旗食品有限公司	西安	焙烤和方便食品

资料来源：陕西省工信厅。

4. 优势品牌筛选

综合上述各维度分析结果，本书将同时在不同维度出现2次和2次以上的企业定义为该行业内的优势企业，将仅在一个维度的企业认定为综合发展有待提高的企业。

陕西石羊农业集团股份有限公司在经济、技术创新、品牌价值等维度优势显著，是农业产业化国家重点龙头企业。石羊集团坚持高质量发展，立足于现代农业和食品领域，致力于第一、第二、第三产业有机融合，建立全球供应链体系，建立全程食品安全可追溯体系，打造从农场到餐桌的全产业链模式。先后获得农业产业化国家重点龙头企业、全国农产品加工业100强、中国食用油加工企业50强等荣誉，连续10年入围陕西百强企业，2021年入选国家级农业产业化头部企业、中国制造业民营企业500强。石羊集团现有陕西石羊农业科技股份有限公司、长安花粮油股份有限公司和陕西石羊邦淇食品有限公司等下属子公司，业务领域涵盖油菜种植，种猪繁育、养殖，食用油、饲料、肉制品生产、加工、销售和物流配送，食品产业园运营等。

陕西石羊农业科技股份有限公司是农业产业化国家重点龙头企业、高新技术企业，自创建以来，一直聚焦于做好"一块肉"的全产业链体系建设与科研开发，现已发展为集饲料生产、种猪繁育、生猪养殖、屠宰加工、冷链运储、终端门店等于一体的全产业链农牧、食品企业。荣获"中国农产品百强标志性品牌""中国食品行业创新品牌"，主要产品有"石羊"安心肉、

"石羊"种猪、"石羊"饲料等。

长安花粮油股份有限公司是国家农业产业化重点龙头企业，作为一家专业的制油企业，长安花粮油股份有限公司位列"中国食用油加工企业50强""中国菜籽油加工企业10强"，是中国《浓香菜籽油》标准制定者，并拥有全国唯一的"菜籽油系列标准验证联合实验室"，现拥有"长安花"著名品牌。

陕西石羊邦淇食品有限公司是石羊集团旗下知名食用油品牌企业，是西北地区规模较大、设备先进、自动化程度较高的油脂加工企业。"邦淇"牌系列食用油被授予全国"放心粮油"称号，"邦淇"牌食用油荣获"陕西名牌产品"。

陕西西凤酒厂集团有限公司在经济、技术创新和品牌价值等维度均占据优势，不仅上榜了陕西省企业100强，同时被工信厅评为省级企业技术中心和省级技术创新示范企业。公司主导产品西凤酒是中国凤香型白酒的鼻祖，其"不上头、不干喉、回味愉快"，被世人称为"三绝"、誉为"酒中凤凰"，与山西汾酒、贵州茅台酒、老窖大曲酒（泸州）、绍兴酒、红玫瑰葡萄酒、味美思酒、金奖白兰地酒并称为老八酒。

西凤酒曾获1915年美国旧金山巴拿马万国博览会金奖、1992年第十五届法国巴黎国际食品博览会金奖等8项国际大奖，蝉联4届全国评酒会"国家名酒"称号，先后荣获"中华老字号"、"中国驰名商标"、国家原产地域保护产品、"国家地理标志产品"等称号。"中国白酒3C计划——西凤酒风味特征物质研究"成果被中国酒业协会组织的专家论证会确认为"已达到世界领先水平"，西凤酒酿制技艺被列入第五批国家级非物质文化遗产名录。

西安银桥乳业（集团）有限公司在经济、技术创新和品牌价值等维度占据优势，公司已发展成为农业产业化国家重点龙头企业和中国学生饮用奶定点生产企业，成为中国奶业D2O企业联盟和国际乳品IDF成员，并成为"第十四届全国运动会官方指定乳品"。集团充分发挥龙头企业的辐射带动作用，不断加大奶源基地建设步伐，建有西北地区规模较大的绿色奶源基地，在关中一线两带上建起了现代化奶牛示范牧场和养殖小区，带动周边农户依靠饲养奶牛走上致富奔小康的道路，创造了良好的经济效益和巨大的社会效益。集团旗下主导产品"秦俑"牌、"阳光宝宝"牌以及"艾宝瑞"牌系列奶粉和"银桥"牌系列液态奶，以专业的品质、过硬的质量和良好的信誉享誉海内外，深受广大消费者的喜爱和信赖。

陕西粮农集团有限责任公司由陕西西瑞集团、陕西油脂集团、陕西农垦集团等6家省属粮食生产、收储、加工、运销企业整合组建。集团将围绕粮食收储、深加工、创建陕西粮油知名品牌等重点，打造西北地区一流粮食龙头企业。在营收方面，该公司在陕西省内具有举足轻重的地位，并且其品牌价值也相对较高，上榜2020年中国最受消费者信赖食品企业百强榜，陕西粮农集团旗下"天山"面粉品牌先后获得中国粮食行业协会"放心面""中国名牌""绿色食品"等荣誉。"西瑞"品牌先后获得"陕西省名牌产品""中国粮油领军品牌"等荣誉。但是其在技术创新层面与前述4家企业仍有较大差距。

陕西食品加工业优势企业有3家。此外，还有一大批企业规模较小但技术创新能力和品牌知名度均较高的企业，如陕西省太白酒业有限责任公司、陕西老牛面粉有限公司、陕西和氏乳业集团有限公司、陕西省城固酒业股份有限公司、陕西陕富面业有限责任公司、陕西白水杜康酒业有限责任公司、陕西红星美羚乳业股份有限公司、陕西安旗食品有限公司等在陕西省内耳熟能详的企业。总的来看，陕西食品加工业具有品牌优势的企业数量较少，诸多企业在陕西省内具有一定的品牌优势，但在全国层面优势较弱，未来如能激活这些企业在食品工业品牌发展中的潜力，则会增强陕西食品加工业整体品牌竞争优势。

(三)具有发展潜力的成长品牌存量

由于食品加工产业主要由中小企业组成,生产经营规模较小,大多不符合国家级专精特新企业认定标准。因此,在食品加工产业中,陕西没有国家级专精特新企业,仅有 2 家国家级瞪羚企业,占陕西省国家高新区瞪羚企业总数的 0.83%,如表 3-7 所示。

表 3-7　陕西省食品加工业国家高新区瞪羚企业

企业名称	主营业务	评定时间	地区
安康时代农业发展有限公司	食用植物油(半精炼)、富硒粉条、粉丝、农产品加工销售,预包装食品、乳制品(不含婴幼儿配方乳粉)、水果、蔬菜销售	2016 年	安康
宝鸡阜丰生物科技有限公司	氨基酸、天然食品添加剂黄原胶、天然食品添加剂谷氨酸钠、调味品、味素、淀粉、淀粉糖、天然食品添加剂果葡糖、有机肥料、无机肥料的加工、生产	2018 年	宝鸡

资料来源:科学技术部火炬高技术产业开发中心。

第二节　建筑建材业

一、产业基本情况

(一)定义及作用

建筑业指在国民经济中从事建筑安装工程的勘察、设计、施工以及对原有建筑物进行维修活动的物质生产部门。按照国民经济行业分类目录,作为国民经济十三门类之一的建筑业,由三大类组成:土木工程建筑业,线路、管道和设备安装业,勘察设计业。建筑业的职能主要是对各种建筑材料和构件、机器设备等进行建筑安装活动,为国民经济建造生产性与非生产性固定资产。

建材行业是中国的材料工业,主要包括水泥、玻璃、混凝土、墙体材料、建筑部品、非金属矿采选加工和其他建材。其中，建筑部品指建筑结构件、建筑墙体保温、屋面防水、门窗产品、整体厨房、整体卫生间等建筑部品产业；非金属矿采选加工指对重晶石、石英、石墨、石膏、萤石等的深加工；其他建材包括新型金属建材制品业、建筑管业塑料型材业、复合材料制品业、保温材料制造业、陶瓷和非金属制品业、现代家居制品业等。如图3-3所示。

```
┌─────────────┐    ┌─────────────┐    ┌─────────────┐
│    上游     │───▶│    中游     │───▶│    下游     │
└─────────────┘    └─────────────┘    └─────────────┘
 · 石灰石            · 水泥              · 房地产
 · 硅质材料、煤电    · 玻璃              · 建筑业
 · 黏土、煤电        · 陶瓷              · 国防军工
 · 其他              · 家具、涂料等
```

图3-3 建材产业链

（二）产业集群

陕西建材产业充分利用各地特色产品，市场、区位及产业优势，整合当地资源，形成了多家省级特色产业园区。在特色产业园区内，通过龙头企业带动，产业链联动，上下游企业聚集的方式培育特色产业集群。建筑产业相比其他产业，具有较强的流动性及分散性，故该产业在省内的产业园区建设尚不成熟。如表3-8所示。

表3-8 建材产业陕西省特色产业园区

园区	级别	地区
岐山建材工业园区	省级	宝鸡
铜川陈炉陶瓷工业园区	省级	铜川
铜川王益区黄堡工业集中区	省级	铜川
渭南白水县雷公循环经济产业园	省级	渭南
富平庄里工业园区	省级	富平
韩城经济技术开发区	省级	韩城

资料来源：陕西省"十三五"规划。

（三）经济状况

"十三五"期间，陕西建筑业累计完成总产值3.46万亿元，较"十二五"增长69.6%，保持了持续快速增长的态势。2020年全省特、一级建筑企业达到514家，较上年新增20家；二级企业1834家，新增65家；三级及以下企业1277家，新增285家。龙头企业带动效应进一步增强，对稳定全省建筑业市场起到了关键作用。从经济数据来看，2016~2019年陕西建筑业总产值逐年增长，总产值增长率先降后升。如图3-4所示。

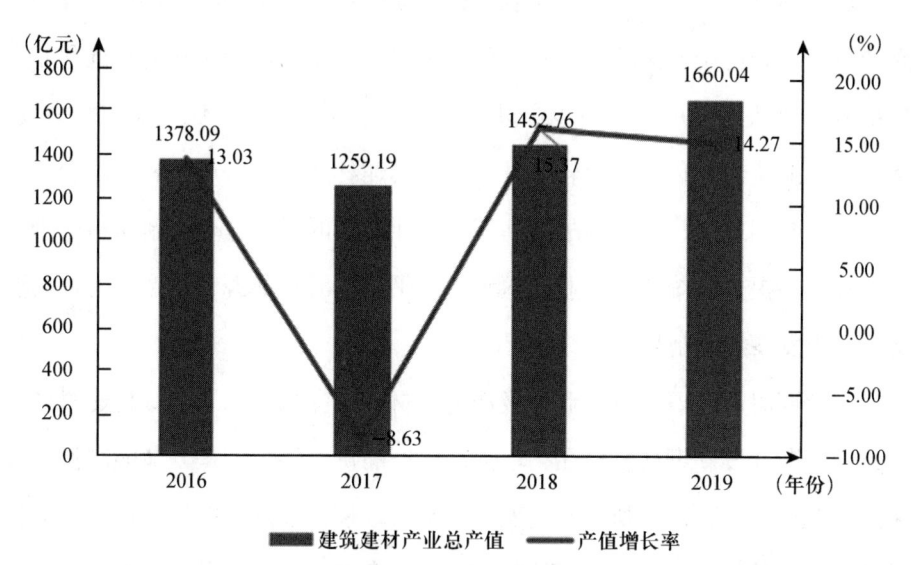

图3-4 陕西省建筑业总产值及增速（2016~2019年）

资料来源：陕西省统计局。

陕西建材行业主要集中在水泥和平板玻璃制造产业。整体产量保持稳定，其中2020年水泥产量为6809.85万吨，与2016年、2017年相比，产量有所减少。2020年平板玻璃的产量为2222.51万重量箱，总体数量呈增长趋势，如表3-9所示。

表3-9 陕西省建材产业主要工业产品产量（2016~2020年）

产品 \ 年份	2016	2017	2018	2019	2020
水泥（万吨）	7555.86	7476.09	6270.83	6621.23	6809.85
平板玻璃（万重量箱）	2053.57	2157.30	2104.47	1967.18	2222.51

资料来源：陕西省统计局。

（四）发展与规划

陕西建材产业不断扩大产业规模，持续优化产业结构，坚持培育发展新兴产业与提升传统产业转型升级并重，全面推动无机非金属材料采选和非金属矿制造业快速发展，进一步推进企业兼并重组，加大落后产能淘汰力度，依靠技术进步促进传统产业转型升级。鼓励建材业和相关产业相互融合、交叉渗透，共同发展；支持为战略性新兴产业配套的无机非金属新材料及制品快速发展。提升传统建材产业技术装备水平及资源和能源利用率，延伸产业链，重点发展加工制品业。

与此同时，陕西建材产业积极提高建材产品深加工水平和绿色建材产品比重，不断开发新型建材产品，增强高端产品供给能力，提升节能减排和资源综合利用水平，严格执行水泥熟料、平板玻璃行业产能置换办法，努力推动建材产业高质量发展。力争到2025年，建材产业总产值年均增长3%左右。重点推动咸阳、铜川、渭南一体化发展，做大做强水泥、玻璃、建筑陶瓷规模，提升质量水平，推动榆林水泥、玻璃、建筑陶瓷等发展，做大安康新型墙体材料规模。

二、品牌发展现状

（一）品牌发展现状

陕西建筑行业企业大多为中铁、中建等央企控股企业，并且受行业特殊

第三章 陕西省其他产业品牌发展现状

性影响并未形成产品品牌。而建材行业则在近年来造就了一大批企业品牌。目前陕西省建筑建材企业品牌创建情况如表3-10所示。

表3-10 陕西省建筑建材企业品牌创建情况

一级行业分类	二级行业分类	品牌归属地	重点企业
建筑	无	非陕西省	中国建筑股份有限公司西北分公司、中国中铁股份有限公司西安分公司
		陕西省	陕西建工集团股份有限公司、陕西化建工程有限责任公司、陕西煤业化工建设（集团）有限公司、陕西华山建设集团有限公司
建材	水泥	非陕西省	中国西部水泥有限公司、尧柏特种水泥集团有限公司
		陕西省	陕西生态水泥股份有限公司、陕西社会水泥有限责任公司、陕西金龙水泥有限公司、陕西声威建材集团有限公司
	混凝土	陕西省	陕西恒基混凝土有限公司
	玻璃	陕西省	宝鸡市育才玻璃（集团）有限公司
	建筑部品	陕西省	雨中情防水技术集团有限责任公司、陕西鲁泰防水保温工程有限公司、咸阳东方雨虹防水有限公司
	非金属矿采选加工	陕西省	陕西省神木银丰陶瓷有限责任公司、韩城腾龙陶瓷有限公司
	其他建材	陕西省	陕西煤化新材料集团有限责任公司、陕西普石建筑材料科技有限公司、西安高科建材科技有限公司、陕西宝塔山油漆股份有限公司、陕西天洋光固化材料有限公司

建筑建材产业中非陕西自主品牌有以下4家企业，其所属品牌商标、所在地、主导产业、创牌成就汇总如表3-11所示。

表 3-11　建筑建材非陕西省自主品牌创建情况

企业名称	地区	主导产业	品牌	创牌成就	品牌 LOGO
建筑					
中国建筑股份有限公司西北分公司	西安	承担国内外公用、民用房屋建筑工程施工	中国建筑	公司名列 2021 年《财富》世界 500 强第 13 位，中国企业 500 强第 3 位，稳居 ENR"全球最大 250 家工程承包商"第 1 位，继续保持行业全球最高信用评级，市场竞争力和品牌影响力不断提升	
中国中铁股份有限公司西安分公司	西安	土木工程建筑和线路、管道、设备安装的总承包	中国中铁	作为全球最大建筑工程承包商之一，中国中铁连续 16 年进入世界企业 500 强，2021 年在《财富》世界 500 强企业排名第 35 位，在中国企业 500 强排名第 5 位	
建材					
中国西部水泥有限公司	西安	水泥生产、销售	西部水泥	中国西部水泥有限公司是陕西省水泥生产商之一，集团总产能达 29200000 吨，包括 20 条新型干法水泥生产线，在陕西省、新疆维吾尔自治区及贵州省都有生产基地	

续表

企业名称	地区	主导产业	品牌	创牌成就	品牌LOGO
尧柏特种水泥集团有限公司	西安	水泥、石料的生产；水泥机械的制造	尧柏 YAOBA	连续被陕西省政府评为"守合同、重信用"单位、"省环保先进单位"，2006年入选"中国建材行业知名企业"；2006~2008年连续3年荣登《福布斯》"中国最具发展潜力榜"	尧柏水泥 YAOBAISHUINI

建筑建材产业中，陕西自主品牌企业所属品牌商标、所在地、主导产业、创牌成就汇总如表3-12所示。

表3-12 建筑建材产业陕西省自主品牌创建情况

企业名称	地区	主导产业	品牌	创牌成就	品牌LOGO
建筑					
陕西建工集团股份有限公司	西安	建筑产业投资、地产开发建设	陕建集团	先后获得中国企业500强、2017~2019年经营业绩优秀企业	陕建集团 SHAANJIAN GROUP
陕西华山建设集团有限公司	西安	建筑工程施工总承包	华山建筑	先后被授予"中国建筑业成长性200强企业""全国守合同重信用单位""陕西省优秀企业"	陕西华山建设集团有限公司 SHAANXI HUASHAN CONSTRUCTION GROUP CO.,LTD.
长枫建设集团有限公司	西安	承接总公司工程建设业务；对外承包工程	长枫建设	长枫建设集团荣获2019年度西安建筑业先进企业、荣列2020陕西民营企业50强第27位	长枫建设 CHANGFENGJIANSHE

续表

企业名称	地区	主导产业	品牌	创牌成就	品牌 LOGO
陕西化建工程有限责任公司	杨凌	建筑施工、设备安装、建筑设计	陕西化建	公司营业收入、利润等主要指标位居国内同行业前列，企业发展得到多方认可，先后获得全国文明单位、全国优秀施工企业、省建筑业百强等荣誉称号	
西安市建总工程集团有限公司	西安	建筑施工、设备安装、建筑设计	西安市建		
中北交通建设集团有限公司	西安	路桥工程建设	中北		
宝鸡建安集团股份有限公司	宝鸡	园林绿化工程施工；对外承包工程	宝鸡建安		
建材					
陕西生态水泥股份有限公司	西安	普通硅酸盐水泥、低碱水泥、中低热水泥和矿渣超细粉	华山	2016年"华山"牌通用硅酸盐水泥荣获"陕西省名牌产品"称号，被广泛应用于高铁、高速公路等国家级重点工程建设项目。荣登"2019年度中国建材200强"，荣获2019年度中国和谐建材企业	

第三章　陕西省其他产业品牌发展现状

续表

企业名称	地区	主导产业	品牌	创牌成就	品牌LOGO
陕西社会水泥有限责任公司	宝鸡	水泥及水泥制品制造；砂石、建筑骨料、矿粉的加工	社会	企业主导产品畅销陕西、甘肃、宁夏、四川等地区	社会水泥
陕西金龙水泥有限公司	安康	水泥生产、销售	旋龙	公司检测设备先进，技术管理完善，团队精神较强，所生产的32.5#、42.5#、52.5#各强度等级水泥，完全达到国家标准，满足了不同用户的需要，被广泛应用于桥梁铁路、高速公路、大型水电工程及民用建筑	XUAN LONG
陕西声威建材集团有限公司	咸阳	水泥制品制造；建筑用石加工	声威	集团使用"声威"牌商标，"声威"牌水泥产品质量稳定，富裕度高，畅销全省各县市。被广泛应用于基础建设和工程建设。享有"纵横千里、声威水泥"的良好声誉	声威
陕西恒基混凝土有限公司	西安	混凝土、混凝土外加剂、混凝土填充物的生产	恒基		

281

续表

企业名称	地区	主导产业	品牌	创牌成就	品牌LOGO
宝鸡市育才玻璃（集团）有限公司	宝鸡	玻璃制品、挂车，建筑材料	育才	先后获"陕西省优秀民营企业"、全国"首批精准扶贫最具影响力企业"等荣誉称号100余项，连续多年蝉联"陕西企业100强"	
雨中情防水技术集团有限责任公司	西安	建筑防水材料的研发、生产和销售	雨水情	公司连续多年被中国房地产协会、易居中国房地产测评中心评为中国房地产开发企业500强首选供应商（防水材料类），并在2019~2021年前述首选供应商品牌（防水材料类）测评中分别排第6名、并列第5名、并列第4名	
陕西鲁泰防水保温工程有限公司	咸阳	防水材料研究、生产	雨泰金雨洁	公司主要生产"雨泰"牌、"金雨洁"牌系列防水卷材及防水涂料。产品在国家、省区、市级抽检中均呈优良品质。"雨泰"商标被认定为"陕西省商标"，企业应邀成为中国建筑防水材料协会会员单位	

第三章　陕西省其他产业品牌发展现状

续表

企业名称	地区	主导产业	品牌	创牌成就	品牌LOGO
咸阳东方雨虹防水有限公司	咸阳	建筑防水卷材产品制造；涂料制造	东方雨虹	咸阳东方雨虹顺利通过陕西省重点行业企业大气污染防治绩效评级现场验收，成为建筑防水行业首家通过大气污染防治绩效评定的A级企业	
陕西煤化新材料集团有限责任公司	西安	建筑材料及其相关配套原辅材料的矿山开采	陕煤新材	陕煤新材集团现为中国砂石协会副会长单位，中国绿色机制砂石平台成员单位，中国和谐建材企业，中国建材企业500强企业，全国砂石骨料行业创新企业	
陕西普石建筑材料科技有限公司	西安	防水材料的科研、生产、销售、施工	陕普	公司已通过了ISO9001国际质量体系认证、ISO14001环境管理体系认证和OHSAS18001职业健康管理体系认证，荣获"中国防水材料十大创新品牌""十大质量品牌"	
西安高科建材科技有限公司	西安	研制、生产、批发、经营民用、公用、工业用新型建筑材料	高科	获"亚洲品牌500强"和"陕西省质量管理奖"等荣誉	

283

续表

企业名称	地区	主导产业	品牌	创牌成就	品牌LOGO
陕西宝塔山油漆股份有限公司	咸阳	油漆、涂料、树脂等高新技术产品的研发、生产与销售	宝塔山漆 经建 异彩 信誉	主营宝塔山漆、经建、异彩、信誉4个品牌。连续十一届被评为"中国十大工业涂料品牌"、宝塔山漆建筑涂料连续十届被评为"中国十大外墙涂料品牌""中国十大内墙涂料品牌",宝塔山漆艺术涂料被评为"中国十大艺术涂料品牌"	
陕西天洋光固化材料有限公司	杨凌	保温装饰板、UV技术橱柜板	天洋	公司是倾力关注、投身高品质建材研发、制造、销售和配套服务的高科技、股份制民营企业。荣获"中国生态绿色建筑产品认证"和国内多个省市的"建筑节能新型产品推广使用证书",并参与发起了"中国绿色建材产业发展联盟"	

(二)具有品牌竞争的优势品牌存量

1. 按营业收入维度

本书列示了陕西建筑建材营收排名靠前的企业及其上榜的榜单,这些榜单由不同主体根据营业收入进行排名。其中,"2020陕西企业100强名单"由陕西省企业家协会发布,以2019年营业收入为主要依据,综合评选出前100强企业;"2020中国企业500强名单"由中国企业联合会、中国企业家协会发布;"2020 中国建材企业 500 强系列榜单"由中国建筑材料企业管理协会评价并发布,自 2002 年以来,该榜单已经连续发布 19 年,成为中国建材行业的风向标。如表 3-13 所示。

表 3-13 陕西建筑建材行业营收上榜企业情况　　　　　单位:亿元

行业	公司名称	榜单一	榜单二	榜单三
建筑	陕西建工控股集团有限责任公司	181	—	—
	陕西路桥集团有限公司	—	62	—
建材	尧柏特种水泥集团有限公司	—	60	33
	宝鸡市育才玻璃(集团)有限公司	—	64	—
	雨中情防水技术集团有限责任公司	—	—	91
	陕西生态水泥股份有限公司(国有)	—	—	115
	陕西声威建材集团有限公司	—	—	116
	陕西煤化新材料集团有限责任公司(国有)	—	—	242
	陕西普石建筑材料科技有限公司	—	—	299
	陕西鲁泰防水保温工程有限公司	—	—	312
	陕西东泽高科实业有限公司	—	—	384
	陕西宝塔山油漆股份有限公司(多元化控股)	—	—	387
	陕西永塬矿业股份有限公司	—	—	480

资料来源:榜单一,2020 中国企业 500 强;榜单二,2020 陕西企业 100 强;榜单三,2020 中国建材企业 500 强系列榜单。

2020 中国 500 强建材企业榜单显示,上榜 500 强企业总收入达 1.915 万亿元,约占全国整个建材行业总收入的 39%;平均收入高达 38.3 亿元,创历年来最高值。这表明整个建材行业情况呈现稳中向好的趋势。

从地区分布看,广东以 76 家入围企业成为中国建材企业排行榜中上榜企业数量第一的省份;山东以 54 家上榜企业数排在第 2 位;浙江有 40 家上榜企业,其余省份的企业数量分别为江苏(34 家)、湖北(34 家)、福建(28 家)、河南(28 家)和四川(23 家)等。而陕西仅 10 家企业上榜,数量为广东的 13.16%,与上榜数量靠前的省份存在较大差距。

从企业性质看，全国建材行业500强企业中民营企业378家，占比75.6%；国有企业38家，占比7.6%。其余84家企业为多元化股份公司。虽然国有企业占比最少，但榜单TOP3均为国有企业，表明国有企业普遍具有较强实力。而在陕西上榜的10家企业中，国有企业2家，占上榜国有企业总数的5.26%；多元化控股企业1家，占上榜多元化控股企业总数的1.19%；民营企业7家，占上榜民营企业总数的1.85%。从数据分析结果不难看出，陕西省内建材行业上榜企业在全国范围的占比并不占优势。

2. 按技术创新维度

本书列示了陕西建筑建材行业在科技创新方面处于领先地位的企业，依据工信厅的评定结果进行分析。陕西企业技术创新方面名单由工信厅评出。在陕西省企业技术中心及技术创新示范企业中，建筑企业共6家，其中1家国家级企业技术中心（陕西建工集团股份有限公司），建材企业2家，如表3-14所示。

表3-14 陕西省建筑建材行业国家级、省级企业技术中心名单

名单	一级行业分类	二级行业分类	企业名称
国家级、省级企业技术中心名单	建筑	无	陕西建工集团股份有限公司（国家级）
			陕西建工安装集团有限公司
			西安市建总工程集团有限公司
			长枫建设集团有限公司
			中北交通建设集团有限公司
			宝鸡建安集团股份有限公司
	建材	水泥	中材汉江水泥股份有限公司
		其他建材	陕西亿金建设有限公司

资料来源：陕西省工信厅。

3. 按品牌价值维度

本书列示了陕西建筑建材行业在品牌价值方面处于领先地位的企业，依

据 2020 年中国上市公司品牌价值榜上榜情况和工信厅评定的省级工业品牌培育示范企业结果进行分析。如表 3-15 ~ 表 3-17 所示。

表 3-15　陕西省建筑建材产业省级工业品牌培育示范企业

企业名称	行业领域
陕西建工金牛集团股份有限公司	建筑

资料来源：陕西省工信厅。

表 3-16　2020 年中国上市公司品牌价值榜建筑建材行业企业上榜名录

排序	证券简称	品牌价值	行业领域
63	西部水泥	9.2 亿元	建材
86	延长化建	5.41 亿元	建筑

资料来源：上市公司品牌价值榜蓝皮书。

表 3-17　2021 年中国品牌日价值评价信息榜陕西建筑建材行业上榜企业

排序	企业名称	品牌强度	品牌价值	行业领域
19	陕西富平生态水泥有限公司	678	6.52 亿元	建材

资料来源：2021 年中国品牌日。

4. 优势品牌筛选

综合各维度分析结果看，将同时在不同维度出现 2 次和 2 次以上的企业定义为该行业内的优势企业，将仅在一个维度的企业认定为综合发展有待提高的企业。

建筑方面：陕西建工控股集团有限责任公司是陕西省政府直属的国有独资企业，以陕西建工集团股份有限公司为核心，包含陕西建工第一建设集团有限公司、陕西建工第二建设集团有限公司等 16 家子公司。在营业收入和技术创新方面均实力雄厚，入选了 2020 年中国企业 500 强，在全国省级建工集团中排名前列。在技术创新方面，被认定为国家级企业技术中心，取得科研成果数百项，获全国和省级科学技术奖 88 项、建设部华夏建设科技奖 21 项，国家和省级工法 611 项、专利 802 项，科技实力较强。其下属的陕西建工安装集团有限公司在技术创新方面具有明显优势，被评为省级企业技术中心。长期以来，集团坚持创新驱动和科学管理，以优良的工程质量和用户至上的服务，打造了良好的企业品牌。获得国家科技进步奖 3 项、取得国家专利 67 项（其中发明专利 15 项）、国家级工法 3 项、省级工法 68 项，主编、参编国家行业规范标准 13 项。并获得"中国企业影响力十大（行业）品牌""中国承包商 80 强""中国建筑业竞争力 200 强企业"等荣誉称号。

陕西路桥集团有限公司在营业收入方面规模较大，是陕西省 100 强企业中建筑、建材行业的佼佼者。作为专业从事公路、桥梁、隧道、市政工程施工的大型公司，拥有公路工程施工总承包一级资质，公路路基、路面、桥梁、土石方专业承包一级资质、交通工程专项资质、市政工程总承包二级资质，公路养护工程施工甲级资质，具有对外承包工程经营资格。公司通过了质量、环境、职业健康安全管理体系（QEOHS）认证，获中国最大经营规模建筑百强企业、中国建设系统"AAA 级信用企业"、陕西交通行业最具活力企业、陕西省优秀施工企业、全国交通百强企业等光荣称号。

建材方面：中国西部水泥有限公司是陕西领先水泥生产商之一，在陕西省东部及南部享有市场领先地位，品牌价值较高。其下属子公司尧柏特种水泥集团有限公司、陕西富平水泥有限公司在营业收入和品牌价值方面均具有较大优势，尧柏特种水泥集团有限公司多年上榜陕西省 100 强企业榜。2012年 2 月，该集团持有的"尧柏水泥"商标（文字及图）再次被认定为"陕西省著名商标"，2016 年，该集团生产的"尧柏"牌油井水泥通过美国石油协会 API 认证，获得油井水泥 API 产品会标认证证书。这一证书的取得，意味着在激烈的市场竞争中该集团已与国际标准接轨。

宝鸡市育才玻璃（集团）有限公司和陕西生态水泥股份有限公司营收规模较强，均入选2020陕西省企业100强。宝鸡市育才玻璃（集团）有限公司先后获"全国模范劳动关系和谐企业""陕西省守合同重信用企业""陕西省优秀民营企业""全国首批精准扶贫最具影响力企业"等100余项荣誉称号，连续多年蝉联"陕西企业100强"。陕西生态水泥股份有限公司由陕西煤业化工集团公司、陕西钢铁有限责任公司和陕西循环经济工程技术院三方投资，公司主要建设有"华山"牌水泥，并不断对其进行宣传推广。

（三）具有发展潜力的成长品牌存量

在建筑、建材产业中，陕西仅有1家国家级专精特新企业，占陕西国家级专精特新企业总数的0.88%。在陕西240家国家高新区瞪羚企业中，有6家建筑建材企业，占陕西国家高新区瞪羚企业总数的2.5%。具体企业列示如表3-18所示。

表3-18 建筑建材业具有发展潜力的成长型企业目录

企业名称	主营业务	国家级专精特新企业评定时间	国家级瞪羚企业评定时间
陕西宝塔山油漆股份有限公司	油漆、涂料、包装听罐、纸箱、化工（易制毒、危险、监控化学品等专控除外）、建筑装饰材料、油漆、油漆用溶剂及辅料、五金钢材机具的生产、销售；代理和自营各类商品和技术的进出口业务（国家限定公司经营的商品和技术除外）；本企业的进料加工和"三来一补"业务；建筑涂料工程、防腐涂料工程、工业地坪、防火涂料工程的接洽、设计、投标、施工	2020年	
陕西阔成检测服务有限公司	生态环境领域检测、环境影响评价现状监测、建设项目环保竣工验收监测、污染源自行监测、环境损害评估监测等		2019年

续表

企业名称	主营业务	国家级专精特新企业评定时间	国家级瞪羚企业评定时间
陕西天豪科技发展有限公司	工业与民用建筑的消防、电子与智能化、机电（特种设备除外）、电力设施安装、装修；幕墙、钢结构、城市道路照明、园林绿化工程及亮化工程施工；手术室、洁净室、实验室系统工程施工；消防设施、智能化设施、中央空调系统的维护、保养、检测；油气田技术服务；油气田设备、仪器仪表的维护、检测；医疗器械、建筑材料、机电设备（小轿车除外）、电子产品的销售；计算机信息系统集成、计算机软硬件的开发、销售及技术服务		2018年
西安中交土木科技有限公司	专职负责交通运输行业优秀科技成果（桥隧构件产品、道桥材料产品、工程机械设备、工程仪器装置、工程软件系统、电子商务平台等）的二次开发、技术转化、成果推广和市场运营，并同时承接各类工程科研课题和设计咨询业务，为土木工程领域提供集成解决方案和全面技术服务		2018年
西安中交万向科技股份有限公司	公路、铁路、桥梁、隧道及沿线设施、交通工程、市政道路、轨道工程、建筑工程的设计、咨询、加固、施工；与上述项目相关的桥梁伸缩装置、声屏障、支座及其他衍生材料、构件及装备产品的研发、生产、安装、销售与代理服务；货物与技术的进出口经营（国家禁止和限制的货物与技术进出口除外）和采购招标代理；工程总承包；商务信息咨询服务		2018年
中交瑞通路桥养护科技有限公司	沥盾（PavGuard）是中交瑞通路桥养护科技有限公司针对公路行业施工与养护材料所成立的材料品牌，旗下包括路面封层技术、路面局部病害修补材料及施工技术、融冰雪材料、桥梁隧道结构胶、聚合物修补砂浆、乳化剂、防水黏结层材料、混凝土防护涂层等		2017年

续表

企业名称	主营业务	国家级专精特新企业评定时间	国家级瞪羚企业评定时间
陕西高速电子工程有限公司	交通通信、收费及监控系统和隧道通风、照明、供配电、消防系统的研究、开发及施工、安装、技术服务、维护修理；计算机系统集成软件的开发；自动控制、电子技术、安防、综合布线技术开发及工程施工；电子、电气产品的研究、生产、销售、维修；公路机电系统工程的设计、技术咨询及工程监理		2016年

资料来源：国家工业和信息化部、科学技术部火炬高技术产业开发中心。

第三节 纺织和轻工产业

一、产业基本情况

（一）定义及作用

纺织和轻工产业链主要包括纤维制造、纺织加工及商场销售等构成的流通体系，如图3-5所示。

纺织业包括棉纺织、化纤、麻纺织、毛纺织、丝绸、纺织品针织行业、印染业等，纺织品的原料主要有棉花、羊绒、羊毛、蚕茧丝、化学纤维、羽毛、羽绒等。其下游产业主要有服装业、家用纺织品、产业用纺织品等。由于纺织业发展体量同能源化工、汽车制造等支柱行业相比较小，且受数据收集范围限制，本书主要针对纺织业中的服装行业和纺织机械进行重点分析。

轻工业主要指生产消费资料的工业，与重工业相对，也互有交叉。轻工业与人民日常生活息息相关，根据中国轻工业联合会发布的新版《轻工

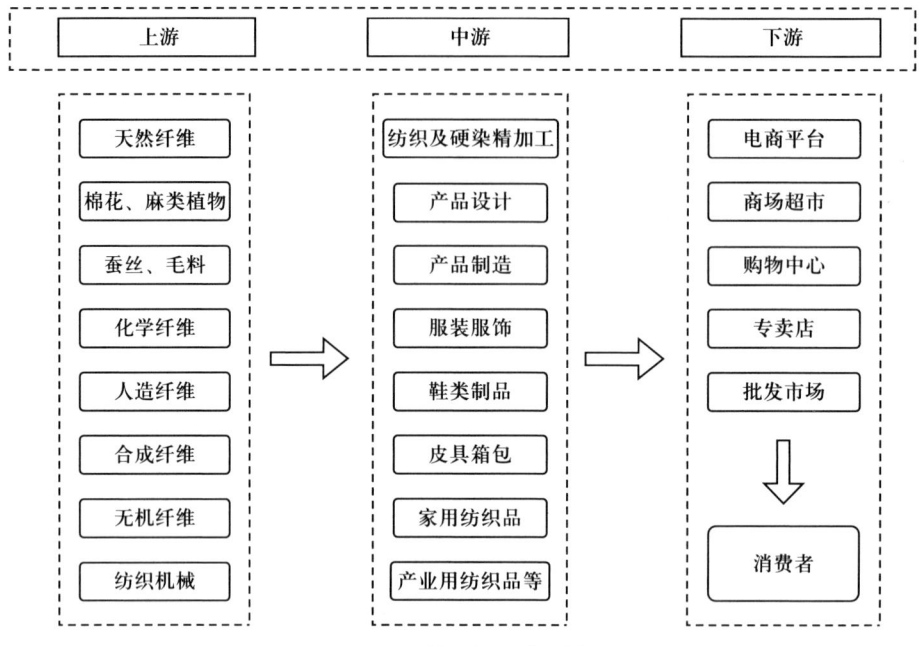

```
    上游                中游                下游
┌─────────────┐  ┌─────────────────┐  ┌─────────────┐
│  天然纤维    │  │ 纺织及硬染精加工 │  │   电商平台   │
│ 棉花、麻类植物│  │    产品设计     │  │   商场超市   │
│  蚕丝、毛料  │  │    产品制造     │  │   购物中心   │
│  化学纤维    │  │    服装服饰     │  │    专卖店    │
│  人造纤维    │  │    鞋类制品     │  │   批发市场   │
│  合成纤维    │  │    皮具箱包     │  │     ↓       │
│  无机纤维    │  │   家用纺织品    │  │   消费者    │
│  纺织机械    │  │  产业用纺织品等 │  │             │
└─────────────┘  └─────────────────┘  └─────────────┘
```

图 3-5　纺织轻工产业链

行业分类目录》，轻工行业共分为 18 个大类行业。结合陕西具体情况，本书主要选取家具及木材加工、塑料制品、特种纸及纸制品加工行业进行重点分析。

（二）产业集群

陕西纺织和轻工产业集群主要集中于关中、陕北地区，陕南地区分布相对较少，各地区产业集群分布状况如表 3-19 所示。

表 3-19　陕西纺织业地区分布状况

基地聚集区	发展主力地区
新型棉纺织产业基地	咸阳、西安、宝鸡、渭南
产业用纺织品、功能性纺织品产业基地	西安、咸阳
羊毛羊绒服装产业基地	榆林、延安
家纺、茧丝绸产业基地	汉中、安康、商洛
中国原点新城明珠家居产业基地	西安、咸阳
蓝田西北家居产业园	西安

续表

基地聚集区	发展主力地区
陕西中联国际家居博览中心	西安
三森国际家居汇展中心	西安
西安明珠家居商城	西安

资料来源：陕西省"十三五"规划。

陕西轻工业发展以西安、榆林、铜川、咸阳、宝鸡等地为主，且西安的产业集群多为家具、塑料制品类，榆林以塑料制品、工艺美术品类为主，铜川重点发展工艺陶瓷和日用陶瓷类，咸阳集中在家具、造纸类，宝鸡的轻工业集群多为家具、造纸、工艺美术品类。

（三）经济现状

1. 轻工产业

"十三五"期间，陕西轻工业产值持续稳定增长，其发展取得了一定的成效。"十三五"轻工业规模以上企业产值从2016年的853亿元逐步增长到2019年的913亿元并趋于稳定，而在此期间轻工业的增长率却呈下降趋势，从2016年的11.20%下降到2019年的-0.54%（见图3-6）。从2019年陕西省轻工业产值占全国的比例看，陕西轻工业相对于全国还是有较大差距的。

2. 纺织产业

"十三五"期间，纺织业规模以上企业产值从2016年的284亿元逐步增长到2018年的300亿元，但2019年产值下降幅度较大，从2018年的300亿元下降到2019年的276亿元，如图3-7所示。

陕西坚持以产业联合、资本融合、技术合作、品牌制胜为发展方向，整合资源促进纺织业和轻工业发展，在羊老大、七只羊、蒙赛尔、双健包装、西安德宝等龙头企业品牌带动下，不断推动纺织和轻工业向前发展。

（四）发展现状及规划

依据陕西"十四五"规划，陕西纺织业聚焦"创新驱动的科技产业、文

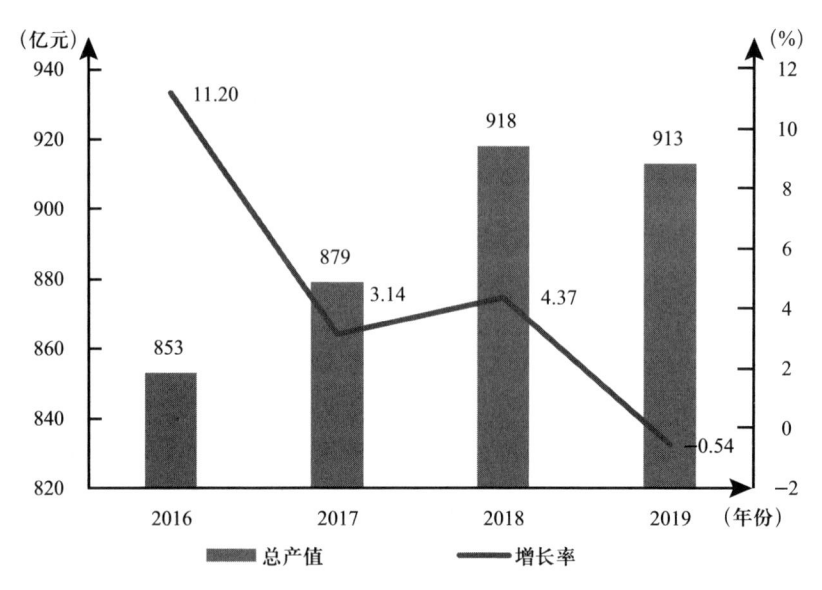

图 3-6 陕西轻工业产值及增长率（2016~2019 年）

资料来源：陕西省统计局。

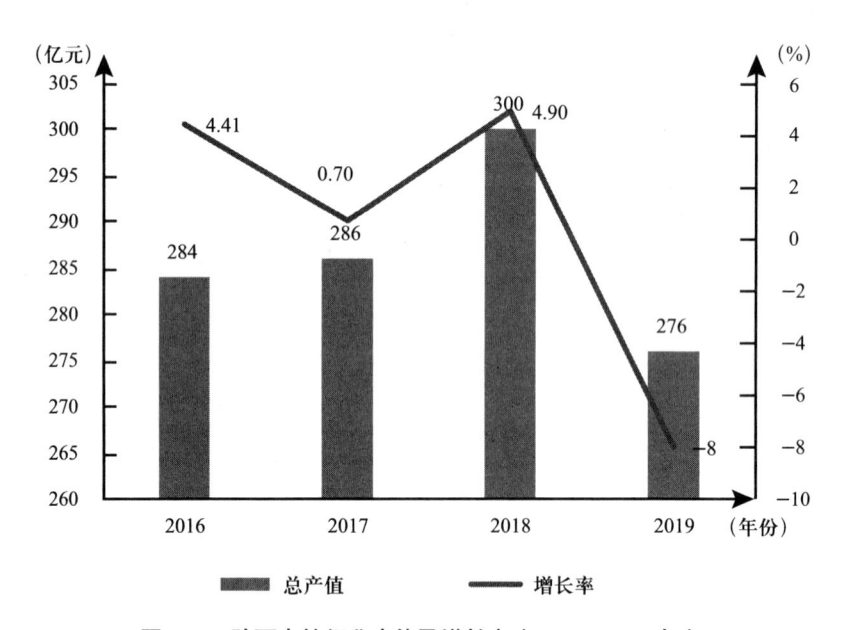

图 3-7 陕西省纺织业产值及增长率（2016~2019 年）

资料来源：陕西省统计局。

化引领的时尚产业、责任导向的绿色产业"发展方向，持续深化产业结构调整与转型升级,延伸发展棉纺产业,优化调整印染产业,大力发展服装、家用纺织和产业用纺织产业,加快发展高端纺织机械和纺织检测仪器,不断推动供给与需求更高水平的动态平衡,提升国际合作和竞争新优势,把陕西打造成为具有现代化水平的纺织服装强省。

依据陕西"十四五"规划,陕西省轻工业发展将以市场需求为导向,以科技创新为动力,以强化质量品牌和管理能力为重点,大力实施增品种、提品质、创品牌的"三品"战略,优化产业结构,促进技术、品牌、制度创新,推动产品升级和附加值提升,走出一条"大市场、深加工、强集群、有特色、绿色化"的新型轻工业发展道路。力争到2025年,轻工产业总产值年均增长6%左右。

二、品牌发展现状

(一)品牌发展现状

陕西坚持以产业联合、资本融合、技术合作、品牌制胜为发展方向,整合资源促进纺织和轻工业发展,在羊老大、七只羊、蒙赛尔、双健包装、西安德宝等龙头企业品牌带动下,不断推动轻工产业向前发展,如表3-20所示。

表3-20 陕西纺织和轻工业企业品牌

陕西省纺织业企业品牌		
行业类别	数量	企业名录
服装	15家	陕西省榆林市羊老大集团服饰有限责任公司、榆林市七只羊服饰有限责任公司、榆林蒙赛尔服饰有限责任公司、榆林市衣人美服饰有限公司、陕西金翼服装有限责任公司、咸阳雅尔艾服装有限公司、陕西咸阳杜克普服装有限公司、陕西伟志服装产业发展有限公司、陕西博雅服饰科技有限公司、铜川耀州区锦绣坊服装有限公司、陕西一沣实业有限公司、延长油田丰源实业总公司服装分公司、西安欧雅服饰有限责任公司、富平县惠泽制衣有限公司、陕西巨宁服饰有限责任公司

续表

行业类别	数量	企业名录
纺织机械	2家	陕西长岭纺织机电科技有限公司、陕西帛宇纺织有限公司
陕西省轻工业企业品牌		
家具	10家	原点国际灯都城、中国原点国际家居建材广场、原点国际家居博览中心、中国原点国际皮革城、中国原点国际酒店用品交易中心、中国原点家具批发交易中心、陕西心寓家具有限责任公司、福乐家具有限公司、西安大明宫建材实业（集团）有限公司、陕西南洋迪克家具制造有限公司
造纸	2家	陕西法门寺纸业、陕西东方环保产业集团有限公司
塑料制品	5家	西安永丰塑业集团、陕西省扶风秦兴塑料制品有限责任公司、宝鸡市陈仓区新美药用塑胶厂、武功县中达彩塑包装有限公司、兴平市高科塑业有限公司

陕西纺织与轻工业品牌企业发展相对缓慢，但也形成了一批具有特色的品牌企业，如羊老大、七只羊、伟志、南洋迪克等品牌企业。其所属品牌商标、所在地、主导产业如表3-21所示。

表3-21 轻工业陕西省自主品牌创建一览

类别	企业名称	地区	主导产业	品牌	品牌LOGO
服装	陕西省榆林市羊老大集团服饰有限责任公司	榆林	毛纺织品、服装的加工及销售	羊老大	

续表

类别	企业名称	地区	主导产业	品牌	品牌LOGO
服装	榆林市七只羊服饰有限责任公司	榆林	以羊毛防寒服系列产品为主导，羊绒衫、床上用品、职业工装、特种劳动防护服系列为配套，集产品研发、设计、生产、销售及售后服务于一体的综合性民营服饰企业	七只羊	
	榆林市衣人美服饰有限公司	榆林	服装、服饰产品及服装原辅材料的研发、设计、制作及销售；酒店用品；工装的制作及批发；针纺织用品、劳保用品的销售	衣人美	
	榆林蒙赛尔服饰有限公司	榆林	主要研发、生产、销售以羊绒为填充物的个性、时尚、休闲防寒系列服饰	蒙赛尔	
	陕西金翼服装有限责任公司	西安	集服装研发、设计、生产、销售于一体的大型服装生产企业	金翼	
	咸阳雅尔艾服装有限公司	咸阳	集研发、设计、生产、销售于一体的现代化服装生产企业	雅尔艾	
	陕西咸阳杜克普服装有限公司	咸阳	专业从事服装设计、研发、生产、销售、外贸加工一体化的现代化国有控股企业	杜克普	

续表

类别	企业名称	地区	主导产业	品牌	品牌LOGO
服装	陕西伟志服装产业发展有限公司	汉中	拥有独立的设计研发技术力量，引进了法国力克CAD服装辅助设计系统，已成功设计开发出男式正装、休闲、女式西装、职业装、裤装、夹克衫6大类140余款产品	伟志	WEIZHI 伟志
	陕西一沣实业有限公司	咸阳	地处中国丝绸之路第一站的咸阳，现有"一沣服饰""一沣纤维""一沣家纺"等服装品牌和科学睡眠系统家纺品牌	一沣	一沣实业 YIFENG INDUSTRIAL CO
	陕西巨宁服饰有限责任公司	宝鸡	服装、床上用品的加工销售；纺织品销售；特种劳动防护服生产	巨宁	巨宁
	陕西元丰纺织技术研究有限公司	西安	纺织、印染、机电、化工及服装领域技术和产品的研制、开发、生产、销售；纺织技术咨询，纺织工程设计、研发和技术服务及相关贸易业务	元丰	陕西元丰纺织技术研究有限公司 中国安全与防护用纺织品研发检测基地
	富平县惠泽制衣有限公司	渭南	西装、校服、厂矿服装及鞋帽、针织手袋用品、床上纺织用品、服装的面料、辅料的研发、设计、生产及销售		

续表

类别	企业名称	地区	主导产业	品牌	品牌 LOGO
服装	西安欧雅服饰有限责任公司	西安	服装、鞋帽、床上用品的研发、生产及销售		
	延长油田丰源实业总公司服装分公司	延安	服装、布料加工销售；普通、特种劳动防护服装的加工和销售；劳保用品的生产、销售		
	铜川耀州区锦绣坊服装有限公司	铜川	服装设计开发、生产、加工、销售		
	陕西博雅服饰科技有限公司	宝鸡	服饰；劳保用品、床上用品、婴幼儿用品、医护服、病号服、日常功能口罩、防护服、布料科技研发、设计、生产、销售；服饰辅料、设备、文化用品、日用百货、办公用品、体育运动器材、器械批发零售；对外进出口贸易；服装技能培训；等等	博雅	
家具业	原点国际灯都城	西咸	汇聚国内外最具影响力的灯饰品牌，中式灯、欧式灯、美式灯、简约灯、轻奢灯等全风格灯饰应有尽有，吊灯、射灯、筒灯、工程用灯、市容亮化用灯等全品类灯饰照明产品	中国原点新城	中国原点新城 ORIGIN OF CHINA
	中国原点国际家居建材广场	西咸	主营建材、家居、灯饰		

续表

类别	企业名称	地区	主导产业	品牌	品牌LOGO
家具业	原点国际家居博览中心	西咸	囊括全品类、全风格、全系列家具产品，汇聚国内外知名家具品牌500余家，进口品牌家具、沙发软体家具、定制家具、原创设计家具、实木家具、板式家具、儿童家具等家具产品	中国原点新城	
	中国原点国际皮革城	西咸	主营裘皮大衣、皮衣、皮草、皮具、箱包等		
	中国原点国际酒店用品交易中心	西咸	以餐厨设备、酒店布草、酒店劳保、客房用具、大堂用品、陶瓷洁具、酒店家具、清洗设备、餐具加工等全品类酒店用品		
	中国原点家具批发交易中心	西咸	西部地区规模大、品类全的家具批发集散基地		
	福乐家具有限公司	西安	"福乐"家居是历史名城西安的家居图腾，福乐公司是国家二级企业、中国环保产品认证企业。主导产品福乐床垫是国家A级产品、中国十大床垫品牌。"福乐"是中国驰名商标	福乐	福乐®家居

300

续表

类别	企业名称	地区	主导产业	品牌	品牌LOGO
家具业	西安大明宫建材实业（集团）有限公司	西安	原木、锯材批发、零售；建筑材料、装饰材料（木材除外）、金属材料（专控除外）、百货批发、零售	大明宫建材	
	陕西南洋迪克家具制造有限公司	西安	企业系陕西省家具协会副会长、中国家具协会副理事长单位、陕西省名牌产品、陕西省著名商标、中国驰名商标、中国十大实木家具品牌，目前拥有"禾气""气质""造极PRO"等品牌	南阳迪克、禾气、气质、造极PRO	
	西安源木艺术家具有限公司	西安	家具制造；家具销售；家居用品销售	源木	
	陕西和记万佳实业集团有限公司	西安	主要经营范围涉及家居、建材、古玩、零售、购物中心、商场运营管理等	和记万佳	
	陕西心寓家具有限责任公司	宝鸡	家用电器销售；卫生洁具销售；厨具卫具及日用杂品零售；家具制造；家具销售；针纺织品销售	心寓	

301

续表

类别	企业名称	地区	主导产业	品牌	品牌LOGO
造纸	陕西法门寺纸业有限责任公司	宝鸡	以机制纸为主，兼营石油、对外机加工、物流、热电联产、供热、治污为一体的全国中型企业	法门寺	
	陕西东方环保产业集团有限公司	咸阳	纸制造；纸浆制造；纸制品制造；纸制品销售；纸浆销售；再生资源销售；再生资源加工；再生资源回收（生产性废旧金属除外）		
塑料	西安永丰塑业集团	西安	塑料薄膜制品化工原料加工销售	永丰塑业	
	陕西省扶风秦兴塑料制品有限责任公司	宝鸡	塑料制品制造		
	宝鸡市陈仓区新美药用塑胶厂	宝鸡	塑料瓶、胶帽、易拉盖、防盗盖的加工、销售		
	武功县中达彩塑包装有限公司	咸阳	塑料制品制造、化工原料、金属硅的销售		
	兴平市高科塑业有限公司	咸阳	塑料制品的生产、销售；金属材料（贵、稀有金属除外）、日用百货销售	高科	
纺织机械	陕西帛宇纺织有限公司	宝鸡	纺纱；织布；布袋加工、销售；高科技纺织面料的研发、设计、生产、销售；纺织原辅材料、纱线、坯布、漂白布、印染布、服装面料、布料包装袋、纺织机	帛宇	

续表

类别	企业名称	地区	主导产业	品牌	品牌LOGO
纺织机械	陕西长岭纺织机电科技有限公司	宝鸡	纺织机械及纺织机械用机电产品（电子检测仪器及设备）、电机产品、电机控制系统、信息类产品的研制、开发、生产、销售及服务	长岭纺电	长岭纺电

（二）具有品牌竞争力的优势品牌存量

由于陕西纺织业与轻工业实力不强，目前拥有的企业品牌未能上榜相关产业榜单。从陕西省服装行业协会发布的最新营收排行榜看，过去几年，宝鸡金健数码针纺有限责任公司未在陕西服装行业营收前十榜、利润总额前十榜、销售率前十榜中出现。而陕西目前发展较好且在服装行业内具有一定品牌影响力的企业以营收排名前十为例，如表3-22所示。

表3-22 陕西服装行业营收排名前十企业

排名	企业名称	排名	企业名称
1	陕西金翼服装有限责任公司	6	陕西羊老大服饰股份有限公司
2	咸阳雅尔艾服装有限公司	7	榆林市衣人美服饰有限公司
3	富平县惠泽制衣有限公司	8	西安欧雅服饰有限责任公司
4	伟志风尚服饰有限公司	9	榆林市七只羊服饰有限责任公司
5	陕西咸阳杜克普服装有限公司	10	陕西巨宁服饰有限责任公司

资料来源：陕西省服装行业协会。

陕西轻工业与纺织业暂未有企业上榜包括陕西省100强在内的本书前述所提榜单，但羊绒产业作为陕西独特发展的一大纺织、服装特色板块，加快以羊老大为首的羊绒防寒服系列品牌打造，构建陕北羊绒产业区域品牌协同发展，将有利于提高陕西服装行业及羊绒特色产业的硬实力，拉动陕西羊绒产业、服装行业、轻工业高质量发展。

从调研获取资料看，陕西纺织和轻工业上榜品牌培育示范企业共有5家，其中，宝鸡金健数码针纺有限责任公司于2014年上榜国家级品牌培育示范企业。如表3-23所示。

表3-23 陕西纺织和轻工业品牌培育示范企业

行业领域	企业名称	级别和时间	地区
纺织	宝鸡金健数码针纺有限责任公司	国家级/2014年	宝鸡
	陕西元丰纺织技术研究有限公司	省级/2019年	西安
	陕西咸阳杜克普服装有限公司	省级/2019年	咸阳
	咸阳雅尔艾服装有限公司	省级/2019年	咸阳
	榆林蒙赛尔服饰有限公司	省级/2015年	榆林

资料来源：陕西省工信厅。

（三）具有发展潜力的成长品牌存量

制造业单项冠军企业指长期专注于制造业某些特定细分产品市场，生产技术或工艺国际领先，单项产品市场占有率位居全球前列的企业。在2批省级单项冠军和6批国家级单项冠军的评选结果中，从数量上看，陕西纺织和轻工产业单项冠军上榜企业1家（陕西长岭纺织机电科技有限公司）。总的来看，陕西纺织与轻工业企业在单项冠军方面与其他行业相比较弱。如表3-24所示。

表3-24 陕西纺织与轻工业国家级、省级单项冠军企业

二级行业	企业名称	主营业务	单项制造冠军类型	评定时间	地区
轻工业	陕西长岭纺织机电科技有限公司	纺织测试仪器	单项制造冠军（省级）	2021年	宝鸡

资料来源：国家工业和信息化部。

第三章 陕西省其他产业品牌发展现状

陕西纺织和轻工产业有1家企业入选国家级瞪羚企业（榆林市蒙赛尔服饰有限责任公司，2016年）；入选国家级专精特新企业有1家（陕西元丰纺织技术研究有限公司，西安，2020年）。如表3-25所示。

表3-25 陕西纺织与轻工业入选国家级专精特新及瞪羚企业的企业

行业	二级行业	企业名称	主营业务	国家级专精特新评定时间	国家级瞪羚评定时间	地区
纺织与轻工业	纺织	陕西元丰纺织技术研究有限公司（西安）	主要开展纺织、印染、纺织机电及服装领域技术和产品的研制、开发、生产与经营	2020年		西安
	服装	榆林市蒙赛尔服饰有限责任公司	服装、鞋帽、床上用品及原辅材料的加工及销售		2016年	榆林

资料来源：国家工业和信息化部、科学技术部火炬高技术产业开发中心。

陕西长岭纺织机电科技有限公司已形成数字电子清纱器、纱线实验室仪器、棉纤维检测仪器、纺机配套电控设备、化纤长丝实验室仪器、织物实验室仪器、网络及软件产品、喷气织机八大门类40多个品种的产品格局。先后获省科技创新先进单位、国家高新技术企业等荣誉。

榆林市蒙赛尔服饰有限责任公司致力于打造世界防寒裤第一品牌，蒙赛尔服饰公司创建10年来，以防寒裤生产、加工、销售为龙头产业，以优势资源（如中国羊毛防寒服名城）为依托，以打造世界防寒裤第一品牌为目标，以创新、责任为企业精魂，以绿色环保、时尚健康为产品导向，坚持企业与社会、企业与合作者、企业与消费者双赢的原则，在国家西部开发政策的驱动下，在各级政府的大力支持下，公司迅速发展成为集研发、生产、营销于一体的现代化企业。

陕西元丰纺织技术研究有限公司是一家由陕西省纺织科学研究所控股设

立的有限责任公司，是国家和地区纺织行业重点科技型企业。公司以"追求先进技术、研制一流产品、提供优质服务、创造卓越品牌"为宗旨，严格按照现代企业管理模式运作，主要开展纺织、印染、纺织机电及服装领域技术和产品的研制、开发、生产与经营，同时开展纺织技术咨询业务和国内外纺织品及服饰的贸易业务。公司研制生产的FT081型系列空气加湿器已获得国家专利，是国家纺织工业局部级鉴定的中国纺织机械器材工业协会定型产品，荣获陕西纺织行业科技进步一等奖。公司具有特种功能性纺织品定点生产许可资格，并成功开发了具有国内领先水平的防电磁波辐射、抗静电、抗菌、抗紫外线、阻燃、防水及防霉等特种功能性系列纺织品，为工作在高辐射环境中的电子、电力、电信、民航、气象、广电、印刷、金融、医疗、国防等行业职工提供电磁波屏蔽防护面料和防护服，也为广大消费者提供系列时尚保健服饰。

第四章 陕西工业品牌发展存在的问题及对策和建议

第一节 品牌发展存在的问题

一、共性问题

通过对陕西省发展和改革委员会、省工业和信息化厅、省科技厅、省商务厅、省市场监督管理局以及各地市工业相关部门负责人的访谈调研，以及全国/陕西省/地市统计年鉴、国家专精特新"小巨人"、瞪羚企业名录等二手数据的整理和分析，调研组发现陕西省在工业品牌建设方面存在的共性问题如下：

第一，政府层面品牌建设多部门管理，缺乏顶层设计与整合机制。当前，陕西工业品牌建设涉及的部门较多，品牌培育、评比与保护工作的实施由各部门、分地区单独组织实施。如省发改委工业处负责全省品牌建设工作；省工信厅负责全省工业企业品牌培育示范企业、省级国家级企业技术中心评选等工作；省科技厅负责全省高新技术企业培育、管理等工作；省市场监管局负责质量品牌评定等工作。政府职能部门各司其职，缺乏交流沟通，致使培育、评比与保护目标不一，陕西工业企业品牌创建及发展工作缺乏整体协调与体系合力。

第二，发展环境缺失导致自主品牌外流现象严重。随着市场经济的不断发展，市场竞争已经由产品、价格竞争逐渐转向品牌竞争。然而，在激烈的市场竞争中，陕西自主品牌发展情况并不乐观。究其原因，很大部分是政府部门对品牌建设工作重视程度不够，鼓励自主品牌建设发展的配套政策未落到实处，导致如中国西电、步长制药、比亚迪汽车等在陕西发展起来的品牌向外省转移，对陕西自主品牌建设造成重大且不可挽回的损失。

第三，整体品牌保护意识不足。由于科技型中小型企业富有活力、善于创新、经营灵活、反应敏捷，是扩大就业、改善民生、促进创业创新的重要力量，在稳增长、促改革、调结构、惠民生、防风险中发挥着重要作用。科技型中小型企业的知识产权是其重要的资产，但政府部门对企业品牌的自主性及知识产权方面的支持力度不够，企业在遇到品牌及产权纠纷问题时，难以得到法律援助和精准维权。如西电捷通与苹果公司的无线网络安全协议技术专利维权诉讼纠纷。2016年4月，因西电捷通认为其15年前研发并持有的名为"一种无线局域网移动设备安全接入及数据保密通信方法"的专利（专利号为02139508.X）遭受侵权，西电捷通以专利侵权为由，将苹果电脑贸易（上海）有限公司、西安市国美电器有限公司诉至陕西省高级人民法院。之后双方开展了旷日持久的诉讼程序。而在整个事件过程中，陕西相关政府部门并未给予西电捷通公司相应的法律援助及知识产权保护支持行为，这起知识产权纠纷案件持续6年之久未能定案，给西安捷通这类科技型小企业带来巨大损失。

第四，政企联动动力不足，品牌认定工作名实不符。政府部门对品牌建设工作重要性认识及宣传工作不到位，相关配套激励政策未及时跟进制定，导致企业积极性不高。在品牌评定工作中，政府部门多是通过制定标准，让符合条件的企业进行申报进而开展工业质量品牌、品牌培育示范企业等活动层面的评定工作。但通过实地走访调研发现，陕西部分企业认为相关评定活动并不能为企业带来实质性利益,对此相关企业对相关认定工作并不热心,从而导致政府评定的相关品牌企业名单并不真实全面,很多具有实力的企业并未入选,可能出现上榜企业与实际情况不符的现象。

二、特性问题

(一)能源化工产业

一直以来,陕西依托能源优势,不断发展能源相关产业,煤化工、火力发电、炼焦等行业发展迅速,但对煤炭的开发利用主要集中在对煤炭初加工和初级化工产品生产上,存在产业链短、综合利用效率低、能耗高、附加值低等突出问题。以煤炭为原材料生产的甲醇、电石、合成氨等初级化工产品,因其将原煤作为原材料直接消耗,致使企业能耗高、产值低。

从产业链来看,陕西能源化工产业链结构集中分布于产业链前端。陕西能源生产与消费构成方面均以煤炭为主,产业经济结构相对单一,地区经济发展严重依赖煤炭、石油、天然气等资源开发;陕西化工产业产能结构方面,初级原料加工和基础化工产品比重过高,高附加值和高技术含量的精细化工产品数量少,品种单一。从图4-1不难看出,陕西能源化工产业链着重于前端发展,致使形成产业链"前重后轻"现状结构,面对"双碳"政策的进一步实施与绿色发展要求,"前重后轻"的产业链布局将严重制约产业链内品牌企业的发展,产业链内发展受限的品牌企业很难为能源化工业高质量发展作出重要贡献。

从品牌企业发展质量看,陕西形成了延长石油、陕煤集团、隆基绿能三大能源化工品牌企业;从具有发展潜力的企业看,陕西省能源化工品牌企业仅有隆基绿能科技股份有限公司、中煤陕西榆林能源化工有限公司、陕西秦华新能源、陕西未来能源化工有限公司等少数几家具有较强创新、成长潜力的企业;在技术创新上,大多数能源化工品牌企业仅曾上榜国家级专精特新

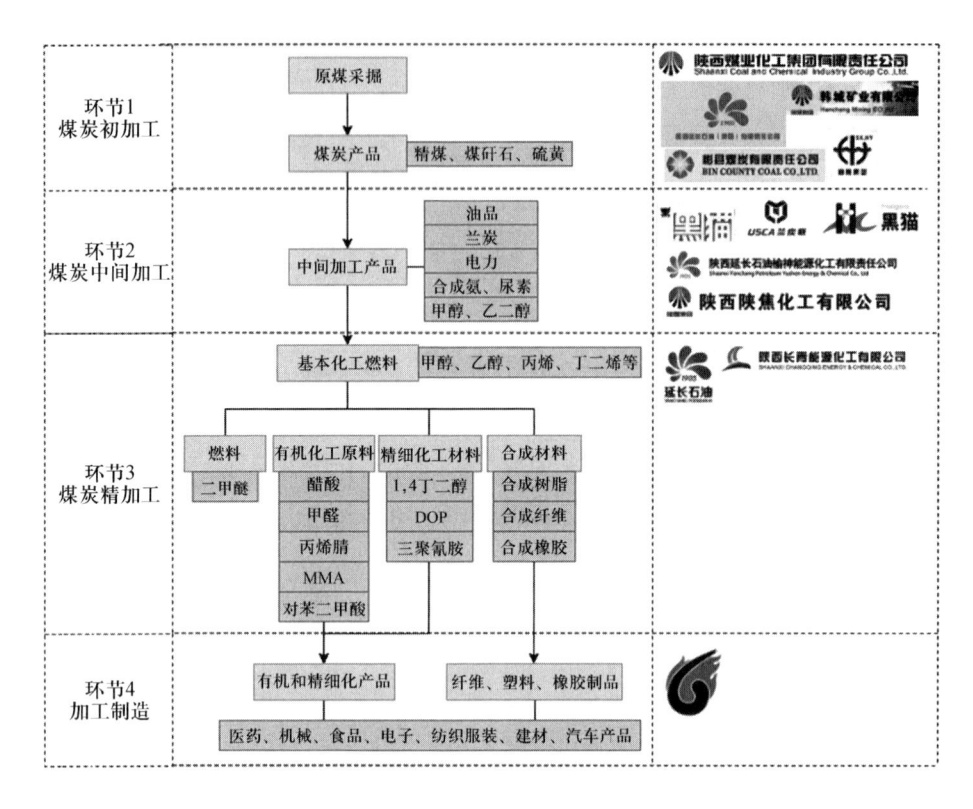

图 4-1 陕西能源化工行业产业链布局

企业榜单或国家级瞪羚企业榜单，说明未来陕西能源化工行业存在转型升级困难较大、支柱企业数量少等问题，也预示着陕西能源化工行业存在缺乏品牌企业引领、高质量发展动力不足等突出隐患。

从技术创新角度看，陕西能源化工行业具有高新技术的品牌企业仅有 8 家，且陕西能源化工位于省内高新技术质量前端的企业仅有西安热工研究院有限公司（第 1 名）、中煤科工集团西安研究院有限公司（第 7 名），业内缺乏技术龙头的引领，行业能源利用效率难以得到有效提升，进而导致业内企业品牌的质量内涵难以提升。

（二）汽车制造产业

产业链不同阶段，企业自主品牌建设水平相差较大。在成熟的国际化汽车市场上，关键零部件及整车制造产业在整个产业链环节中企业存量占比为40%，而剩余的60%均分布在下游的服务贸易金融领域，因此汽车产业品牌建设不仅应关注产业链上游的制造部分，下游面向市场的贸易产业链也是品牌发展的重点。

在零部件领域，陕西自主品牌企业形成了一批如法士特、汉德车桥、万方汽车零部件等企业，自主品牌建设存量较为丰富。在汽车制造产业中整车制造方面，陕西企业数量相比零部件制造产业较少，且多以非陕自主企业品牌，如比亚迪及中国中车等为主导，本土企业仅有陕汽1家，自主品牌建设存量相比非自主品牌存量优势不显著。

近年来，陕汽、比亚迪、宝鸡吉利、法士特等汽车及零配件企业整体实力迅速跃升，4家龙头企业产值约占全省汽车业总产值的90%，基本可以反映当前陕西汽车行业的全貌。但从整体上看，陕西汽车行业自主品牌建设层面除了陕汽与法士特位列陕西汽车制造业龙头，难以找到第3家本土、自主汽车企业品牌。

产业发展不成熟，创新能力较低。陕西汽车产业整体规模小且集群化层次低。首先，较全国而言，陕西汽车产量仅占全国产量的2.48%，产业规模较小；其次，陕西现有汽车产业园区间距离较远，综合服务型企业和服务功能欠缺，基础设施综合支撑能力较弱，且因多产业混合发展而削弱了汽车配件的生产能力。此外，汽车产业整体自主创新能力还较弱，在科技厅评定的"2020年陕西高新技术企业创新综合能力100强"企业中，仅有5家汽车制造企业上榜。占整体比例的5%。因此，提升企业创新能力对于增强陕西汽车制造产业品牌竞争力具有重要意义。

汽车产业链在软件开发及市场把控能力方面仍存不足。无论是传统整车企业，还是相关零部件企业，供应链管控是其保障产品核心竞争力的关键。虽然各大互联网公司与传统汽车产业链融合具有无限可能，跨界合作已然成为汽车产业发展的常态，但对于汽车产业技术高速发展催生的互联网功能需求，陕西在汽车相关软件开发领域中，把控市场需求能力相对不足。需要特别指出的是，在整车制造产业中，车企与互联网公司合作，共同打造智能化出行方案的成功案例屡见不鲜，百度、华为、滴滴、大疆、商汤等一众科技互联网巨头，已各自推出了自动驾驶、智能座舱等智能汽车解决方案。在零部件产业中，2020年汽车零部件企业在加大自身产品研发投入的同时，积极寻求与其他企业的合作机会。从2020年7月开始陆续有多家汽车零部件企业进行了跨界合作，如宁德时代与蔚来汽车、国泰君安、湖北省科技投资集团等多家企业合作，推动"车电分离"新商业模式在新能源汽车行业的发展。而宏景智驾与类特尔、赛灵思、江淮汽车、安能物流联合发起了面向量产的开放式自动驾驶生态朋友圈，此次联合发起融合了零部件公司、IT公司、物流公司、整车企业等多方力量。但在这些新兴市场及发展领域中，很难看到陕西企业参与的身影。

（三）装备制造业

陕西装备制造产业在技术创新方面优势显著，拥有多家国家级、省级企业技术中心，省级技术创新示范企业。在专精特新及瞪羚企业评定上也有众多企业上榜。虽然陕西在创新方面实力较强，但在不同行业领域品牌建设方面仍存在诸多问题。

一是在少数行业领域自主品牌建设发展较好，多数领域仍是以省外品牌占主导地位。当前，在装备制造产业，陕西自主品牌仍主要聚集在石油、冶金、煤炭、重型装备、机床工具、工程机械等行业领域，以陕鼓集团、秦川机床、宝鸡石油钢管有限公司等企业品牌为龙头带动行业领域品牌发展。而在航空航天、输配电设备、轨道交通装备等行业领域，现存企业多为央企或国企品牌，如中航西飞、航发动力、中国西电、中国中车等。

二是品牌发展水平与企业自身实力不符。陕西是西部经济大省，同时是国家重点支持的工业大省，装备制造业等行业很早就有了发展，具有优良的基础，是推动西部地区经济发展的重要力量，是陕西省重要的支柱产业。近年来，陕西抓住时代发展的机遇，不断优化产业机构，调整产业布局，重视产业转型，全面打造经济高质量增长点。鼓励本省众多品牌企业从"制造"向"智造"转变，陕鼓、宝鸡石油机械、秦川机床等装备制造企业充分把握时代机遇，积极向数字化转型，且企业综合实力得到大幅度提升，对省内经济的贡献也不可小觑。尽管处在这样的行业大好形势下，上述企业的品牌建设工作却并未跟上企业整体发展的步伐，致使品牌价值仍旧较低，影响力在全国层面不显著。

（四）新一代信息技术产业

从产业链角度看，在产业链上的龙头企业，领军品牌数量不多。如集成电路行业，虽然引进了三星跨国公司，但在通信、移动智能终端等领域还有所欠缺，并未形成较强的集成电路集群。在新一代信息技术产业领域，陕西大多数企业规模较小，缺乏能够带动其成长、发展的龙头企业。其次，本领域企业主要集中分布于产业链的下游，产品间同质化现象严重，无法与其竞争企业形成产品差异化，而且产业链条较短，利润空间较小。同时，区域内企业相互配套率低，各企业间的联系不够密切，无法形成良性互动，无法共同促进产业的转型升级。

从企业创新角度看，首先，陕西省内企业主要靠以引进中兴、华为等名牌企业的研发部为主，本省的研发实力较弱。目前，本土龙头企业偏少，只有陕西电子信息集团有限公司1家，位于行业发展的前列，这种引领效果显然不够。其次，该行业入选省级工业品牌培育示范企业的有3家，即陕西如意广电科技、西安特锐德智能充电科技和陕西华星电子集团有限公司。故此不难发现，在新一代信息技术产业领域，陕西自主品牌在全国和全省范围内均不占优势。同时，当前产业结构尚且存在一定问题，陕西应及时优化产业结构，调整产业布局，推动产业向着更好的方向发展。目前，陕西比较领先的有软件、动漫、通信、数字化家电、汽车电子等，但其实力并不均衡，除了软件和集成电路发展位于产业前端，其他均不是特别有核心竞争力，品牌影响力也较小。而且，在检索企业信息时发现，部分企业的官网建设不够完善，无法找到企业的LOGO，这也从侧面说明陕西新一代信息技术企业成立时间普遍较晚，规模小，品牌建设及宣传推广意识不够强。

从技术创新角度看，产业领域集群自主创新能力不足，这与陕西的人才培养情况并不相符，陕西拥有众多高校，也拥有众多的人才资源，但陕西目前尚未充分发挥其特有的科教优势，陕西在信息技术方面除软件产业集群效应相对明显外，其他对陕西信息技术产业发展有较大带动作用的产业集群并不多。究其原因，主要是各级政府对科技、人才等要素没有进行成体系的有效整合，高校毕业生与行业适用性人才需求有差距，技术创新类高端人才依然紧缺。

（五）医药产业

从产业链角度看，陕西医药产业链短，中下游延伸发展力度不够。陕西医药工业企业主要集中在产业链上游的医药研发环节，以生产原料药、生物药、药物制剂和医疗器械为主，产业链中下游延伸发展相对落后，产品附加值也较低。在产业链上游的优势品牌企业中，有22家现代中药企业、11家化学药企、8家生物医药和7家高端医疗器械制造企业。

医药企业"一小、二多、三低"，品牌知名度普遍不高，缺少大型企业及全国知名品牌。"一小"指企业生产规模小，90%为小型企业，难以形成规模效应;"二多"指企业数量多、产品同质化严重;"三低"指大多数产品技术含量低、新药研发能力低、管理能力及经济效益低。陕西拥有一批大型医药企业,如力邦制药、利君制药、幸福制药、金花制药、巨子生物、东科制药、东泰制药、必康制药、汉王药业、康惠制药等,其为陕西医药产业的中流砥柱,发挥着推动陕西医药产业品牌建设的重要作用。然而,与全国医药企业相比,大多数企业在全国乃至全球的品牌知名度、影响力并不高。其中,少数具有较高品牌影响力的企业如杨森制药、步长制药,均为非陕西省自主品牌。此外,企业独家品种少、拳头品种单一、缺少高技术优势产品的支撑。

自主创新能力弱,科研投入不够,领军人才缺乏。陕西医药企业自主创新能力不强,研发投入占比低。虽然陕西科研实力在全国居于领先地位,医药科研院所也不在少数,但本地科研院所面向医药领域的产品研发活动较少,在医药发展和相关技术研究上缺乏领军人才,致使产品缺乏市场知名度和竞争力。同时,政策层面缺乏对医药科研机构、研究人员有效的激励机制,行业成果在研究、开发和转化过程中难以形成整体合力。

(六)原材料产业

产业链延伸发展不够。陕西原材料工业仍处于产业基础规模扩张阶段,产品主要集中于产业链上中游,产业链中下游延伸发展相对滞后,产品附加值不高,没有将资源优势转化为经济优势。作为发展主体的原材料企业普遍规模较小,产业发展缺乏统筹规划,投资分散,成果转化率低,产业链不够完整。有些行业的原材料企业大多集中在中下游环节,产业配套能力不足,对上游企业的依赖性过强。

大型领军企业较少,品牌建设基础薄弱。近年来,以西北有色金属研究院及陕西有色金属为代表的产业龙头企业实力较为雄厚,以宝钛、西部超导、金堆城钼业等企业为代表的原材料企业也在不断壮大。但除上述企业外,很难再找到具有代表性的陕西自主原材料企业品牌,且大多数企业的规模普遍偏小、布局分散、竞争力弱，致使品牌建设基础薄弱。此外，在2020年中国企业500强榜单中，陕西原材料仅有3家企业入选，且排名相对靠后，与发展较好的省份间存在较大差距。

科技创新能力不足，关键技术受制于人。陕西原材料工业以传统产业为主，受观念、地域和人才等因素制约，科技创新和成果产业化应用能力明显落后于发达省份。原材料产业整体自主创新能力较弱，缺乏具有自主知识产权、全球领先的生产技术和主导系列产品，甚至有些关键部件和材料必须依靠进口。但总体而言，原材料工业一直处于技术追随者的角色，既没有原始创新，也未能起到引领行业发展的领头作用。在科技厅评定的"2020年陕西高新技术企业创新综合能力100强"企业中，仅有8家原材料企业上榜，占总数的8%。因此，提升企业的创新能力对于增强陕西原材料产业自主品牌竞争力具有十分重要的意义。

原材料价格变动比较明显，企业风险控制意识有待加强。受国际局势影响，原材料的价格浮动巨大，从而导致企业在制定与实施市场策略时具有较大不确定性，与此同时影响企业的成本控制。比如，"青山控股"事件就给我们敲响了警钟，受俄乌局势影响，镍价不断上涨，据市场传闻，青山控股集团持镍空头期货合约或被逼平仓。本次在俄镍受限机会之下，超级资金乘势逼空青山控股，青山控股或将面临巨额亏损。青山集团所采取的超额套保，在某种程度上属于"投机"行为，使企业面临巨大的债务危机。

开采技术不足导致成本过高，对利润影响较大。我国全球性资源获取能力不足，开采技术有待提高。目前，我国在进一步提升矿产资源的开发与利用，但总的来说，我国矿产开采技术的发展还属于初级阶段，缺乏成熟的矿产开采经验与勘测技术。例如，我国仍采取传统的粗放型开采方法对不可再生资源进行开发与利用，这使得很多优质不可再生矿产资源被严重浪费。此外，开采中的安全管理与保护措施并不充分，这会导致安全事故或环境污染等问题的发生。上述问题致使原材料的生产成本高居不下，受新冠疫情影响，国外许多矿山产量下降，但国内疫情趋于平稳，市场需求逐步上升，造成供不应求，原材料价格持续攀升。面对这种情形，很多企业不敢接单，而有些企业无法购买到原材料，这些情况均对企业利润造成了一定程度的影响。

（七）食品加工产业

通过调研陕西省内重点食品加工企业，如长安花粮油股份有限公司、杨凌本香农业产业集团有限公司等，发现陕西食品加工业在品牌建设方面存在以下突出问题：

从规模和效益看，企业品牌"不大不强"，区域经济带动作用不足。通过调研发现全省78%的食品加工企业营业收入未过亿元，且主要加工品类、上万种加工产品中，70%左右属初加工或粗加工，精深加工、高附加值加工缺乏。农产品加工值与农业总产值比（1.93∶1）与全国平均水平（2.3∶1）相比较低。陕西拥有充足的农业资源、产量大，但农业经营主体规模小、农产品缺少深加工，此外龙头企业缺乏引领作用，导致许多区域特色优势无法得到进一步发展，竞争力较弱。"不大不强"是当前陕西食品工业（特别是农产品加工）的基本现状，与构建现代乡村产业体系、加快产业融合发展、带动农民增收致富的要求还有一定差距。

与农业协同性不强，难以形成体系规范的品牌运作手段机制。体现在：①原料基地建设不完善，产业链配套建设不够。截至目前，陕西众多食品加工企业并不具备稳定的优质原料基地，农业和食品加工间的联系仍属于基础供应阶段，由此供应的原料在品种、品质、规格等方面很难达到食品加工业快速高质量发展的要求，增加了企业的生产经营成本和市场风险。②农产品品种革新与品质优化没有充分和市场消费与食品加工实现有机结合，以市场需求为导向的食品加工制造、农产品生产与原料基地建设产业链还未形成。这些均使得陕西食品行业很难形成一系列规范化的品牌运作手段机制。

品牌创新要素不强，企业的自主创新能力仍需加强。食品加工行业共有18家省级企业技术中心，4家省级技术创新示范企业，但没有国家级企业技术中心，技术创新能力与全国相比具有较大差距。

品牌策略需要全面调整。在产品策略方面，大多数企业实行单一品牌战略，仅有一种或少数几种产品业务线，产品种类较少，价值偏低；在渠道策略方面，目前陕西食品企业的销售渠道仍以超市、专卖店等线下渠道为主，较少企业通过品牌官网、电商平台和微信小程序等线上渠道进行销售；在传播策略方面，食品行业中比较强势的品牌通常会依靠传统媒体进行品牌宣传推广，且主要以电视广告、报纸等传统媒体为主，较少使用抖音、微博和公众号等新媒体进行精准化营销。比如，2021年长安花粮油股份有限公司在品牌传播上大举发力，花费将近7000万元独家冠名CCTV-3《开门大吉》栏目，希望利用头部综艺带来品牌宣传效应，但未能收到理想的营销效果。长安花的目标客户属于高端市场，在品牌传播时却选择使用传统媒体进行宣传，最终导致广告收效甚微。

（八）建筑建材产业

从整体看，陕西建筑建材产业产值较高，但优势品牌数量较少。从产业链看，陕西建筑建材产业自主品牌建设多集中在中上游的建材领域，如生态水泥、宝塔山油漆等企业。而下游的建筑行业自主品牌建设力度较弱，多为国有控股大型企业，如中铁、中建等及下属子公司，属于陕西自主品牌的数量较为稀少。和其他省份相比，陕西建筑建材业需要加快形成产业集群，促进自主品牌建设。

从技术创新角度看，首先，省工信厅认定的技术创新企业数较少，且专精特新及瞪羚企业认定相比其他产业差距较大，故陕西省建筑建材产业整体技术创新水平不高，技术创新能力有待增强。其次，从产业内部分析，建筑领域因多为大型国有企业，企业综合实力较突出，故建筑领域相比建材领域创新能力略胜一筹。建材领域则多为小微型企业，企业在创新方面资金投入有限，且缺乏龙头企业的品牌带动，故品牌建设收效甚微。

从品牌价值维度看，虽然富平生态水泥、西部水泥、延长化建等个别企业品牌价值在全国范围内影响力较大，但大多数企业的品牌影响力仍停留在省内，如宝塔山油漆等。自主品牌发展层次参差不齐，小企业品牌建设工作还需龙头企业品牌引领带动。

（九）纺织和轻工产业

从产业链角度看，陕西纺织业品牌企业集中在产业链中上游，大多以加工制造类为主，如羊老大、伟志等企业，此类服装制造企业大多不直接面向消费者，其品牌对最终的受众影响力有限；而轻工业则多以集中于中下游一体类为主，如福乐家具、南洋迪克等，该类企业虽直接对接消费者，但产品结构单一，市场地位较低，产业链不完善，技术水平落后，面临环保整治压力。总的来看，诸类企业虽然产品质量在业内具有一定优势，但品牌影响力较小，且仅局限于陕西部分地区，缺乏向外扩张的能力，品牌竞争力不强。

从技术创新角度看，陕西纺织与轻工业品牌企业科研投入和科技创新能力不足，缺乏大型龙头企业引领，高端产品较少，产品附加值不高。从上榜企业的数量看，陕西缺乏具有先进技术的品牌企业带动行业内整体发展，且难以向外打造陕西品牌，使陕西纺织和轻工业高质量发展。技术的匮乏意味着陕西纺织和轻工业只能落后于其他省份，虽然有特色的羊绒产业，但没有技术优势做支撑，行业难以持续高质量发展，行业内的企业也缺乏品牌打造的基础，进而难以实现品牌企业向外扩张，使行业发展缺乏源动力。

从品牌价值角度看，陕西纺织和轻工业企业未见上榜，包括陕西省100强及其他榜单，意味着陕西纺织和轻工业品牌企业数量不足，质量不高，品牌影响力有限，且大多数可能仅限于陕西省内，或者仅仅只在某些细分领域内具有一定的影响力，还没有真正获得广大受众认可的知名品牌。

第二节 品牌发展提升策略

一、宏观策略

自主品牌建设是一项系统工程，需要政府、企业、学校、科研院所等多个主体的协同配合，凝聚省级、市级、科技资源三股力量，统筹谋划、突出重点、协力推进，发挥省级赋能、市级执行、科技支撑协同作用。建立健全品牌建设协同推进机制，有序、有力、有效地发挥品牌建设引领经济高质量发展的作用。

根据调研结果，综合考虑陕西工业品牌建设的实际情况，本书设计出以下发展生态系统，本系统由核心动力层和环境适配层两大子系统组成，如图 4-2 所示。

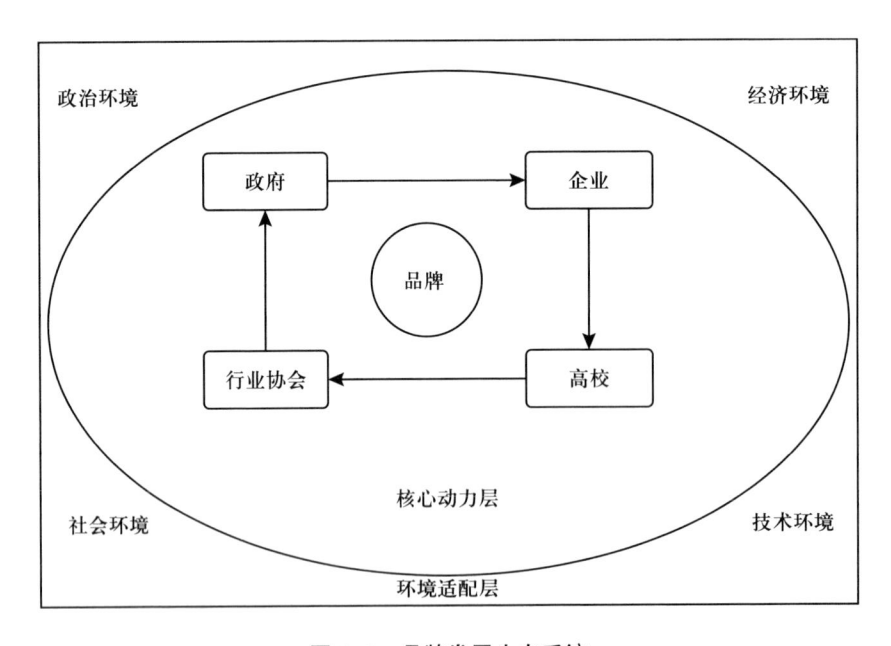

图 4-2 品牌发展生态系统

核心动力层主要依靠政府、企业、高校、行业协会等作为主要驱动力，四者相互促进，构成驱动高质量发展的内生动力，政府在实施品牌战略中应深化自身改革和加强制度建设，努力营造符合企业长远利益的政策体系和制度环境。行业协会和品牌服务机构应发挥桥梁作用，主动承担责任，热情服务，继续为品牌搭建共建共享交流合作平台。主动发挥宣传作用，讲好品牌优势，有力塑造陕西品牌崭新形象。激发消费者对自主品牌的消费热情，激励企业发展信心，不断推出自主品牌消费热潮。学校等科研院所发挥自身作为智库的资源优势，传播品牌发展理念，赢取品牌发展共识，为品牌发展提供智力支撑，积极为政府及企业创建优质品牌建言献策。企业作为品牌建设的主体，应不断创新，发挥自身主观能动性，努力塑造企业品牌新形象。

环境适配层又分为政治环境、经济环境、技术环境和社会环境。依托品牌高质量发展这一重大战略布局，贯彻落实"十四五"规划和2035年远景目标纲要中提到的中国品牌创建行动，增强自主品牌竞争力与影响力；在目前的经济形势下，应适应以国内大循环为主体、国内国际双循环相互促进的新发展格局的内涵要求与现实路径，进一步完善品牌建设，促进新发展格局建设；把握创新的引领作用，突出企业的创新主体作用，从而推动技术创新、管理创新、业态创新，使中国品牌拥有强劲的发展劲头；要意识到高质量品牌能够有力地保障人们高质量生活需求，满足人民对高品质生活的期待，从"有没有"转向"好不好"。

品牌的发展对于企业乃至国家都具有重要的意义。品牌战略的实行不仅能转变经济增长方式，也能提升企业的核心竞争力。作为一个多层次、长期的过程，品牌建设无法走捷径，唯有各方共同努力，才会涌现出更多全国乃至全球知名品牌。培育发展优势产业链及品牌企业。在工业企业产业链建设中，受信息交流不畅通等因素影响，产业链的建设存在重复构建导致资源浪费的情况，针对此种情形，省级政府部门应统筹规划工业企业的产业链发展，合理布局指导，使产业链建设更加科学合理。此外，围绕陕西重点产业链建立"链长制",并分别制定发展战略规划;在新一代信息技术、光伏、新材料、汽车、现代化工、生物医药等重点领域,制定产业链全图景规划,完善产业链、供应链的稳健性,从而加强产业链竞争力。以汽车、光伏、半导体、机床等为重点,增强省内企业多向协同发展,提升本地配套率,达成上下游、产供销有效结合。

品牌发展向产业链下游延伸。当前,陕西产业发展多聚焦于中上游产业,在陕西能源生产与消费构成方面均以煤炭为主,产业经济结构相对单一,地区经济发展严重依赖煤炭、石油、天然气等资源开发;在陕西化工产业产能结构方面,初级原料加工与基础化工产品的占比太高,而高附加值与精细化工产品占比较低,且种类不多;在汽车领域,工业企业品牌建设多分布在上游整车制造及零部件制造部分,产业链发展不均衡现象比较突出。因此,陕西工业企业品牌建设应向下游产业链延伸,注重全产业链均衡发展,政府应针对不同行业,进行全产业链品牌质量提升活动,推动工业和服务业融合助推品牌质量提升。大力宣传"陕鼓模式",引领企业延长服务链条、拓展服务环节,助力生产服务型企业创新服务供给,提高工业服务水平和全产业链价值。

数字化经济赋能企业品牌发展。数字经济对品牌的影响随着时代的发展不断增强,不仅能促进多元化消费需求的满足,还能赋予差异化价格,为品牌创造提供更加畅达的供需平台,为品牌传播提供更丰富的推广渠道。现如今,新一代信息技术正迈入更新迭代、融合快速发展的新阶段,陕西应全面推进数字经济的发展,为陕西品牌聚能聚力。抓住数字经济时代机遇,将陕西品牌建设与数字经济紧密结合,助推陕西工业转型升级。

数字经济时代,网络化发展使得创新资源的配置范围进一步拓宽,高校、企业、科研院所等研发主体可发挥自身优势,共同参与新产品、专利及技术的研发,降低成本并实现研发创新与互动。工业企业可以借助人工智能、区块链、物联网、大数据等数字经济以提升创新资源的使用效率,促进陕西工业企业的自主创新能力,进一步增强工业企业的技术创新和开发意识,从而减少企业对核心技术的依赖,推动工业企业向微笑曲线两端攀升,增强其在产业链中的优势地位。在"一带一路"背景下,陕西应该充分发挥资源优势,实现自主创新的同时,要坚持开放式创新,着力解决关键技术"卡脖子"的问题,以创新驱动引领工业企业的转型升级。

加大知识产权保护提升品牌价值。知识产权保护不仅关系着高质量发展、人民生活幸福,还关系着对外开放以及国家安全问题。为保障知识产权保护工作成功实施,需要陕西从引进大省向创造大省转变。政府部门应加强顶层设计,提高法制化水平,打通知识产权创造、流动、保护、管理的全链条,强化全链条保护。充分发挥知识产权在品牌转变及品牌建设中的作用,保护工业品牌中的诸多科技创新技术成果及专利。此外,关于品牌具体聚焦到知识产权方面,最典型的工作是商标保护,要推动商标品牌建设,加强商标保护,积极弘扬我们的传统品牌。重点培育具有国际影响力的知名品牌,塑造陕西商标品牌的良好形象,与此同时,要注重提升品牌内涵,在市场中实现品牌价值,通过产业全向贯通而赋能商标品牌建设。

二、微观策略

(一)能源化工产业

近年来,全省煤炭、石油、天然气等能源产品产量虽屡创新高,但增长势头渐缓,无法再现能源"黄金十年"的辉煌。以能源为依托的经济抗风险能力越来越弱,在对能源吃干榨净的同时,陕西能源化工产业高质量发展必须把握历史机遇,以创新为引领加快形成能源的高效利用,将能源产业重心向产业链后端延伸,提高整个产业链的附加值,使能源化工产业成为助推经济增长的新动能。为此,陕西应坚持新发展理念,以绿色发展为引领,优化能源结构，同时加快能源产业结构绿色低碳转型，积极实施绿色生态战略，支持重点企业加快节能降耗技术改造，扩大清洁能源消费，提高能源资源利用效率，形成全省能源生产消费高质量发展态势。

1. 以行业龙头为引领，打造陕西品牌产业链与集群

围绕陕煤、延长、隆基绿能等陕西本土龙头能源化工企业，积极构建陕西省品牌产业链集群。在现有产业工艺基础上，引导产业链内各中小企业升级转型，延伸产业链，实现产品的精细化、高端化；借助集群聚集的规模化效应，加快煤炭、煤化工等二级行业的技术革新，提升产业链内加工煤炭及其衍生品的单位附加值。

2. 打造陕西省能源化工企业绿色、安全、高效的品牌形象

陕西大多数能源化工企业品牌在技术创新上不占优势，鼓励与加强陕西省能源化工行业内品牌企业转型，阻断业内品牌企业同环境污染的联系，推进煤炭安全集约、高效绿色开发，倡导煤化一体化发展模式，统筹煤炭资源开发和转化过程，从源头上促进煤炭作为化工原料的综合利用效能；重视对新能源企业的发展，促进陕西省能源化工行业绿色、环保发展。同时，推动业内品牌企业对技术创新的重视，以能源供给侧和能源消费改革为契机，助力陕西能源化工品牌企业低碳绿色发展，从整体上提升陕西能源化工的硬实力，为陕西能源化工行业的转型与发展提供源源不断的动力。

3. 以"一带一路"倡议为契机，推动能源化工品牌企业"走出去"

陕西能源化工行业在国际上仅有陕煤与延长 2 家企业入选世界 500 强，从数量上看，呈现出 2 家"独大"的特点，陕西能源化工品牌企业的发展不应仅局限于省内、国内，且走向国际化必将是陕西能源化工行业品牌企业的最终归宿。陕西作为"一带一路"的起点，针对该实施过程中途经 65 个国家和地区的特点，且上述国家不乏石油开采等能源大国，陕西企业应主动加强与国际同行开展对外交流与合作共建的力度，提高陕西能源化工品牌企业

的知名度和参与度，不断引进国外的资本、技术与人力资源，助力陕西能源化工发展。

（二）汽车制造产业

1. 鼓励陕西本土企业提升品牌竞争力

汽车产业的变革，为陕西汽车产业弯道超车提供了难得的机遇。近年来，自主品牌的崛起是国内汽车产业发展的显著特点，吉利、长城等自主品牌厂商在这一赛道最终胜出，而长安汽车也正是借助自主品牌，在2022年实现了销量的同比增长。然而，将陕西本土的企业品牌置于全国乃至全世界范围内来看，其整体品牌竞争力相对偏弱，尽管拥有陕汽与法士特两大企业品牌，但其综合竞争力水平仍未达到全国前十的水平，提升其品牌竞争力将有利于增强企业营收，借助市场活力进一步提升企业品牌。对于民营中小企业，应加大行业创新技术成果开发的政策扶持力度，增强陕西汽车制造业专精特新与瞪羚企业的培育，从技术上提升以西安合力汽车配件有限公司、陕西宝鸡专用汽车有限公司、陕西南水汽车配件制造有限公司、陕西神木大通汽车有限公司等创新能力较强的民营企业，进一步提升陕西汽车行业的整体品牌竞争力。

2. 大力发展新能源汽车品牌

新能源汽车产业的发展势头迅猛，但就全国而言，目前新能源汽车新车销量占汽车销售总量的比例仅在5%左右。而根据规划，到2025年这一指标将达到20%左右。因此，陕西应着力打造自己的新能源汽车品牌。

（三）装备制造业

1. 聚焦产业链建设推动装备制造产业快速发展

装备制造产业涉及领域众多，其中智能制造、航空航天、轨道交通及节能减排等设备制造领域为未来发展的前沿领域，产业链的建设及发展应重点围绕这些领域开展。从延长产业链、强化产业链等方面入手，建立高新技术研发中心，优先生产具备竞争力的高质量产品。积极推进与产业链建设有关的项目立项，如产业基础改进及产业链改进等相关项目，并促使其尽快落地，同时提高产业链建设的科技创新能力，针对科技创新及研发等相关项目，积极配合，通过技术改进反向促进企业生产及服务的质量，从而形成全产业链的产业集群，形成产业体系的整体竞争优势。此外，需要制定相关政策，促进中小企业参与建设的积极性，尤其是国家评定的高新技术企业群体。这部分企业由于处在成长期，在知识产权管理、技术创新、引进投资等方面略显不足，通过在上述领域对其进行政策扶持，帮助其破除发展难题，优化其产业链建设，使其能更进一步发展为对行业具有带动作用的单项冠军及瞪羚企业，生产更多的优质品牌产品。

2. 培育更多一流领军企业，提升装备制造业品牌高质量发展水平

龙头企业对产业的发展具有不可替代的引领作用，因此，要想实现产业建设的高质量发展，离不开行业巨头的带动。通过产业重组及合并是龙头企业成长的快速通道，因此应该大力支持龙头企业对同行业中发展滞后的企业进行兼并，整合资源，将资源集中运用于产业链建设的重点领域。此外，人力资源及资金资源等要素资源应向龙头企业倾斜，从而形成具备核心竞争优势的行业巨头，通过加强与中小型企业的合作，更好地发挥龙头企业的带动作用，进而促进全产业高质量发展。

3. 塑造良好营商环境，保障创新活动实施

装备制造产业的行业特殊性，意味着其产业链建设涉及上下游的企业较多，辐射范围较广，不仅有下游大型设备安装企业，还包含从事零部件生产的中小型企业。而过去的政府政策性文件在惠及全产业链相关企业时具有部分局限性，只能照顾到部分企业，因此一定程度上制约了其他企业的发展。在装备制造产业面临更新换代的新时期，以往的政策优惠要与时俱进，拓宽政策覆盖范围，只有这样，才能使得上下游合作的企业共同发展，形成产业发展的良性循环。例如，设立涉及装备制造业专项发展基金和相关配套财税金融政策；加大对相关企业科技创新的资金投入，帮助企业降低研发成本；支持鼓励相关企业的生产向全产业链延伸；等等。

（四）新一代信息技术产业

近年来，陕西新一代信息技术产业随着全国性产业变革的兴起，迎来了发展的新动能，"互联网+"的热潮进一步带动了信息产业的创新性，重点发展以IT技术为主的信息产业，推动"互联网+"向工业、文化等方向延伸。

1. 推进创新中心建设

按照高标准、强带动、有效率的原则，配套出台建设办法，制定《陕西省制造业创新中心建设方案》，完善创新中心遴选、考核、管理的标准和程序。加强重点行业领域调研，及时精准了解企业和市场需要，结合陕西产业发展实际，加快省级制造业创新中心布局和建设。发挥创新中心的行业创新引领作用，加大政策扶持，推动其早出成果，出大成果。

2. 推进创新体系完善

鼓励和支持企业建设技术中心，做好国家级技术中心的培育和服务工作，指导市级技术中心建设，形成国家、省、市三级企业技术中心创新体系。修订《省级企业技术中心认定管理办法》，把更多有创新活力、有创新能力的科技型企业纳入省级企业技术中心队伍中来，提升企业技术中心的建设质量。培育技术创新示范企业，鼓励争创国家级示范企业，开展省级示范企业的认定，积极构建技术创新示范体系。

3. 推进产品换代升级

实施"三个一批"计划，开发一批重点新产品，攻克一批关键核心技术，推广一批新技术、新产品，促进产品升级。制定陕西重点领域技术创新路线图，编制《陕西省重点新产品开发计划》，围绕3D打印、机器人、无人机、高档数控机床、新材料、输配电等重点领域，组织实施关键核心技术攻关。建立省、市、县三级联动推广机制，印发重点新技术、新产品推广应用目录，及时发布相关信息。开展"陕西制造精品""陕西优秀新产品"认定工作，加快新产品市场推广。

4. 推进科技成果转化

科技成果只有实际投入到生产中才能充分发挥其价值，因此，推进科技成果转化对产业的发展至关重要，具体可以通过向社会公布最新研发成果的基本情况及时与社会沟通，打破信息壁垒，更好地进行信息共享。此外，可以围绕工业互联网的重点板块开展科技成果转化的相关项目，坚持择优扶强，抓好投资大、效益高、带动辐射力强的重大项目，加大扶持力度，力争搞一个项目，突破一方面技术，带动一个产业发展，形成新的增长点。

5. 推进品牌质量建设

支持企业实施品牌战略，加强质量管理，推广先进质量管理技术。通过组织与品牌建设相关的推广活动，并且继续开展评定工业培育示范企业等工作，打造一批陕西精品，提升产品质量，树立一批"质量标杆"，严格把控产品质量及制作流程，开展相关活动对部分企业的产品质量进行抽检与评比，进而把好质量关。强化知识产权运用，在企业内部开展知识产权相关知识的宣传培训，指导企业对知识产权的实际操作能力，开展知识产权理论和实务培训，指导企业建立完善的知识产权管理体系。

6. 推进政产学研合作

发挥政府引导作用，制定工作措施，有序开展政产学研的合作进程。鼓励高校、企业、研究院、行业协会等加强沟通合作，通过联合培养、代理培训等方式进行合作交流。此外，可以通过建立示范工程的方式，使企业获得充足的社会资源，帮助企业进一步提高其创新实力。组织系列活动，开展具备行业性、专业性、区域性优势的多种形式的产学研对接项目，发布科技成果，进一步完善"陕西省产学研信息网"功能，从根本上优化产学研网上对接和交易的便捷程度。

（五）医药产业

医药产业通过贯彻落实《医药产业发展实施方案》和"115551"工程项目，在省委、省政府出台的一系列鼓励政策和资金扶持计划支持下，发挥基金带动作用，促进医药产业转型升级，促进医药产业创新、优化升级，大力培育骨干企业和优势产品，积极推动科研成果产业化，提高国际竞争力。

1. 强化质量管理，完善质量标准体系

医药产业的质量管理标准严格，涉及部门众多，因此相关企业应该严格按照国家新发布的质量管理标准进行药品生产，如新制定的 ISO 管理标准等较为权威的质量管理标准。不仅如此，还应对企业进行质量管理的相关培训，通过宣传质量管理的重要性及相关政策法规，使得企业主动严格把关生产过程，规范流程。另外，质量管理并不是企业独自的责任，还需要相关政府部门加强监管，完善相关产品的质量体系及监管流程，共同致力于医药产业的质量管理建设。

2. 大力推进品牌建设，加大对自有品牌的宣传推广力度

要想进一步提高陕西医药品牌在全国范围内的影响力，可以通过龙头企业带动等方式实现，陕药集团及利君制药均为省内的大型制药企业，通过鼓励其企业兼并重组可以进一步提高龙头企业的实力。建立优势品种培育机制，巩固知名药企在国内市场的领先地位，培育和发展一批单产品生产和销售在国内外占据优势的品牌。积极引导和支持省内各类媒体，加大对自有品牌的宣传推广力度，鼓励企业参加品牌推广会、品牌博览会等大型品牌交流会议，积极通过新兴的宣传推广方式，如自媒体、线下商城等宣传推广本地企业品牌价值，并且积极踏足新兴物流领域，探索新形势下的销售渠道。

3. 建立医药创新体系，发展创新药 CRO

研发合作一直是医药领域寻求创新的主要方式之一。陕西医药企业数量

众多，从数量上看，陕西的企业比较多，但从协同性上看，各医药企业间联系比较弱，很少形成医药产业群。所以，建议陕西在符合医疗建设的地区建立标准化医药生态园，如西安高新医药园区。这类园区能够有效按照产业链上中下游各个环节进行区域分配，能够有效地集生产、研发、制造于一体的区域，降低产业链间各环节的交接成本。同时，政府可以牵头做好医药园区的战略规划，借助医药园区形成集医药研发、研究实验室、临床试验等于一体的医药产业体系，并且可以向外拓展，提供开放、共享的平台，为省内、省外的医疗技术交流提供机会。

与此同时，近年来国内创新药出现"翻倍式"爆发，CRO作为创新药配套服务，进入黄金发展期。CRO，即合同研究组织，是通过合同形式为制药企业和研发机构在药物研发过程中提供专业化服务的一种学术性或商业性的科学机构。药企与CRO合作不仅能够借助CRO的研究成果降低药企的研发成本，同时CRO也能够借助药企的资源和市场了解度，针对某些特殊的病例进行新药品的研发，药企有利于CRO的研究成果落地，同时CRO能借助药企了解市场对于药品的需求，并且将研发交于CRO有利于降低药企的研究成本。同时，因为CRO的专业性，也能避免由不规范药物研发造成的生态污染、资源浪费等各种风险。

4. 依托中药资源优势，发展中医药产业

陕西虽然作为医药大省，但并非医药强省。陕西拥有着丰富的中医药资源，不论是以孙思邈为首的中医药文化，抑或是拥有适合中药材生长的秦岭生态环境，以及各种以中医药为首的大学、研究院所等，在全国而言都是独树一帜的，但这类资源并没有系统性地相融合，各类资源相割裂。据统计，陕西拥有数量较多的中医药种植、养殖单位，全省累计中药种植、养殖相关企业和基地8788家，其中，商洛、汉中和安康3市为中药种植大市，种植、养殖基地和相关企业超过1000家。

第四章　陕西工业品牌发展存在的问题及对策和建议

未来陕西要从三方面推动中药产业高质量发展。一是加强中药材种植源头管理。推广优良品种，从根本上稳定和提高中药材质量，促进中药材种业健康快速发展。提升中药材种植科学化、规范化水平，将道地药材作为发展重点，集中对中药材进行仿生态种植，还原中医药生长的自然生态环境，形成中药材绿色生态种植技术体系。二是健全中药标准体系。依照国家药品标准，进一步加强对省内中药材的标准化管理，使省内各地的同类中药材形成长势类似、质量相同、技术规范、能临床应用等。三是加强对产业链的激励。积极沟通协调各相关部门，从制度建设、政策制定、资金投入等多个方面协同推进，为中药材、中药工业、流通产业高质量发展提供更好的服务保障。

（六）原材料产业

联合原材料产业链各企业，形成原材料生态系统，共同打造原材料产业链品牌生态，以陕西地区特有的原材料产业链资源为基础，充分发挥陕西科研院所、科教大省的优势，融合原材料产业链中各企业的优势，加速原材料产业链生态快速发展，促进产业结构转型升级，淘汰落后产能，为产业发展腾出空间。

1. 积极营造全员重视质量的良好氛围，促进行业质量品牌建设

充分发挥包括行业协会在内的行业专家、联系政府、企业，多主体协同发展，构建原材料产业品牌生态系统交流平台，借助平台形成更好的监管。同时，各企业、产业链生态系统中的各个环节也能够加入平台，参与交流、研发，并且借助平台更好地为企业、生态系统中的每一个环节做宣传。并且，生态系统中的每一个环节也能互相监督，从而向市场宣传出生态系统中各环节有社会责任感、讲诚信、质量好的企业品牌形象。组织召开有色金属行业品牌培育交流会，邀请工业和信息化部门向行业企业做部署，邀请专家宣讲品牌培育管理体系，宣传推广有色金属行业品牌培育示

范企业的典型经验，加大行业内部交流力度，打造更多品牌培育示范企业以及质量标杆企业。

2. 以行业龙头为引领，打造陕西品牌产业链与集群

西北有色金属研究院作为西北地区材料行业研发的顶尖研究院所，能够同陕西有色金属、陕西钢铁集团等龙头企业互补互利，能够形成更为系统的产业链群，调动原材料行业内部积极性，领导产业链内各中小企业加快转型，从而带动行业持续健康发展。以满足省内需求为基础，立足新发展格局，促进产业链内各环节的协同合作，加强产业链内的上下游连接，推动建成原材料品牌产业链生态系统群，促进产业集聚向集群转型发展。除此之外，政府制定的为原材料产业链生态体系提供方向的政策，聚焦形成基础好、优势突出、技术领先的产业生态群，加快打造产业链品牌竞争硬实力，培育主导产业并使之迅速发展壮大，鼓励支持龙头业企业数字化、网络化、智能化和绿色化改造，发挥产业链龙头企业引领带动作用，推动要素聚集和价值提升，强化专业化协作和配套能力，打造原材料产业集群。

3. 加强专业人才培养，提高自主创新能力

创新能力是原材料行业发展的关键能力，虽然陕西有西北金属研究院这类顶尖原材料研究院，但仅凭少数研究院所的研发能力毕竟有限，而为了能够突破瓶颈和"卡脖子"问题，必须联合企业、高校，协同加强对创新能力的培养，从而提高材料技术工艺水平。此外，无论是企业技术创新，还是经营管理，都需要专业人才的支持。一方面，要加大原材料高端人才的培养力度，提升材料应用型人才的质量，满足产业发展需求，为培育和吸引原材料人才制定明确的鼓励政策。另一方面，在构建原材料生态系统的同时，联合生态系统内的各部分，加强人才培养与团队建设，加快构建企业、科研院所、高校及公共服务平台间的研发链条，企业提需求，科研院所及高校定向培养人才，合力开展技术攻关和实施重大项目。

第四章 陕西工业品牌发展存在的问题及对策和建议

4. 加强风险管控，理性使用金融避险工具，主动规避价格风险

通过"青山控股"事件不难发现，我国企业金融人才缺乏，金融常识缺乏。套期保值的核心是衍生品头寸与现货实物（或合同订单）头寸相匹配，期货、期权原本为套期保值的工具，然而部分企业却在套保中走入"歧途"，而类似于超额套保这种并未有专业知识的背景下，只会导致"投机"的结果。投机难以成为金融避险的工具，在不正当操作下将为企业带来亏损。虽然期货作为金融避险工具能够帮助企业规避一定的市场风险，但只有理性地使用金融避险工具，有效规避风险，不存有侥幸心理，才能实现套期保值的最终目标。

5. 提高矿产开采技术，降低原材料成本，提升企业利润

首先，矿产开采作为原材料产业链的最上游，利用新技术、先进设备，不仅有利于提高原材料的开采效率，同时能降低原材料的成本，所以推广现代选采矿技术和设备，提高机械设备的科技含量，尤其是要将现代先进的机械化和自动化设备全面推广到矿产领域中。其次，通过完善矿产开采方法，开发有针对性的技术和设备，提高矿产勘测采集的效率。同时，随着5G的发展，数字化、智能化必然是未来发展的方向，所以加快采矿机械设备的数字化转型将能够从根本上解决传统矿产开采难题，探索适合本地发展的矿产开采之路。从源头上降低原材料的成本，提高企业利润。

（七）食品加工产业

1. 打造"农产品区域公用品牌、企业品牌与产品品牌"协同发展的品牌运营模式

食品加工产业链系统中，形成区域公用品牌、企业品牌、产品品牌间的多主体协同关系，以政府确定的区域公用品牌为向外宣传的主体，企业品牌、产品品牌共同助力协同打造食品加工产业链品牌生态，致力于形成主体吸引消费者、企业品牌、产品品牌服务消费者的生态系统，在陕西省区域公

用品牌影响力下，相关食品加工企业要大力打造自身企业品牌和产品品牌，在农产品深加工方面不断创新，最终与农产品区域公用品牌形成协同发展，相互促进的运作机制。

2. 积极调整品牌策略，扩大品牌的市场影响力和竞争力

一是品牌精准定位，明确企业品牌定位与产品品牌定位，对目标消费者实行精准营销，在目标市场和消费群体心中留下清晰的品牌印象。

二是品牌创新，品牌创新是通过进行产品创新从而促进品牌提升，企业应加大产品的研发投入，使消费者可以不断地尝试到新产品。食品行业通过产品创新可以引导消费潮流并引发市场变革。

三是品牌营销渠道创新，对作为快速消费产品、个性消费产品的食品行业而言，应该做好线上渠道的营销推广。线上渠道作为目前消费者所能接触的最快方式，各食品生态体系中的品牌方应完善网络店铺的构建，包括但不限于官方网站、购物平台的官方旗舰店、小程序、微信抖音等自媒体平台等，同时积极借助网络平台开展直播、短视频分享等自媒体宣传方式。另外，积极做好线下的渠道推广，因为很多食品只有进入商超等各种消费场所上架，才能更有效地开展营销。

四是打造全过程"体验式"消费，消费者越来越关注食品企业的产品安全、企业产品质量控制和营养价值，陕西食品企业可以通过打造全过程"体验式"消费模式，使消费者参与到食品生产的全过程，增强消费者的信心。比如，"认养一头牛"凭借着"买牛奶，不如认养一头牛"的品牌口号，迅速打开行业市场，成为乳制品业的一匹"黑马"。虽然"认养一头牛"的品牌打造时间相对蒙牛、伊利而言比较晚，但其独特的品牌运营模式却借助互联网平台向消费者传递出了新体验、新互动，找准了目前消费者对食品健康、安全的痛点，形成了独特的认养模式，并且此模式正是通过整合牛奶产业生态系统上的各类资源，让牧草、奶牛、牛奶生产、冷链供应等充分向消

费者展示，同过去相比，填补了生产端对消费者不透明的空白，让消费者获得了参与感和安全感。

（八）建筑建材产业

建材企业应把握绿色发展、智能制造方向，将其作为品牌发展的特色与立足点，促进品牌转型升级。

1. 绿色发展、智能制造

双碳政策是建筑建材业所面临的大市场环境。对于建筑建材行业来说，需要重视双碳政策的影响，强化企业的绿色发展意识，加大对传统产业生产工艺技术的改造和产品升级的支持力度，深化企业对绿色、环保领域，以及企业发展和品牌塑造的重要性认识，采用新工艺，研发新品种，发掘新性能，开辟新市场。

2. 实施品牌战略

发挥优势企业的主导作用，以品牌、管理和营销网络为纽带，促进业态和商业模式创新，提高企业核心竞争力。深化"互联网+""智能制造"在产品设计、制造、销售、管理等环节的应用，打造电子商务平台和专业物流网络配送体系。加强品牌培育、宣传与推介，加快自主品牌建设，提升知名度和美誉度。

（九）纺织和轻工产业

1. 以数字经济为引领，加快纺织和轻工产业链技术协同创新

随着我国数字化技术的逐步发展完善，加之新冠疫情影响，数字化转型将成为陕西纺织和轻工业企业品牌发展的关键。目前全省纺织和轻工产业仅有3家高新技术企业品牌。因此，基于数字化转型，力争实现业内各类企业品牌的共同发展，技术协同创新，从而提升行业整体技术创新能力。

2. 加强纺织与轻工业优势品牌企业的引领作用，合力打造行业品牌

陕西纺织与轻工业在产值、业内企业品牌数量及质量方面与其他行业相

比不占优势。因此，应加强纺织与轻工行业力量协同创新攻关的力度，培育轻工机械行业"专精特新""隐形冠军"优秀企业，为业内企业品牌发展提供支持与动力。强化如陕北羊绒区域品牌的打造，发展地域特色优势资源，融合业内大、中、小企业，以骨干企业为引领，以区域品牌扩张与发展为核心，带领业内中小企业品牌共同打造区域品牌；以中小企业为区域品牌发展助力，以区域品牌打造独特化、差异化为核心，专注提升区域品牌特性。形成业内各大、中、小企业品牌协同发展的局面，打造陕西纺织业"羊绒时尚且保暖"、轻工业"绿色且先进"的优质区域名片。